제주도무속의 탐구 - ①

제주 민속극

종이탈굿놀이본/심방굿놀이본

글/문무병 · 기획/제주전통문화연구소

각

제주민속극

글쓴이 / 문무병
펴낸이 / 박경훈
펴낸곳 / 도서출판 각

초판 인쇄 / 2003년 12월 26일
초판 발행 / 2003년 12월 31일

도서출판 각
주소 · 제주도 제주시 용담1동 264-1번지 3층
전화 · 064-725-4410
팩스 · 064-759-4410
e-mail · gakgak@empal.com
등록번호 · 제 80호
등록일 · 1999년 2월 3일

값 18,000원

ISBN 89-89719-32-1 03380

목차

I. 종이탈굿놀이

입춘탈굿놀이   7

서천꽃놀이   25

전상놀이   39

영감놀이   61

II. 심방굿놀이

세경놀이   107

산신놀이   151

용놀이(갈룡머리)   193

강태공서목시놀이   225

허맹이놀림   283

아기놀림   297

■ 머리말

제주의 굿과 연희

굿은 형식상 신의 이야기를 근거로 하여 집행되는 의례(ritual)이면서 그 신화를 연극으로 보여주는 회의·의례·연희의 복합체계로서 제의적 연극이라 할 수 있다. 그러나 『제주 민속극』은 굿이 무극(巫劇)이니, 제의적 연극(祭儀的 演劇) 또는 원초적 연극(原初的 演劇)임을 소개하려는 것이 아니라 굿 내용이 신앙민이 놓여 있는 생존의 갈등, 가난, 질병, 죽음 그리고 외부로부터 침입해 들어온 살(煞)을 물리치려는 공동체의 욕구를 생산적이며 창조적으로 표출하고 있는 민중의 연극, 민족의 연극으로 굿 속에 살아 전승되고 있음을 소개하고자 한다.

따라서 우리의 굿은 내용으로 보아 배고픔, 가난, 죽음을 이겨내기 위한 싸움, 현실의 모순을 척결하기 위한 싸움이며, 마당에서 하는 마당굿놀이, 심방이 하는 무당굿놀이로 전승되어 왔다. 마당에서 하는 모든 연희를 포괄적인 의미에서 굿이라 한다면, 굿은 '살아 움직이는' 민중형식의 민족예술로서 민중 생활(공동체 신앙·경제적 토대·사회 조직·미의식·역사)을 반영한 민중예술이다. 굿은 민중문화를 역사로 표현한다. 굿은 민중의 축적된 역사적 경험으로 만들어진 신화(=본풀이)를 굿본(굿의 대본)으로 하여, 신앙 공동체인 동시에 생산 공동체 집단이 만들어 낸 민중의 연희물(=연극)이다. 굿은 이야기꾼·소리꾼·춤꾼·재주꾼·무당 등으로 불려지는 꾼(광대)들의 예술(연극)이다. 그러므로 굿은 광대의 장인정신과 서민들의 민주적인 마당정신이 녹아 있는 민족예술이다.

굿의 아름다움은 그 속에 녹아 있는 삶의 진실성과 건강성, 신명성에 있다. 그리고 제 신명을 부리며 전체가 어우러지는 조화의 극치, 일하는 즐거움으로 살아 있는 몸짓이야말로 아름다움의 극치이다. 따라서 **굿은 공동체의 신앙이며, 민중집단의 규범이며, 제주의 문화를 역사화 한 제주의 전통극이다.**

I. 종이탈굿놀이

입춘탈굿놀이
서천꽃놀이
전상놀이
영감놀이

▶ 입춘탈굿놀이

입춘굿의 나무소몰이(낭쉐몰이)

입춘탈굿놀이

일시 : 2002년 1월 10일 (제1차 대본)
장소 : 2002년 2월 3일 관덕정
놀이구성 : 문무병

등장인물
각시탈 : 시집살이가 싫어 도망쳐 나온 여인
영감 : 호색 · 무능한 하르방
농부 : 씨하르방, 제주 농부
할망 : 저승할망인 구천낭 구불법 할망처럼 외롭고 처량한 할망
사농바치 : 한라산을 떠돌아 다니며 꿩과 노루를 잡던 제주 사냥꾼
새탈 : 마당에 부정을 옮기는 새(邪)를 나타내는 새[鳥]
말탈 : 밭밟는 말의 탈
돌하르방 : 오방신장
기생들 : 오방각시

입춘굿의 나무소몰이(낭쉐몰이)   입춘굿 초감제

기타 연극판에 등장하는 삼싱할망, 영감, 제비, 돌하르방(5인), 기생들(5인)
민요패 소리꾼, 시아방, 시어멍, 시누이, 남편 등은 악사석 또는 객석이나 관중 속에 있다.

앞풀이 : 길놀이

〈낭쉐몰이〉를 압축하여 보여준다. 앞에 어린 기생 5인, 뒤에 호장(농부탈)이 쟁기를 잡고 가고, 뒤에 사농바치(포수)와 새, 영감과 할미, 구대진사, 삼싱 할망 등이 뒤를 따른다. 길놀이는 각자의 특유한 동작, 희화된 춤을 통하여 마당판에서 앞으로 벌어질 사건들을 짐작케 한다. 악사석을 중심으로 원형을 유지하며 자리에 앉으면, 심방의 간단한 사설이 시작된다.

심방 : 에헤- 십소장에 놀던 테우리청 거느려옵던 ᄌᆞ부일월 상세경 입춘굿놀이로 신부찌자 (악사석에서 징을 세 번 친다. 삼석 연물이어도 좋다).

첫째 마당 (탈춤 1) : 오방춤

땅을 지키는 돌하르방 춤과 땅을 기름지게 하는 오방각시춤으로 구성

돌하르방춤

오방신장무는 오방신에게 배례하고 연극의 시작을 알리는 의식이라는 정도로 설명되지만, 오방신장

초감제

오방춤(돌하르방춤)

무는 바로 겨울과 여름의 싸움이 오행 사상의 영향을 받아 변모되어 나타나는 형태이며, 탈춤이 지닌 굿의 흔적의 하나로 계속 나타난다고 보아야 할 것이다. 그렇다면 제주도의 오방신장무는 어떤 형태로 나타날 수 있을까. 입춘굿이 탐라왕이 친경적전하던 유습이며, 국행사전의 나례(儺禮) 의식으로 제주 땅에 악귀를 물리치고 풍농을 권장하던 풍농굿(儺戲)의 확대라 한다면, 제주 읍성을 지키는 수호신의 기능을 가진 돌하르방은 제주도의 오방신장이다. 오방신장무로서 돌하르방춤은 제주 탈춤의 특징을 지닌 탈놀이의 서장으로서 육지부 오방신장무의 변형으로 제주도 탈놀이의 특징을 드러낼 수 있는 중요한 단서가 된다.

오방각시춤

오방신장무로서의 돌하르방춤과는 다른 세경땅을 놀리는 오방각시춤을 생각해 볼 수 있다. 오방각시춤은 오방색 각시탈을 쓴 기생들의 춤이다. 제주도에서는 농사를 짓는 밭을 '세경' 또는 '세경땅'이라 한다. 그리고 농경신 '자청비'를 '세경할망', '제석할망' 또는 '세경신'이라고 한다. 그리고 풍농굿으로서 성행위, 출산, 육아, 농사의 전 과정을 보여주는 굿놀이를 '세경놀이'라 한다. 풍농굿에서 여인은 세경 밭과 동일시 된다. 그러므로 오방각시춤은 여인의 춤으로 의인화된 밭갈이의 춤이다. 세경땅을 놀리는 신의 춤이 인간의 춤으로서 젊음과 여름으로 상징화된 각시춤으로 바뀐 것이며, 오방각시를 놀림으로써 땅을 기름지게 한다는 의미를 지닌다. 그리고 가령 호장이 앞의 점괘에서 올해 동쪽은 농사가 잘 안 되겠다, 서쪽은 농사가 잘 되겠다는 것이라면, 동쪽 각시탈은 초라하고 늙은 차림의 옹색하고 힘없는 할망춤, 서쪽은 농사가 대풍이라면 풍요의 춤, 화려한 차림 등으로 구체화된다. 남쪽은 여름, 북쪽은 겨울인 것처럼 계절의 변화, 삶과 죽음의 의미를 춤으로 구별하면서 오방춤을 마련했으면 좋겠다.

오방각시춤

몰놀이

호 장 : (말 탈을 쓴 사람이 밭을 밟고, 농부탈(호장)은 '말 모는 소리'를 하며 씨를 뿌린다) 어럴럴러 어- 동경국으로 몰자. 서경국으로 몰자. 몰벡쉬 몰자. 쉐 벡쉬 몰자. 영진아, 이 귀마구리야. 저 몰 저 쉐 막으라. 어러러럴럴럴러어- (민요 밧볼리는 소리를 곁들여도 좋다).

보리뿌리점

호장(수심방) : (농부탈 등장) 쉬-, 속심. 나로 말할 것 같으면, (간단히 자기 소개) 이 모을 호장이우다. (관중들에게 묻는다) 호장이 어떤 종내기냐? (빠르게) 호장은 마을의 어른입주. 그러니 도지사나 시장도 나 앞의 선 꼼짝을 못힙니다. 나는 새도 떨어뜨려 마씸. 오늘 입춘굿놀이를 헌덴, 나가 '정광질'이라고 유명헌 줄은 알암싱 7라 낭쉐몰이를 허난 저 시청 도갯집의서 여기 77지 삼천백맷대 앞세왕 왔수다.

관객들 : 와, 와 (박수를 친다)

호 장 : 아까 봤지예? 이 사람이 낭쉐(木牛)를 모는 것은 저 탐라국 시절

관객들 : 탐라국 시절!

호 장 : 탐라왕이 백성들 앞의서 쟁기 잡안 밭 갈아난 풍습으로

관객들 : 풍습으로

호 장 : (생각에 잠기며) 뭐센 허더라. 친, 친?

농부탈

관객들 : (다같이) 친경적전!

호　장 : 아, 맞다. 친할 친, 밭갈 경. 다른 건 몰르고. 아무튼 입춘굿은 탐라국 시절부터 있어왔던 "친경적전의 유습이라" 홉네다. 야- 순댁이 어멍아! 그거 가졍오라.

소　미 : 그것이 뭐우꽈?

호　장 : 것도 몰르나. 강알 아래 복삭허게 난 거. 검질 짓은 밭.

소　미 : 그건 줄 수 엇고, 돌진밧, 별진밧디 강 보리밭 혼착 끊어 왔수다. (멍석이나 초석을 하나 펼쳐놓는다)

호　장 : 옛날은 눌굽에 강 보리낭 가져당 보리뿌리로 점을 쳤댄 핸게 (초석을 놓으며) 이게 밧이라. 밭채 들렁 왔수다. 동서남북 (신칼점을 한다) 자, 동경국에서 서경국더레 씨부찌자- 자, 서경국에서 동경국더레 씨부찌자- 밭농사가 씨 농사나 그게 그거주.

소　무 : 동으로 벋으난? (동쪽 객석으로 가며)

호　장 : 뜨는 해, 잘 뒈서 지름이 질질 흘름신게. (동쪽에 앉은 여자 구경꾼에게 가서) 강알이 복삭헌 걸 보난, 밧이 막 지름지쿠다 양, 요 아가씨 입춘 날 외출을 허난, 검질은 짓으켜마는. 밧이 지름지난 막 풍년들쿠다.

모두들 : 풍년이여.

호　장 : (서쪽으로 가서) 서으로 벋었저.

소　무 : 서으로 벋으난,

호　장 : 지는 해 (서쪽으로 가서 나이든 할망을 보며) 할마니 연세가 멧이우꽈? 무사 서녘밧은 다 이울어부럼싱고. 양. 무신 숭시가 나젠 햄싱가. 멩심홉서 양. 아니우꽈. 요 설운 할망아. 오래 삽서 양.
소　무 : 북으로 벋으난,
호　장 : 아이구, 북엔 거욱대 닮은거 ᄒ고. 요왕님 벳의 더 서? 물구신 될 팔재주. (구경꾼을 향해) 양, 도산은 받안 보난, 받안 보난 (좌우를 살피고) 무사 반응이 어시?
소무와 관객들 : 받안 보난?
호　장 : (금년의 시운(市運)을 점친다) 막 좋수다. 조켄마씸. 흉년이 아니믄 풍년. 제초제 먹엉 뒈싸지는 사름도 싣고, 관광객 실렁 다니는 개인 택시도 막 잘뒈켄 햄수다. (관객에게 걱정하듯 울쌍이 되어) 올금년 감귤 값은 제값 받아졌수가? 그게 걱정이우다.

둘째 마당 : 각시 마당

세경놀이(1)

호　장 : 세경놀이 어간 뒈어십니다. "올 금년에도 저 세경너븐드르에 씨들이레 가자-" (연물 가락에 맞춰 수심방이 춤을 추며 굿을 진행한다).

(임신한 여인의 춤, 제직제직 죄(罪) 지은 정(情)에 추는 춤, 임신한 모습을 감추려는 춤이 오히려 어색하다. 각시춤을 약간 선 본이며 등장)

각　시 : (3자 5치 세경자치로 막걸리병 병모가지를 묶어 치마 속으로 배에다 감아 볼록하게 한다) 아이고 다리여, 아이고 둑지여 어떵ᄒ난 전에 엇이 뻬가 ᄂ긋ᄂ긋 ᄒ고, 온 몸이 흐릿ᄒ는고. 이런 ᄀ깁이 어디 시리.
소무2 : 그냥 일이 아니여. 숭시여 숭시. 어디강 문점이나 ᄒ여 보라.
각　시 : 게메 양, 어디 아는 신안이 싣고. (제장을 돌다가 관객 하나를 붙잡고) 계시우꽈? 나 속이 늬울늬울ᄒ게 어떵 토허여졈직만 ᄒ곡 핸 오라시메 손꼭지나 ᄒ쏠 지퍼봅서. 무슨 탓이나 아니가. 야, 이거 모르기 점쟁이로고나. 어디 아는 디 어시카?
소무2 : 야, 저 무근성 ○○가 점 잘 친댄 허여라. 그디나 강 봐.
각　시 : 에이고, 휴. 게민 그디나 가카 양 (제직제직 걷는다). 있수가.
심　방 : 거 누게.
각　시 : 나 몸이 요새 이상허연 들어보젠 오랐수다. 손꼭지나 ᄒ쏠 지퍼봅서.
심　방 : 갑자을축 벵정말축. 야, 늬 하니 북방에 가 오란댜?
각　시 : 예, 가 오랐수다.

심　방 : 야, 거 벡장동티 닮아.
소무들 : 야, 거 아는 심방이여 (무릎을 친다).
각　시 : 아이고, 잘 알암져, 맞수다게?
심　방 : 맞아? 숭악헌 년.
각　시 : 아이고, 배야, 아이고 배야.
심　방 : 게난, 는 어떵허연 벡장동틸 해연?

(임신하게 된 경과를 설명하는 것이 하르방 마당으로 이어진다)

시집살이

(임신한 모습을 하려고 뱃속에 담았던 바가지를 벗고, 각시탈 게으른 동작을 하며 등장. 시집살이가 싫다는 표정. 객석에서 식구들을 골라도 보며 불만을 표현한다. 자유롭게 물질도 하며 어촌생활을 하던 여인이 웃드르에 시집을 갔다. 자유로운 제주 여성이어서, 구속이 싫다. 모든 게 실망이다)

각　시 : 두리손당에 시집을 가난, (객석을 살피며) 아이구, 지새다가리덜광.
　　　　정말 뿐 엇수다 예.
제　비 : (호기심에서 재촉하며) 시집은 가난?
각　시 : 으상으상 ᄀ는 댓구덕에 요거 시아방 나시 물떡 ᄒ나 허연 지고, 시집은 가난, 시아방은
　　　　눌 눌엄십데다. 시아방은 구젱기 넋이라노난.
제　비 : (시아방 흉내) 메누린 어떵 완디?
각　시 : 나 시집왔수다. (으상으상 걸어가 여인 하나 가리키며, 토라지며) 홍. 암툭 ᄀ튼 시어멍에, 족제
　　　　비 ᄀ이 복 ᄒ게 무지령. 아이고 상파니 쪼광 그런 걸 시어멍이엔.
제　비 : 암툭 ᄀ튼 시어멍에, 제기 골아봐
각　시 : 코셍이 ᄀ튼 시누이에
제　비 : 코셍이 ᄀ튼 시누이
각　시 : 서방은 나만 봐지민 물꾸럭 ᄀ이 밤이고 낮이고 그냥
제　비 : 조와싱게
각　시 : 조으믄 므신. 나 속옷을 외우도 ᄋᆞᆸ개 ᄂ다도 ᄋᆞᆸ겔 입었수다. 벳기당 지치게. 겐디
　　　　뭉게 ᄀ튼 남편인가, 멍텅구린가 그 연장앗앙 돌려들민, 그냥 콱!
제　비 : 아이고, 말라게.
각　시 : 서방은 뭉게 닮은 놈이라 홀 걸 못 ᄒ난, 부웨가 용심 ᄌᆞ끗디 간 푸식푸식 허당 보난 날
　　　　이 붉읍디다. (누가 옆에서) 꼬끼요-.

제비(시어멍) : 거짓말 말아. 야, 메누리야 새벡 조반허라 이.
각 시 : 어머니, 난 조반 전의 물이나 질엉 오쿠다.
제 비 : 기여 혼저 강 으네 물 질엉 오라.
각 시 : 물질레 가는 첵호연, 시집을 탈출허여부렀수다. (박수를 유도) 더 이상 뭉게 끝은 서방하
곤 못살겠다.
제 비 : 게믄 아긴 어떵허연 생겨신고?
각 시 : (막 부끄러운 듯 사방을 살피며) 파랑호 봉천수가 골랏길레, 물허벅을 벗어불고, 속옷 외오
둘러 으돕개 느다 둘러 으돕개 확 벗언 걸어두언, (사방을 살피고 고상하게)오줌을 싸노랜
호니까 양 (호기심을 유도).
제 비 : 그게 벡장통티라.
각 시 : (부끄러운 듯) 소나이 하르방이 ᄌᆞᆽ긋디 오는 거라 마씀. (하르방 춤을 추며 다가온다) 양지가
활활타고, 맴이 은뜻호연게. 난, 조름이 선뜩호 줴벢의 엇수다. 난 아무것도 몰라마씸.
제 비 : 자 어디 놀아 보자.

셋째 마당 : 하르방(영감) 마당

각시춤과 영감춤

'거부춘심', 즉 남자를 희롱하는 각시춤. 여기에 '봉지가' 나 '신목사 타령' 민요를 불러도 좋다. 각시는 오히려 적극적으로 유혹하다가 마지못해 당하는 듯 한다. 음흉하고 희화된 영감춤, 여인이 백장동티가 난다. '백장동티' 는 뒤로부터 겁간 당했다는 뜻이다. 남자를 모르면서 남자에게 당했다는 의미다. 영감과 각시는 한참 얼르다가 춤이 끝나면, 사생아를 잉태하게 된 사연을 말한다.

현신문안

각 시 : (당장, 임신의 증상이 나타난다) 이거 어떵호민 좋고, 난 몰라.
심 방 : 경 말앙 아무 돌 아무 날 느네 씨집이 큰굿 호댄 허여라. 엇인 물 질어다 놓당 "아이고
허리여!" 호멍 물락 들어앚앙 뱅뱅 돌암시믄 어떵호는 방식이 실거여.
각 시 : (장고를 지고 제장을 빙 돌아와서 물허벅의 물을 붓는 시늉. 소미 북을 둥둥둥 쳐서 물 붓는 소리를 낸다.
소미1, 덜썩 주저앉으며)
소미들 : 느네 아방 왐져.

일   동 : 아바님도 현신이여.
심   방 : 아버지 현신문안 갈 적원 은장식 두리여, 분장식 두리여.
각   시 : (산판을 거울로 보며 화장하는 모습의 춤)
심   방 : 해거울 두릴 놓고, 몸거울 두릴 놓나.
각   시 : (아무리 임신을 감추어도 드러날 수밖에 없다)
심   방 : 풀 선 치마에 '소곡소곡 속은 정'에 아버님께 현신문안 들어가니
각   시 : ('소곡소곡 속은 정'의 춤, 사뿐사뿐 걷지만 어색하다)
심방(아방) : 설운 아가야, 네 얼굴이 어째서 그리 되었느냐? 눈은 어째서 곰방눈이 되었느냐?
각   시 : 아바님이 오시는가 어머님이 오시는가 창구멍으로 눈을 쏘아보았더니 눈은 곰방눈이 되었수다.
심   방 : 배는 어째서 부른 배가 되었느냐.
각   시 : 아버지 어머니 계실 때는 한끼 한 홉씩 세 끼 밥을 먹다가 느진덕정하님 종살이 면해주게 되었다고 한 끼 한되씩 세 끼 밥을 주어 부른 배가 되었수다.
심방(아방) : 어머니 방에 어서 가보거라. 어머니께 현신문안을 가려고 어머니와 딸 사이엔 무슨 흉험이 있으리야 풀 죽은 치마 입고 '재직재직 쮀진 정'에 어머니께 현신문안 들어가니,
각   시 : (생각하다가 알았다는 듯이, 치마를 흐트러뜨리며 아무렇지도 않은 듯하지만 어색하다. '재직재직 쮀진 정'의 춤. 자연스럽게 걷는 것이 어색하다)
심방(어멍) : 설운 아기야, 넌 얼굴이 어찌 이 꼴 되었느냐, 눈은 어째 곰방눈이 되었느냐.
각   시 : 아버지 어머니 오시는가 창구멍으로 눈을 쏘아보았더니 곰방눈이 되고
심   방 : 배는 어째 부른 배 되었느냐.
각   시 : 어머니 아버지 홉 삼시 마련타가, 느진덕이 정하님이 되 삼시를 마련해 부른 배 되었수다.
심   방 : (그 때엔 어머님이 아기씨 젖가슴 헤친다) 이년 생긴 년 젖에 검은 줄이 섰구나. 이년 저년 죽일 년아 잡을 년아 궁안에도 바람이 들었더냐.
각   시 : (진퇴양난이다) 나, 영 됐수다. 어떵ᄒ민 조코 양.

세경놀이(2) 해산장면

심   방 : 우리 누리와 불주. 모시 뿔리영, 오나니 뿔이영 해당.
각   시 : 오나니 뿔리영, 모시 뿔리영 해당 먹어봐도, 놈 웃지잰 ᄒ난 (배를 가리키며) 아니 지연 (배를 만지며 느끼는 듯) 크는 생인고라. 어머님 아바님은 요년 생긴 년 군서방질 허였쟁만 ᄒ고. 죽은 체 해서 이실 수 벗기 엇이난, 눈물로 싀수허멍 열 둘이 차 가난 삼일 앞서 난다

옷이 붉은 이슬이 산듯ᄒ게 속옷 우의 오란게, 나가 어디 강 들으난, 똘을 낳젱 ᄒ며는 삼일 앞서 흰 이슬이 체급ᄒ곡, 아돌을 낳젱 ᄒ며는 붉은 이슬이 체급혼댄 허연게 아맹 해도 아들 닮수다.

심　방 : 아들인 생이로고.
각　시 : 아이고 배여, 아이고 배여.
소　미 : 삼싱할망 불르라. 삼싱할망-
삼싱할망 : (은주랑 철죽대 짚고 요란하게 등장)
각　시 : 아이고 배여, 아이고 배여.
소　미 : 꿀려 앚아, 꿀려 앚앙 훈 멕씨라.
각　시 : 응응(아이 낳는 시늉을 한다).
소　미 : 두 멕씨라.
각　시 : 응응(아이 낳는 시늉을 한다).
소　미 : 시 멕씨라.
각　시 : 응응(아이 낳는 시늉을 한다).
영　감 : (멀리서 좋아하며, 구경한다)
소　미 : 나왔저. 손가락 찔르라. 입데레, 머리턱 감안.
각　시 : 액액, 응액, 응액
소　미 : 낳저 낳저. 뱃동 줄 끈으라. 뱃동 줄 끊었저.
각　시 : 모물ᄀ루나 호좀 타당덜 주주마는 원. 요놈의 ᄌ식 어디사 가신디, 따신 내 요놈의 ᄌ식 ᄒ고 눅는 건 내 사름이 아니여.
영　감 : (멀리서 괜히 의연한 척)
소　미 : 바른 질 걸엉 반드시 뎅겨. 따시랑 그런 짓 말아 이?
각　시 : 아이고 아덜이여, 이거 귀ᄒ 집 아돌사 나신디 어떵사 허여신디, 몸 모욕시켜사. 홍액 홍액 홍액(수건에 물을 적셔 병을 닦는다) 몸 모욕허였저. 아이고, 어멍이 젯을 못멕이난 동네에 강 유모를 비나 어떵 젯을 멕여사키엔 허염저.
소　미 : 야, 셍청 입데레 멕여 봐, 졸졸ᄒ게.
각　시 : (병에 물을 일어 자신이 먹고 뿜는다) 이거 너미 멕여부난.
소　미 : 버릇은 궂이키여.
각　시 : 버릇은 궂엄직하다. 지네 아방 닮아. 귀동ᄌ 솟아나시난, 이름 셍명을 집자. 요거 이름 셍명 무시거엔 지와 보코.
소　미 : 이름은 벵디왓디서 기영 허여시난 펭돌이로.
각　시 : 펭돌이로 이름셍명 지우자.
소　미 : 지왓저.

각 시 : 벡일잔치 ᄒᆞ자.
소 미 : ᄒᆞ였저.
각 시 : 셍일돌아왔저. 셍일 ᄒᆞ자.
소 미 : ᄒᆞ였고나.
각 시 : 요놈의 아기 어떻게나 버릇이 궂인지. 독선생 하나 차가지고 글이나 시겨 봅시다. 팽돌이 들어라. 내가 오널부터 너의 선생이 되는디, 너는 선생님 말씀에 절대적으로 순종을 잘 ᄒᆞ시고, 아바님 어머님 말씀 잘 들어야 ᄒᆞ다 이?
소 미 : 예, 과연 잘 ᄒᆞ겠십네다.
각 시 : 이녀리 ᄌᆞ속 버르쟁이가. 하늘 천 따지 감을 현 누루 황 집 우 집 주.
소 미 : 하늘 천 뒤따지 감앙 밧디 누렁 밥 우리 어멍 우리 아방 배 잔뜩 먹언 꼴락꼴락.
각 시 : 엣기 ᄌᆞ식 버르젱머리가. 아주 못된 놈. ᄀᆞ만 있어. 집 우 집 주 넙을 홍 거칠 황.
소 미 : 집이 간 보난 넙게 넙게 넓은 밭에 ᄭᅮ닥 ᄭᅮ닥 꿀락 꿀락 (자는 시늉).
각 시 : 엣기 ᄌᆞ식 버르쟁이. 멧년을 글공빌 시겨도 글이랑 마랑 아무것도 몰 홀 놈이여. 바가이마 이시아다마(石頭) 돌데구리 석두야. 이 놈아 너 정신 출려라.
소 미 : 허랜 헌 공분 아니 ᄒᆞ고 밥밥 만 허염쩌.
각 시 : 밥부개만 되염직 ᄒᆞ다. 밥통이 되나, 밥장군이 되나 이 ᄌᆞ식 글만 ᄀᆞ리치민 밥밥만 ᄒᆞ고.
소 미 : 거 농ᄉᆞ나 시겨보주.
각 시 : 농ᄉᆞ가 천하지대본이난, 농ᄉᆞ를 지어야 ᄒᆞ다. 기영ᄒᆞ디 농ᄉᆞᆯ 짓젠 ᄒᆞ디 놈의 첩으로 들어노니.
소 미 : 아방 춫아 보렝 허여.
각 시 : 응, 지 아방도 ᄒᆞᆫ 번 춫아방 허여보카. 펭돌아, 펭돌아, 아방국 춫앙 가라 (병을 돌리다 관객을 하나 잡고) 아이고, 군서방질 잘도 허여 먹어 왔구나. 나 그디 사시난 ᄃᆞ릿벵디 엎더젼 영허여시난 잘 허여 놓았주. 아이고 어떵허영 좋고. 아이고 나 서방님아, 나 벨감님아 (인정을 받고).

넷째 마당 : 할망 마당

영감춤

각시와 영감 펭돌이를 얼르며 춤을 추며 논다. 이때 할망 등장.

할망춤 : '씨앗싸움' 을 상징적으로 표현한 춤

헌 옷을 입고 검은 행장을 차렸다. 불도맞이 동해용궁 구삼싱 할망의 차림이다.
할망 등장하여 지팡이를 짚고 힘없이 걷는다, 영감과 각시를 발견하고 쫓는다.

할 망 : (달려 들며) 이년, 저년 죽일 년아, 청대섭에 목 걸령 죽일 년야. 군서방질이 웬말이냐. 노일저대 구일의 똘년아,
각 시 : (달려 들며) 무사, 나도 권리가 이서.
하르방 : 할망, 춤아게, 무사 영 햄서. 날 방 춥자.
할 망 : 너 따윗 년이 권리는 무슨 권리냐. 썹가달을 찢어 지들팡을 해도 시원찮을 년. 이 년—.
각 시 : ᄃ릿 벵디에서 엎더져서 오줌 싼 일밖에 없다.
하르방 : 여보야, 당신이 춤아라. 무신 말인지 알아지크냐. 할망을 이해해사주게. (둘이 '허운대기 허우 틀으며 머리칼을 나꿔채고 잡아 뜯으며 싸운다. 젊은 각시가 '자락허게 거려밀어 버린다 (떠밀어 버린다)' 할망 쓰러져 숨을 거둔다.) (살펴보고) 할망, 우리 할망 밥숫그락 놨구나. 죽었고나. 아이고.

상여놀이

염습하는 영감, 한탄하는 영감, 시신을 수습하고, 마을 사람들과 함께 상여를 운구, 죽음과 인생의 무상. 심방을 청하여 간단한 차사영맞이 질침굿을 한다.

다섯째 마당 : 펭돌이 마당

농사짓는 과정을 보여주는 일노래와 서우젯소리
(전 배역이 모두 나와 농사를 짓는다)

각 시 : 나난 밥밥밥밥만 ᄒ니까, 이거 공부는 절대로 안뒈고, 펭돌이 는 이제는 농스나 허영 지어먹으렌[1] ᄒ 팔잔 셍이여[2]. (관객들에게) 우리 농스나 지어보게 마씀.
모두들 : 기영 ᄒ주.

---

1) 지어먹으라는
2) 모양이다

각   시 : 영 ᄒᆞ젠 이젠 밧 빌레 가사주³⁾.
소미 1 : 밧 빌레, 저 거시기. 조천읍 신촌. 분동산 큰심방칩의.
소무 2 : 큰심방집의 밧도 ᄒᆞ 열댓 판 있고. 논도 열댓 판 있고.
소무 1 : 막 부제(富者).
각   시 : 자, 이제랑 밧 빌레 갔저. 밧 빌레 간.
영   감 : (끄덕인다)
소무 2 : 허락(許諾) 햄저.
소무 3 : 허락(許諾) 햄져.
소무 2 : 그자 ᄂᆞᆷ의 손으로만 돌려나난, 어염이영⁴⁾ 지서실거여마는⁵⁾ 혼저 파낭 권ᄒᆞ영 씨 들이렌.
소무 3 : 그렇지. 이제는 밧 갈레 가자.
농   부 : (말모는 시늉) 허, 썩식식, 어러 식식 어러 요놈의 쉐.
소무 3 : 밧갈았저⁶⁾.
소무 2 : 초불⁷⁾ 갈았저. 이제랑 벌레기⁸⁾ 매자.
농부 : 벌레기 매자. 벌레기 매었저.
소무 2 : 뒤로 탁탁 털멍.
소무 3 : 돌멩이 털었저. 터난, 이제 몬딱⁹⁾ 이것 저것 홀 필요 어시 몬딱,
소무 2 : 좁씨.
소무 3 : 씨를 뿌려살 거난¹⁰⁾.
소무 2 : 어염씨부떠¹¹⁾ 먼저 놓나. 이 콩 저 콩, 강낭콩, 두불콩. 이 꽤, 저 꽤, 던덕꽤, 노린꽤, 불근꽤, 몬딱 놨저.
소무 3 : 놨져.
소무 2 : 아진 대죽¹²⁾, 사탕(沙糖) 대죽 몬딱 놨져.
심   방 : 사탕 대죽도 놨져, 동경(東)으로 세경더레¹³⁾ 씨뿌리자. 세경으로¹⁴⁾ 동경더레 씨뿌리자.

---

3) 밭 빌러 가야지
4) 옆, 곁, 부근, 둘레
5) 무성했을 테지만, '짓다' 는 풀이나 털 따위가 무성하다
6) 밭갈았다
7) 1차, 첫번
8) 벌레, 풀그루터기
9) 전부, 모두
10) 뿌려야 할 것이니
11) 구석부터, 귀퉁이부터
12) 수수 따위의 총칭
13) 동쪽에서 서쪽으로, 동쪽(東京)에서 세경으로(밭으로) 씨뿌리자
14) 이때는 세경(땅)과 서쪽(西京)이 음이 비슷하니까, '서쪽에서 동쪽으로' 라는 뜻

소미 2 : 이제랑 골르게[15] 샀저. 골르자. 어러러어-

농　부 : (밭 밟는 소리)어러러러러러러 이 몰 저 몰 어러러 호호호호 자, 이젠 밧 볼렸저[16].

소무 2 : 밧불렸저. 구뎅이 질루고 데깍했저[17].

소무 3 : 데깍했저. 데깍ㅎ난.

소무 2 : 간 보난, 간 보난 이? 침(針) 놔서라게[18].

소무 3 : 그렇지.

소무 2 : 검질 매레 가카[19]?

소무 3 : 검질 매레 강,

소무 2 : 에, 초불 검질[20] 매였저. 어기여랑 사데로구나. 앞멍애랑 들어나오고[21].

소무 1 : 뒷멍애랑 나고가라.

소무 2 : 강 보난 이? 우 모도완[22] 고고리[23] 난.

소무 3 : 그렇지. 어.

소무 2 : 이젠, 샥-. 굴앉도[24] 안햄저[25]. 야, 부재칩(富者宅) 밧이난. 춤 잘 됨저. 간 보난 노린다리만 아자서라[26]. 아이구 이거, 도지사 올릴 디, 뷔여불게[27]. 호미들[28] 아저 드리라[29].

소무 3 : 응. 시르륵, 시르륵

소무 2 : 해변 사름은 이? 알로 뷔곡[30], 우뜨리[31] 사름은 중간으로 뷘다 뭐.

소무 1 : 시르륵

소무 2 : 시르륵

소무 3 : 시르륵

소무 2 : 이젠 다 뷔였저[32].

---

15) 고르게, 반듯하게
16) 밭 밟았다
17) 데깍ㅎ다 : 끄떡하지 않는다
18) '침 지르다' 라고도 함. 조의 발아(發芽)한 싹이 뾰쭉하게 침을 놓았더라
19) 김 매러 갈까?
20) 초벌 김
21) 제주도 민요 '사데소리'
22) 모두워, 모아,
23) 이삭
24) 갈아앉지도
25) 않고 있구나, 않는구나
26) 앉았더라
27) 베어버리자
28) 제주 방언에서 '호미' 는 '낫' 을 뜻한다
29) 가져 들여라
30) 베고
31) 웃드르, 산간지방
32) 베었네

소무 3: 몬 뷔여 놨저. 자, 이젠 무꺼산다[33].
소무 2: 이제랑 역군(役軍)[34] 빌엉 톤자[35].
소무 3: 톤자.
소무 1: 조코고릴[36] 톤아사주[37] 이젠.
소무 3: 몬딱 톤아 놨져[38]. 톤아 난.
소무 2: 이젠 두드리라[39].
소무 3: 두드리라.
소무 2: 어야 홍.
소무 3: 이야 홍.
소무 2: 느네 남편.
소무 3: 이야 홍.
소무 2: 어디나 가시니.
소무 3: 이야홍.
소무 2: 원 살레 갔저[40].
소무 3: 이야홍.
소무 2: 나가 가나 개나 시냐 었저.
소무 3: 다 두드렸저.
소무 2: 두드렸저. 이제랑 불리라[41].
소무 3: 불리라.
소무 2: 푸는체[42]로 동경으로 세경드레.
소무 3: 그렇지.
소무 2: 세경으로 동경드레.
소무 3: 세경으로 동경드레. 푸는체질[43] 했저.
소무 2: 이제랑 영리혼 벡성(百姓)에 미련한 관장(官長)이라부난에[44] 뒈(升)마련 섬(石)마련을

---

33) 묶어야 한다
34) 일꾼
35) 캐자, 따자
36) 조 이삭을
37) 따야지
38) 따 놓았다
39) 뚜드려라. 타작하자
40) 원님 살러 갔다
41) 곡식의 겨를 바람에 나려내라
42) 키(箕)
43) 켜질
44) 관장이니까, 관장이 돼버리니

안ᄒᆞ민 부름씨를45) 못ᄒᆞ주게46). 게난, 말(斗)이영, 뒈(升)영 홉(合)이영 섬(石)이영 몬딱 아정.

소무 1 : 다 앗다 낭47).

소무 2 : 관장이 막 미련ᄒᆞ주게.

소무 3 : 그렇지 막 미련ᄒᆞ난.

소무 2 : 이거 사아궤(賜几) (말로 쌀을 떠넣는 시늉하고, 소미들 복창)

소무 3 : 사궤(賜几)48).

소무 2 : 동창궤(東倉庫)도 ᄀᆞ득이자. 서창궤(西倉庫)도 ᄀᆞ득이자. 남창궤(南倉庫)도 ᄀᆞ득이자. ᄀᆞ득이다 남은 건, 요건 시께멩질(祭祀名節) 홀 거. 요건 동네 부주범절(扶助凡節) 홀 거. 요건 요새 가스다이니49) 전기다이니 ᄒᆞ는 거 만ᄒᆞ주게. 전화대영. 경핸 다 남았저. 경ᄒᆞ난 이거 이추룩 ᄒᆞ난50) 농ᄉᆞ(農事)를 ᄒᆞ는 거주게.

소무 3 : 그렇지. 그렇지.

소무 2 : 게난 씨 고고리도51) 해단에52) 밧 임재네53) 집이 아져가부난54) 지각했저55).

소무 3 : 응, 지각했저.

소무 2 : 이젠 다 뒌거주.

소무 3 : 다 뒌거주. (마지막으로 전 탈 쓴 배역이나 소미들까지 서우젯소리를 부르며 어울려 난장을 벌인다)

---

45) 심부름을
46) 못하지
47) 모두 가져다 놓아
48) 많이 바치자는 뜻
49) '다이' 는 대(臺)의 일본어
50) 이렇게 하니
51) 종자 이삭
52) 해다가
53) 밭주인네
54) 가져가 버리니
55) 지각ᄒᆞ다) 제각하다 : 단단하다. 움직이지 않다

▶ 서천꽃놀이

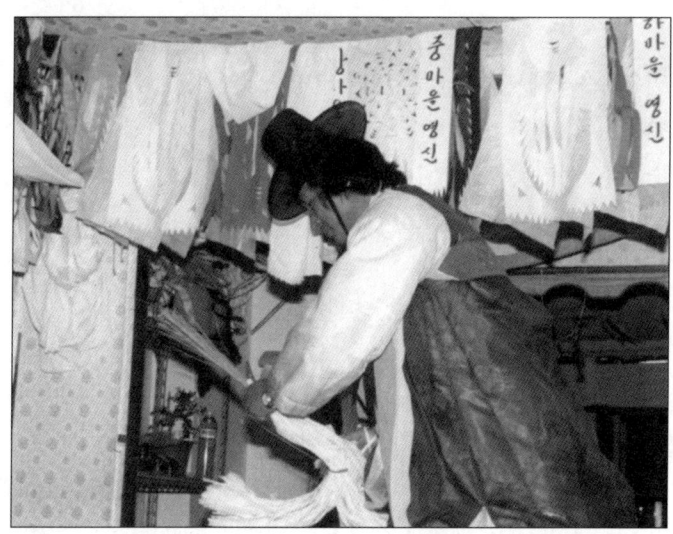

〈불도맞이〉에서 악심꽃을 꺾는 심방

서천꽃놀이

채록 : 1982년 3월 7일(음 2월 12일) 하도리 면수동 당굿
공연장소 : 북제주군 구좌읍 하도리 면수동 바닷가 여씨불돗당
출연 : 양창보(남무), 강신숙(남무)
채록·정리 : 문무병

해설

이 놀이굿은 1982년 하도리 면수동 당굿에서 연행된 놀이굿이다. 하도리 면수동의 당신은 '여씨 삼신불도 할망'으로 아이를 낳게 하고, 잘 보살펴주는 산육신(産育神)이기 때문에, 당굿에서 본향당신을 청할 때는 일반굿의 〈불도맞이〉처럼 불도할망을 청하고, 그와 동시에 아이를 저승으로 데려가는 '구삼싱 할망'을 내쫓는 〈서천꽃놀이〉를 한다. 하도리 면수동 당굿의 제차를 보면 다음과 같다.

Ⅰ. 초감제
　베포도업침→날과국 섬김→연유닦음→새ᄃ림→군문열림→열명→공연
Ⅱ. 여씨삼신불도 청함(불도맞이)
　오리정신청궤→새ᄃ림→할망질침→서천꽃놀이(구삼싱냄)
　*마을설촌유래담
Ⅲ. 요왕맞이
　초감제→날과국 섬김→연유닦음→군문열림→분부사룀→요왕질침→삼헌관 절시킴

　하도리 면수동 당굿의 〈서천꽃놀이〉는 일반 사가집 큰굿의 불도맞이에서 하는 〈구삼싱냄〉과 비슷하다. 다만 당신이 '여씨삼신불도할망'이기 때문에 본향당신을 청하는 것이 맞이굿에서 할망 다리를 놓는 과정과 유사하며, 놀이적인 여흥을 살리기 위하여 악신 구삼심 할망이 종이탈을 쓰고 등장하는 제주도 종이탈굿놀이로 발전한 것이다. 본 채록본은 카세트 테이프 4개(120분) 중 3번 테이프에서 구삼할망이 등장하는 〈서천꽃놀이〉를 정리한 것이다.

　저승 구천왕(舊天王) 구불왕(舊佛王) 구삼싱56) 오는 데 돌아보자-
(악무)
어- 구삼싱을 청해영
흑지성기도 대령ᄒ곡 흑걸레도 대령ᄒ곡
만에 ᄌ손들이 모다들엉 일심동녁헤영
제 인정 만이 바쩡 ᄀ는 베 질구덕에
질빵걸엉 걸머지영 잘 전송허멍
이 ᄆ을 벳곗딜로 갑서 디려두고,
저 구좌면 한동 넘엉갑서
궤 넘엉갑서 고종 넘엉갑서
읍을 넘엉 갑서 천하에 방송을 허시는데
저싱 구천왕질랑 저싱질 좌우돗질랑 동서러레
(악무)
구삼싱은 동의용궁 구천왕 할마님인데
구월 구일날 탄셍ᄒ고 아홉설 나던 해에
저싱 구삼싱으로 들어상 인간드레 나오랑

---

56) 아기를 잘 낳게하고 열다섯 십오세까지 아무 탈 없이 잘 자라도록 보살펴주는 산육신(産育神)은 하늘 옥황 명진국 따님으로 '생불(生佛)할망', '불도(佛道)할망', '삼싱할망'이라 하고, 이와는 반대로 아이를 저승으로 데려가는 저승 할머니는 '동해 용왕의 따님'이라는 '구삼싱', '구할망', '구천왕 구불법 할망'이라 한다.

할마님 낳은 아기덜 데려가져
무을 궁리 안에 신이수퍼 옵네다.
저승 구삼싱이랑 오리정 신청궤로-

(낮은 가락의 장단에 맞춰 구삼싱 할망으로 분장한 소무가 창호지 탈을 쓰고 헌 갈옷 치마 저고리를 입고 지팡이를 짚고 등장한다)

수심방 : 구삼시-잉.

구삼싱 : (웃는다) 헤헤헤헤.

수심방 : (비웃으며) 미친 것, 어이구 지새쪼우광[57] 당신이 구할마니요?

구삼싱 : 구할망이오.

수심방 : 어찌 이런 고단을[58] 근당허였소?

구삼싱 : 어- 고단을 당허기는.

수심방 : 말 좀 해 보시지.

구삼싱 : 이거 제주 산업을 다 댕기다 보니까.

1982년 하도리 면수동의 당굿에서 구삼싱 할망이 제장으로 들어오고 있다.

수심방 : 오냐 (수심방은 구삼싱이 말 끝마다 추임새를 하듯 '응' 또는 '오냐' 하고 응답한다).

구삼싱 : 오널 면수동, 여씨 할마님. (응) 부락에 조순덜 키우는 할마님이 (응) 오늘 대제일을 호다 허길래 (오냐) 내가 오늘 와서(응) 인정을 잘 주면(오) 조순덜 만수무강을 시기고(옳지) 또 혼술로 열다섯 난 아기덜 잘 키와주고(응) 잘 카와줍센 해두곡, 내가 잘 인정을 주면, 오늘 돌아 상(어) 내 두에 업개 삼싱(어) 걸레삼싱(오) 아령(兒靈) 삼싱(오) 서신국 할망(오), 마누라 할망(오냐) 또 동의용궁 할망(수심방에게) 동의용궁 할망은 나여 이?

수심방 : 오냐(웃는다).

일 동 : (웃는다)

구삼싱 : 어, 재인(財人)들어 재인 장재(長者). 만연(萬年)들어 만연 장재. 또 저 두원 철리(千里) 둥이도 있어!(오냐) 양통개!

수심방 : 뭐 어째?

구삼싱 : (시치미떼고) 어, 말 잘 안 들으민, 너 철리둥이 '칙!"허믄 탁! 무는 줄 알지? 어, 거느리고 (옳지) 업개 삼싱 다 거느리고(오냐) 저- 서천 꽃밭(오냐) 꽃강생이 거느리고……

---

57) 아이구, 생긴 것하고는
58) 고장을, 마을을

수심방 : 꽃강생이 거느리고? (웃음)
구삼싱 : 그래서 내 돌아살거고(옳지) 날 잘 사귀지 않으면(어) 멘수동 가호가호마다 들어서 어?
수심방 : 뭐 어쩌?
구삼싱 : 잘 들어, 열두 풍문을 잘 줄 꺼고.
수심방 : 뭐?
구삼싱 : 열다섯ᄭᅵ지 난 아기ᄭᅵ지.
수심방 : 오냐.
구삼싱 : 나, 다 마누라질 불러주고
수심방 : 뭐, 뭐 어떻게?
구삼싱 : 청대ᄀ튼 청소록질 불러주고
수심방 : (찾는 시늉) 몽둥이 어시냐? 두드령 내조치게.
구삼싱 : 벡대ᄀ튼 벡소록질 불러주고 광대같은 광대소록질 불러주고(오냐) 또 인정을 잘 아니 주민, 내가 악심꽃 들렁,닥닥닥닥(악심꽃을 양손으로 친다) 털어가민, 애기덜 열다섯 전의 몬 저싱들에 꺾어 가불거니까.
수심방 : 오냐.
구삼싱 : 응, 너 잘 인정을 주면 내….
수심방 : 아, 인제사 보난 난, 밥이나 ᄒᆞᄭᅳ니 잘 대접행 보내잰 허단 보니까 아주 지새광 맵시광 입은 것에광.
구삼싱 : 뭐 어떻다고? 내가.
수심방 : 아니, ᄆᆞ음께나 조은 거카부댄 허니깐,
구삼싱 : 밥 한그릇 먹고 갈랜 줄 아느냐?
수심방 : 요런 거 보라.
구삼싱 : 요 양창보야 (지팡이로 삿대질).
수심방 : 사람이 억문대김이믄 홀 수가 없지. 경헌디.
구삼싱 : 그렇지.
수심방 : 기왕에 오라시난, 면수동에 구진 거랑 몬딱 거둿 가켄 허민, 젬으로 짐 ᄀᆞ득이사 못지와 주리야. 궤에 담앙 가는 것사 못담아주리야.
구삼싱 : 그렇지. 말론 똥(銅)의 닷말도 준댄ᄒᆞ고, 은이 닷말도 준댄ᄒᆞ고, 먹돌이 지 눈도 빠 준댄 ᄒᆞ고,
수심방 : 뭣이 어째?
구삼싱 : 도채비 시계도 빼주댄 ᄒᆞ고, 베룩잡앙 늑대도 씨와준댄 ᄒᆞ고, 물레로 닻도 드려준댄 허드라.
수심방 : ᄒᆞ기 조은 것만 거느렴구나.

30 제주민속극

하도리 면수동의 당굿
〈서천꽃놀이〉에서

구삼싱: 흐주마는 내가 잘 주는 걸 봐야 알지.

수심방: 어, 그래 베려 봐.

구삼싱: 말로만, 입으로만 옹질옹질허민 뭘 홀꺼냐?

수심방: 눈이 싯건. 눈 나빵 보지도 못허여?

구삼싱: (지팡이로 구덕을 헤쳐보고) 이거 봐 봐야 준둥이치 쏠밥허고, 보니까 뭐, 벡시리떡허고, 돌래떡허고, 쏠 흔사발 벡이 더 있느냐? (어) 이건 보니 사과 쪼가리도 엇고, 벡시리떡허고, 돌래떡허고, 쏠 흔사발 벡의 더 있느냐? 이건 조수지도 엇고, 어느거 조수지냐? 어느 거 내 적시여?

수심방: 청감주도 무던허여.

구삼싱: 어느 거 내 적시여.

수심방: 청감주도 무던허다고.

구삼싱: 이것도 엇고, 저것도 엇고.

수심방: 이거 춤 괘씸흔 거, 양펜의 있는 건 뭐여?

구삼싱: 어느 거여, 이거? (가리키며) 그러니 내 안 굴았어, 내가 잘 주면, 요걸 다 제초시경 갈 꺼고, 안 주면 요게 (악심꽃을 비벼 흔들며)닥닥닥닥…털어가민 청대ㄱ튼 청소록질, 흑대ㄱ튼 흑소록질 광대ㄱ튼 광대소록, 어, 다 불러 줄꺼고, 어, 요게 닥닥 털어가민, 부락 집집, 가호마다 풍문조홰 불룰 꺼고.

수심방: 겐디, 잘 주께.

구삼싱: (더 기고만장하여) 부베간 싸움 부찌고, 머리 매탁시기고, 서방들랑 베곗드레 불러당 노름판만 시기곡, 각시덜랑 집의서 부지껭이(악심꽃을 비벼 흔들며) 정지서 닥닥닥닥 두들명 바

하도리 면수동 당굿 〈서천꽃놀이〉에서
구삼싱 할망이 삿대질을 하고 있다

　　　　　가지 극게 만들고, 엉, 내 열두 숭험을 다 불러 줄 꺼이다.
수심방 : 봐라, 그래 베려보시오.
구삼싱 : 그렇지 (수심방이 열거하는 품목마다 '어' 하고 대답한다).
수심방 : 언메 단메 서천 녹의당산메도 대접이요, (어) 거 다시 또 있지요(어) 상벡미도 일천석이요(그렇지). 중벡미도 일천석이요(어). 거 실과 양상이요, 얼음ᄀ튼 벡시리요(그렇지). 구름ᄀ튼 벡돌래요(어) 함성 웨성 호로 송편도 드리곡(어) 거 봐려 보시요(어) 이승 돈은 당신이 ᄀ져가 봐야 필요가 없는 것이여.
구삼싱 : 왜 없어? 어? (대들 듯) 내 오토바이 지름도 놓고.
일　동 : (웃는다)
구삼싱 : 요거, 가당 빵꾸나믄 빵꾸도 때우고, 왜? (웃음)
수심방 : 경헌디, 그건 당신 ᄉ정이요.
구삼싱 : 가당, 신발도 사 신고, 가당 짜짱면도 사 먹고, 울면도 사 먹고.
수심방 : 배려 보시오. 요거는 흑지성기요.
구삼싱 : 엉, 흑지성기?
수심방 : 요거는 흑걸랭이요.
구삼싱 : 흑지성기? (대들 듯 삿대질하며) 흑걸랭이도, 몬 그런 거만 줘라, 이 양창보야!
수심방 : 그런 거 주거던 많이 받앙 가시오.
구삼싱 : 어느 거?
수심방 : 그리고
구삼싱 : 아니 필요도 없어.
수심방 : 경 섭섭허민, 이 동네 어른덜 겜으로 돈 십원이사 아니 주리야.

구삼싱 : 그만 둬, 내 곧건 들어. 여기, 삼제관 출렸다멍? (억지 위엄을 부리며) 삼제관 이리 와 봐라, 이녀리 ᄌᆞ석들!

일 동 : (웃는다)

구삼싱 : 얼굴 상퉁이, 삼제관, 삼제관 얼굴 상퉁이나 좀 가자.

수심방 : (돈을 셈해 주는 척하며) 요건 저 초헌관, 받아.

구삼싱 : 총헌관? 왜 그걸 양심방 손으로 주느냐? (웃음) ᄌᆞ손들 손으로 줘야지.

수심방 : 나는 부락의 집사난.

구삼싱 : 아, 집스고 필요없다, 삼제관 꼴딱지나 좀 보자.

수심방 : 요건 초헌관.

구삼싱 : 응, 초헌관.

수심방 : 요건 앙헌관.

구삼싱 : 응, 앙헌관.

수심방 : 요건 종헌관.

구삼싱 : 응, 종헌관.

수심방 : 삼헌관이믄 충분허주 이? (지폐를 준다)

구삼싱 : 또 있져. 여기 또 저(생각 난 듯이)위원 위원장이라고, 위원 위원장이라고 있져. 또 새마을 지도자도 있져. 조합장도 있져. 내 요거 다 아니 놓으면, 내 오늘밤부터(악심꽃을 털어 비비며) 닥닥닥 털 꺼니까… (웃음) 자, 자, 이디, 그렇지, 닥닥 털 꺼난.

수심방 : 그거 주멍 후욕해 봅서.

이 장 : 잡귀치고는 고약허구만(위엄있게).

구삼싱 : 옳지, 내가 이거 잘 해야.

이 장 : 잡귀치고는 고약허여.

구삼싱 : 잘 해사, 어, 이거 다 나 ᄌᆞ순들이라 (제장을 가리키며).

수심방 : 아, 어디 ᄌᆞ순들이여?

구삼싱 : 아니라.

수심방 : 어디서 얻어먹는 걸뱅이가 오랑그네. ᄌᆞ순이엔 헌 건.

구삼싱 : 아, 나 ᄌᆞ순 아니라?

수심방 : 아니여.

구삼싱 : 아, 할마님 ᄌᆞ순?

수심방 : 여씨 할망 ᄌᆞ순이여.

구삼싱 : 아, 여씨 할망 ᄌᆞ순이로구나.

수심방 : 괘씸허여.

구삼싱 : 어.

이 장 : 잘 들어 봐.
구삼싱 : 그렇지요.
이 장 : 나, 이 저 이 동네 운영위원장으로 있는데, 가는 데 차비 보태 쓰라고 주는 거니까 (지폐를 준다).
수심방 : 잘 받앙 가.
구삼싱 : 그렇지요.
동네사람 : 오토바이 빵꾸 막으랜.
이 장 : 앞으로 우리 동네 무사태평.
구삼싱 : 하하, 그렇지요.
이 장 : 다복(多福) 잘 빌어주고.
구삼싱 : 그 천원으로?
이 장 : 충분허지. 일원짜리로 가르면 몇백개라고?
동네사람 : 천원이 아니고 천냥이라고.
구삼싱 : 신제주 호텔엔 못 들어가큰게?
일 동 : (웃는다)
수심방 : 이제 가겠소?
구삼싱 : 또 있어.
수심방 : 가겠소?
구삼싱 : 또 있어. 응, 부인 회장, 어촌 계장.
수심방 : 없어.
구삼싱 : 부인회장.
동네사람 : 이 동네 어촌계장은 없어요, 여기.
구삼싱 : 부인회장, 또 어촌계 또, 상줌녀들도 있어, 헤헤 (안 가고 버티려는 듯) 또 있어, 부락 요, 이 상단골들, 중단골, 하단골.
수심방 : (말을 막으며) 고만 굴아.
구삼싱 : 제민단골, 왜 그만 곤나?
수심방 : 고만 굴아.
구삼싱 : 요녀리 양창보 조석 닥닥 털려. 나, 이거 닥닥 털면 당집 소록(邪) 불러.
동네 사람들 : 어디 가서 (웃음).
동네 사람 : 봐 불라. 혼저 봐불라.
구삼싱 : 자, 상단골 조순. 중단골, 내 이거 닥닥 털민, 당집 소록, 대제김, 소제김, 울랑국에 살리 살썽(殺意煞性) 대양도 깨좌불고, 북도 깨좌불고, 설쉐도 깨좌불고, 으흐흐, (수심방에게) 날고라 왜, 게믄 날고라 저성할망 출령 나사라 했어?

일 동 : (웃는다)
수심방 : 자, 많이 대접했소?
구삼싱 : 어능 거여?
수심방 ; 자 보시오, 아름 ᄀ득
구삼싱 : 아까, 그거 베꼐 안 났어. 내 눈이 쪼끄만해도 잘 보여.
동네 사람 : 좀수장허곡, 우리 조합장 사모님허고, 부락장 사모님 주는 거우다.
수심방 : 예, 잘 됐수다. 예(마을 사람에게 사례하고 구삼싱에게) 그만허믄 다 됐지?
구삼싱 : 다 됐어? 또 있어.
동네 사람 : 이거 양, 내 일동 좀수일동 막 늙은 할망 ᄒ나우다. 이도 빠져불고.
일 동 : (웃음)
구삼싱 : 그렇지. 경헌디 서울에서 짐기자 왔댄허멍?
일 동 : (웃는다)
구삼싱 : 김기자, 요거 닥닥 털민, 사진기에 몬 사리살썽 불러주겠어.
현교수 : 서월 못간다고.
구삼싱 : 서울 못강, 그렇지 닥닥 털어불민, 어, 어, 짐기자! 서월 동아일보 짐기자엔 허멍.
일 동 : (웃는다)
김기자 : 양, 이거 꿩 주는 거난, 비행기 사고없이 해줍서 양(지폐를 놓으며) 아이고,
수심방 : 다 됐어?
구삼싱 : 또 있어, 고 선생 있어. 고 선생! 고 선생! (부르며) 고 선생님, 이리 와 주시죠, 헤헤.
김기자 : 고 선생 웃엄신디.
구삼싱 : 어디서?
고광민 : 예, 큰 돈 놩, 준 돈 바꽈주진 안험네까?
구삼싱 : 아, 요기 잇구나.
고광민 : 아니, 큰 돈 놩 준 돈 바꿔주지 야?
구삼싱 : 아니, 큰 돈도 잘 받아.

하도리 면수동 〈서천꽃놀이〉에서 구삼싱 할망의 퇴장

고광민 : 존 돈 주켄허믄 주곡, 큰 돈.
구삼싱 : 아니, 큰 돈도 잘 받아.
고광민 : 존 돈 주쿠가?
구삼싱 : 또 있어, 제주도 제일 심방 웃든 어른, 현 교수님, 있어.
일　동 : (웃음)
현교수 : 우리 집은 아기 다 컸다고.
구삼싱 : (말을 받아서) 경헌디, 요게 닥닥 털어가민, 그 심방 문세 몬딱 잊어부러.
일동 : (웃음)
구삼싱 : 요게 닥닥 털어가민 심방 문세 몬 잊어부러.
현교수 : (같이 웃는다) 아기만 잡아가믄 잡아갔지 뭐 (웃음).
구삼싱 : 이제끄지 몬 배와논 거, 몬딱 잊어부러.
현교수 : 어떵 나도 잘 벌어먹게(웃음) 어떵 나도 먹어야 살 꺼니까(지폐를 놓으며) 이걸로 먹엉 사는 사람인디(웃음) 어, 어.
동네사람 : 이제 다 됐구만.
구삼싱 : 또 있어, 어, 71호, 누게 때문에 된 줄 알아, 어? 71호, 인간문화제 된 안 소인이 이리와 봐라.(웃음) 안 소인이 너, 이 돌에 봉급 올랐다. 20만원으로. (웃음)
구삼싱 : 돌아나 부렸어?
사람들 : 돌아나부런, 돌아나부런.
구삼싱 : 경해 노니 내, 경허니 내가 닥닥 털엉, 너 웃둑지도 상허게 호고.(웃음)
수심방 : 자, 됐지?
구삼싱 : 야, 야, 독, 독. 빨리 빨리. (구삼성 역을 맡은 강신숙씨가 극중 인물에서 자신의 소무 역으로 돌아와 다른 소무에게 "야, 강 독 가정 오라"하며 준비물의 미비 사항을 점검한다)
수심방 : 인정 많이 받았지요?
구삼싱 : 어, 어, 인정 많이 받안.
수심방 : 많이 받았지?
구삼싱 : 어, 어. (대답)
수심방 : 이런 악심꽃씨 꺾어주거던 짚어지영 갈테여?
구삼싱 : 어, 어. (대답)
수심방 : 정말로? (고개 끄덕인다) 이런 악심꽃이로구나 (아이들에게) 야, 야, 저리 가라! 옛날옛적부터, 어- 가가호호마다 살의살성 불러주고 열다숫 십오세 안에 간 아기덜랑 궤안에 담았당 열둘 ᄀ망 준삭 못채왕 낙태시겨버리고, 유산시겨버리는 꽃도 비켜맞자-. 영 낳은 아기, 흔 술 적의 난 아기덜 이런 아기덜토 비켜맞자. (악심꽃을 하나씩 꺾는다) 두 살 적의 난 아기덜 저성갓구나 비켜맞자. 싀설 적의 난 아기덜 비켜맞자. 네 살 적, 다숫 술 적의 비

켜가던 꽃도 비켜맞자. 으솟 설 난 아기도 비켜맞자. 일곱 설 난 아기덜 비켜가던 꽃도 비켜 맞자. 으둡 설 난 아기덜 비켜가는 꽃도 비켜 맞자. 아홉 술 난 아기덜 비켜가는 꽃도 비켜 맞자. 열 술 나는 아기덜 비켜가는 꽃도 비켜 맞자. 열 혼 술 난 아기덜토 비켜맞자. 열 두 살에 저싱 간 아기덜, 이런 악심꽃에 채여 갔구나 비켜 맞자. 열 싀 설 난 아기덜 비켜가든 꽃도 비켜 맞자.

구삼싱: 비켜- 맞자. (흉내를 내며)

수심방: 열 다솟 설 난 아기덜 비켜가는 꽃도 비켜 맞자. 질레에서 교통사고 불홍에 가든 꽃도 비켜 맞자. 싀상에서 어부들 풍파 만나 포료 당허여 요왕 수중고혼 된 영혼들토 이런 악심꽃에 채여 갔구나. 비켜 맞

〈서천꽃놀이〉에서 구삼싱 할망의 퇴장

자. 그 뿐 아니라 모든 질병매 들여놓고 빙원에 강 치료허다 허다 버쳐 객사혼 영가덜 이런 악심꽃에 비켜가는 꽃도 비켜 맞자. 남에 손땅에 죽은 영혼들이나, 도약먹어 음독 자살헌 이런 영혼덜 비켜가는 꽃도 비켜맞자. 낭에 절영호던 이나, 남의 손광 발질에 죽어가든 이런 악심꽃도 비켜 맞자.

구삼싱: 오리에[59] 간제기영, 조에 껄래기 조영 몬 걲어.

수심방: 오곡에 실농시켜 오든 꽃도 비켜 맞자.

구삼싱: 궤 구석에 사리살썽이영

수심방: 우마, 육축에 이런 게발시키는 꽃도 비켜 맞자.

구삼싱: 뱃보섭에 사리살썽이영,

수심방: 영호곡 당주에 소록, 몸주 소록 신양 간주 소록 비켜가던 꽃도 비켜 맞자.

구삼싱: 요걸랑 놔둬, 두 개랑 놔 둬. 거 밥통 논다고. 거 안 놔두민 (웃음)

수심방: 이거 보라. 몬딱 걲어시네, 이? (어) 영 해영 잘 주크메 이것을 아상 면수동 밧곁드레 나

---

59) 보리에

가곡(그렇지), 또 구좌면 관내를 떠나곡, (응) 도무지 다시는 이 부락 안에 들엉 어떤 불행한 사고나.

구삼싱 : 다 거뒹 가겠어.

수심방 : 오냐, 잘 허여라. (그렇지). ᄀ만이 아자시민(어) 잘 걸머지우곡 해영(옳지) 줄테이니.

구삼싱 : 어, 어(대답한다).

수심방 : 이런 악심꽃이로구나. 이 ᄆᆞ을 면수동 남녀노소 없이, 어떠하는 불행이 당허카 영해여 목심ᄀ튼 목심이라 헌게, ᄆᆞ로 쉐로 비록 쟁기 ᄒᆞ나로 이런 불우헌 액운을 다 다 거뒹 갑센 허여, 제청 미야기로 방안 방안 구억구억 ᄆᆞ을 안에 짐부려 샀구나. 존 열루고 진 열루며 ᄆᆞ을 바겻드로 새 ᄆᆞ을드레, 전송드레-

(악무)

구삼싱 : 감서.

수심방 : 잘 가라.

▶ 전상놀이

전상놀이

채록 : 1982년 11월 27일(음력 10월 12일)
공연장소 : YMCA 소강당
출연 : 양창보, 강신숙, 오방근, 문순실, 강치옥
채록·정리 : 문무병

1. 개요

　삼공 본풀이를 근거로 이루어진 굿이 '삼공맞이'이며, '삼공맞이'를 '전상놀이'라고 한다. 그러므로 전상놀이는 삼공신 가믄장아기를 맞이하여 '전상을 놀리는 굿'이다.
　'전상[前生]'이란 '전생의 업보'라는 데서 유래한 듯하다. 실제로 굿판에서는 팔자(八字)·직업(職業)·버릇을 뜻하는 듯한데, 거기에는 운명적인, 타고난 업보(業報)라는 느낌을 강하게 준다. 〈전상놀이〉의 내용을 보면, '가난'이라는 나쁜 전상을 쫓고, '부(富)'라는 좋은 전상을 집안으로 끌어들이는 놀이라 할 수 있다.
　'나쁜 전상'이란 평상시와는 달리 마구 술을 먹거나 해괴한 짓을 하여 일을 망치거나 가산을 탕진하는 행위나 그러한 행위를 일으키게 하는 마음을 일컫는다. 이 전상이 붙으면 그 행위를 버릴래야 버릴 수가 없다. 도둑질을 하여 몇 번이고 감옥엘 출입해도 역시 도둑질 할 마음을 일으키고, 놀음을 시작하면 뗄 수 없는 것과 같은 것이 다 전상 때문이라 하며, 나아가 농업, 공업, 상업 등 갖가지 직업을 택하고, 거기에 집착하는 것도 역시 전상 때문이라 풀이하고 있다.
　〈전상놀이〉를 〈삼공주년국연맞이〉 또는 〈삼공맞이〉라 하는데, 이는 놀이굿 자체가 〈맞이〉와 〈놀이〉의 복합 형식으로 이루어져 있기 때문이다. 〈전상놀이〉는 〈삼공본풀이〉를 극화하여, 대화형식으로 엮어나가는데, 먼저 다른 맞이굿과 똑같이 〈초감제〉를 한다. 초감제의 제차는 ① 배포도업→②날과국 섬김→③연유닦음→④군문열림→⑤새도림→⑥오리정 신청궤가 끝날 때쯤 심방은 "금정옥술발(요령)둘러받아 오리정 전송처로-"하고 창하면, 삼공신인 장님 거지가 등장한다. 웃상실에 사는 〈강이영성이서불〉과 알상실에 사는 〈홍은소천〉이 흉년이 들자 서로 위·아랫 마을로 동냥하러 가다 도중에서 만나 부부 인연을 맺는다.

하르방 : 어드레 올라가는 할망인고.

할 망 : 우리집은 가난ᄒ난 웃상실이 부자칩이엔 해여네 그리 올라감이라.

하르방 : 알상실도 흉년들었고나.

할 망 : 흉년 들고 말고.

하르방 : 웃상실도 홀연 광풍이 불언 모든 농사가 다 멜망해부런. 알상실에나 가믄 좀 얻어먹어지카.

할 망 : 알상실도 비도 안 오고. 보리농ᄉ 바짝 몰라부런 막 가난허연, 웃상실더레 얻어먹으레 올라삼이주.

하르방 : 할망도 홀할망이라.

할 망 : 나도 홀할망이우다.

일 동 : (웃음)

하르방 : 나도 홀아방, 홀하르방이라.

할 망 : 홀하르방. 하르방ᄒ고 나허고.

하르방 : 할망허고 나허고 오널부떠 ᄀ티 자나 ᄒ주.

할 망 : 하르방 손목심엉 ᄀ티 동리마다 ᄆ을마다 고을마다 얻어먹으레 뎅기곡.

거지 부부는 가난하고 배가 고파도 부부 인연은 좋아 은장아기·놋장아기·가믄장아기를 낳게 되고, 그러자 갑자기 천하거부가 된다. 하루는 세 딸을 불러 누구 덕에 사느냐고 묻는다. 은장아기와 놋장아기는 하느님, 지하님, 부모님덕에 산다 했지만, 가믄장아기는 "하느님도 덕이외다, 지하님도 덕이외다. 부모님도 덕입니다마는 나 뱃또롱 아래 선그믓 덕에 삽니다." 하고 대답한다. 부부는 노발대발하며, 불효한 자식이라고 그녀를 내쫓는다. 그녀를 내쫓자 부부는 문에 부딪혀 장님이 되고, 장님이 되자 삽시

전상놀이 공연 장면

에 다시 가난한 거지가 되고 만다. 쫓겨난 가믄장아기는 마퉁이 삼형제를 만난다. 가믄장아기는 마퉁이 삼형제를 유혹한다. 큰마퉁이, 셋마퉁이는 거절하지만, 작은마퉁이는 허락한다.

가믄장아기 : 족은 마퉁이 어른 잠수가?
족은마퉁이 : 하이고, 이거 누게꽈.
가믄장아기 : 저 가믄장아기 뒈여지는디 ㅎ룻밤만 ᄀᆯ이 발막앙 누게마씀.
족은마퉁이 : 아이고 이거 어떤 일이라. 이거 냉방이난 방도 써넝ᄒ고 허난 발 막안 영 누라게.

가믄장아기는 작은마퉁이와 부부인연을 맺고, 마파던 구덩이에서 금덩이 은덩이를 주워 삽시에 천하거부가 된다. 부모님을 만나기 위해 석달 열흘 장님들을 불러 백일잔치를 한다. 거지부부를 모시고 가믄장아기가 "이 술잔 드십서 나 가믄장아기우다" 하면, 딸자식임을 알고 어디 보자고 깜짝 놀라서 들었던 술잔을 떨어뜨리면 눈을 뜬다. 눈을 뜬 거지 부부가 지팡이를 짚고 두드리며, 모든 '전상'을 집밖으로 쫓는 것으로 〈전상놀이〉는 끝이 난다.

2. 놀이의 구성

- **길놀이** : 전상놀이, 삼공주년국연맞이 등의 기를 앞세우고 풍물패 소리에 맞춰 등장 굿청을 설연하고 대오를 정리한다.
- **초감제** : 초감제는 비교적 간단한 형식 의례로 끝난다. 아무 날 아무 시에 굿을 한다는 사설을 하고 심방은 군문을 열고 이어 소무가 새ᄃᆞ림을 하고 나면, 삼공맞이 '질치기' 굿으로 이어진다.

① 배포도업→ ② 날과국 섬김→ ③ 연유닦음→ ④ 군문열림→ ⑤ 새ᄃᆞ림→ ⑥ 오리정 신청궤

- **삼공질침** : 맞이굿의 '질치기'와 같다. 간단하게 질침굿을 하면, 거지부부 등장.
- **전상놀이** : ① 거지부부의 만남→ ② 세 딸을 낳고 부자가 됨→ ③ 가믄장아기를 내쫓고 다시 거지가 됨→ ④ 쫓겨난 가믄장아기 마퉁이를 만나 부자가 됨→ ⑤ 봉사 잔치를 함→ ⑥ 거지부부 가믄장아기를 만나 눈을 뜸.
- **전상내놀림** : 좋은 전상은 집안으로 들이고, 나쁜 전상은 집밖으로 내놀림.
- **퇴장**

[초감제]

베포침
수심방(양창보)은 신칼과 요령을 들고 춤을 춘다.
(삼석연물)

수심방 : 제가 양창봅니다 (절을 하면, 모두들 박수를 친다). 삼공주년국 연맞이로 천앙베포 도업이 신이굽허 옵네다. 천앙베포 도업으로—

(악무 : 도업춤, 도업 연물)

수심방 : 어— 천앙베포도업을 제이릅네다. 지왕베포 도업을 제이릅네다, 인왕베포도업이 신이 굽허 옵네다 에— 인왕베포 도업으로—

(악무)

수심방 : 어- 인왕베포 도업홉네다 왕베포 도업입고, 국베포 도업을 제이릅네다. 왕-베포 산베포 베포도업 제이르난, 제청신도업이 신이굽허 옵네다. 삼공주년국 연맞이로 제청신도업으로—

(악무 : 악무 빨라진다)

날과국 섬김

수심방 : 제청-신도업 제이릅네다 에이~ 날은 어느 날, 날은 어느 날 올금년은 해는 임술년 돌은 입동 시월돌 오널은 열이틀날, 이 집안 삼공주년국 올라 웃상실 강이영성이서불, 내려 제상실 홍은소천국에궁전, 은장아기, 놋장아기, 가믄장아기 월려맞고 신산지 마투리 거느립던 삼공주년국 연맞이로 제청 신 살려와 있습네다 제청신도업으로—

(악무 : 패낭징강…)

군문열림

[군문 돌아봄]

수심방 : 에—제청신도업 제이르난, 신전님이 하감허저 허시옵고 올라 웃상실, 강이영성 이서불 내려 제상실, 홍은소천 국에궁전, 은장, 놋장, 가믄장에, 월려맞던 신산지 거느립고 드님 전상, 나님 전상, 신구산 대전상 에—집안 안에 청속록 벡속록 나무관계 영장여 이러한 모진 금산 하속록이 굽허오저 허시는데 천왕 초군문, 지왕 이군문 삼서도군문 어찌 뎌며 몰라옵네다. 천앙나도 삼겟상, 삼두리 대전상 시군문 앞의 위올리며, 하늘옥황 도성문 올려옵던 금정옥술발 천앙낙해 압송허며 초군문 이군문 삼서도군문도 돌아보레 가자.

(악무 : 군문 돌아보는 연물과 춤)

[군문열림]
수심방 : 초군문 이군문 돌아보고, 삼공안땅 주년국 오시는 시군문 돌안보난 어느 문엔 감옥성방 옥상장 없십네까 문밑마다 인정달라, 문밑마다 수정달라 홉네다 저싕돈은 금폐지전, 이승돈은 나사 금전대전 내여다 감옥성방 옥성나장님 인정사 뽄에 와시난 하여간 정성이 기특ᄒ다 시군문 올려가라 홉네다 하늘옥황 올려옵던 금정옥술발 천앙낙홰 압송ᄒ고 에- 원정 본도영기 신감상 압송ᄒ며 초군문, 이군문, 삼서도군문도 올리레 가자—

(악무 : 군문 연물과 군문여는 춤)

수심방 : 천앙 초군문, 지왕 이군문, 삼서도군문, 삼공안땅 주년국 오는 시군문 올려 있습네다. 곱게 열려주며, 아니 올려주며 홉네다. 일월삼멩두 신에 대천검 둘러받아—

(악무)

(신칼점을 친다)

수심방 : 어- 삼공주년국 연맞이로 초군문, 이군문…열렸습니다.
강신숙 : (설명한다)삼공안당 초감제 문을 열렸습니다.

새ᄃ림
(새ᄃ림이 끝나면 상 앞에 세 번 절한다.)

[신청궤]
수심방 : 삼공주년국 연맞이로 부정 서정을 신가시고 새는 ᄃ려있습네다. 저 만정 주잔들 내여다 각호 각호 군병 시군졸덜 주잔은 많이 많이 권잔을 드리저, 드려며 삼공연맞이로 올라사면 웃상실 강이영성이서불 내려사면 젯상실 홍은소천 궁에궁전 은장 놋장 가믄장 앞을 진설드려 노오고짓땅 삼공알당 주년국인데 저 만정 삼공 앞으로 천년 액 막고 천년 살연 전상ᄒ저 쏠정미 둘러받으며 오리정 신청궤로—

(악무)

---

60) 전상신 가믄장아기의 아버지 강이영성 이서불의 출생지
61) 가믄장아기의 어머니가 살던 곳
62) 가믄장아기의 아버지
63) 가믄장아기의 어머니
64) 마퉁이 형제들
65) 집 밖으로 나가는 것 같은 나가는 전상, '전상'은 전생(前生)의 업, 타고난 천성과 버릇, 직업
66) 집안으로 들어오는 것 같으면 드는 전상
67) 전상놀이의 원래 명칭

수심방 : 오리정 신청궤로 신메우난, 저 만정에 오라 저싕에 왔구나. 올라 웃상실 강이영성이서 불 내려사면 젯상실 홍은소천 나수애 궁전어서불님 은장아기 놋장아기 가믄장아기 거느리며 저 만정에 근당홀 때가 뒈엿구나. 평안감사 압송하고 금정옥술발 둘러 받으며 오리정 전송처로—

(악무)

수심방 : 올라 웃상실[60] ᄂ려 젯상실[61] 강이영성 이서불[62]광 홍은소천 궁에궁[63]은 신산마투리[64] 가믄장아기, 놋장아기, 은장아기. 나님ᄀ뜬 나님 전상[65] 드님ᄀ뜬 드님 전상[66]. 글ᄒ기도 전상 활ᄒ기도 전상 신구산에 대전상놀이[67]웨다.

[거지부부 등장]

하르방 : 호호호 할망 배고프고.

할 망 : 하르방 나도 배고파. 아이고 다리도 답답흠도.

하르방 : 할망, 어드레 올라가는 할망인고.

할 망 : 우리집인 가난ᄒ난 웃상실 이제, 부자칩이엔 해여네 그리 올라감이라.

하르방 : 오. 아이고 게난.

할 망 : 아지방은 어디레 감이라.

하르방 : 알상실도 흉년들엇구나.

할 망 : 흉년들고말고.

하르방 : 나는 웃상실에 그냥 비도 안 오고.

할 망 : 비도 안 오고.

하르방 : 홀연 광풍이 불어부난 모든 농사가 다 멜망돼부난.

전상놀이에서 거지부부차림

할 　망 : 다 멜망뒛구나 이. 아이고 저 하르방.
하르방 : 이제 어디 얻어먹을 디도 엇고. 알상실에나 가근 좀 얻어먹어지카.
할 　망 : 아이고, 하르방. 하르방 마씸.
하르방 : 응.
할 　망 : 알상실도 예, 비도 안 오고. 보리도 농ᄉᆞ가 바짝 몰라부런 막 가난허연, 난 웃상실더레 무시거 얻어먹으레 올라사는 중이우다.
하르방 : 아이고, 개서방 할망.
할 　망 : 예.
하르방 : 할망도 홀 할망이라.
할 　망 : 나도 홀 할망이우다.
일 　동 : (웃음)
하르방 : 나도 홀 아방, 홀 하르방이라.
할 　망 : 홀하르방. 하르방허고 나ᄒᆞ고.
하르방 : 할망허고 나ᄒᆞ고, 오널부떠 같이 자나 ᄒᆞ주.
할 　망 : (웃음) 하르방 손목심엉 같이 동리마다 무을마다 고을마다 얻어먹으레 뎅기곡.
하르방 : 경ᄒᆞ주.
할 　망 : 경해도 좋주.
하르방 : 오. 우리 두갓이.
할 　망 : 어.
하르방 : 할망 하르방이 초가집이 강.
할 　망 : 초가집이 강.
하르방 : 나가 어이 짓엉.
할 　망 : 어이 짓엉?
하르방 : 꼭꼭 해영.
할 　망 : 꼭꼭 해영?
하르방 : 아기도 ᄒᆞ나쯤 낳곡.
할 　망 : (웃음) 아기도 ᄒᆞ나 나? 경 ᄒᆞ주.
하르방 : 경 ᄒᆞ주. 오. 이젠.
할 　망 : 가 보주.
하르방 : 할망.
할 　망 : 음.
하르방 : 강 우리.
할 　망 : 경 ᄒᆞ주 경 ᄒᆞ주마씀. 아이고 우리 하르방.

하르방 : 무사 할망은 우터레 부뎜고.
일　동 : (웃음)
하르방 : 이거 우리 살 집이라.
할　망 : 이거 살 디라. 아이고 좋은 집 살암고나.
하르방 : 아이고, 저냑밥이나 어떵.
할　망 : 저냑밥?
하르방 : 저냑밥이나 이서?
할　망 : 아이고 저냑 출릴 것도 어서.
하르방 : 먹언.
할　망 : 먹어도 호쏠 먹어도 원 먹은 거 안 닮다.
하르방 : 난 배부난, 할망이나 몬딱 먹어.
할　망 : 아이구 나도 배불언.
하르방 : 이젠 야간 밤이영 뒈난, 이부자리나 페와.
할　망 : 페와? 야, 영 페와서.
하르방 : 페와서.
할　망 : 하르방이영 영 녕 잘거난.
하르방 : 훈 베개 놓아서?
할　망 : 훈 베개 행 누쿠가?
하르방 : 어, 아이구. 꼭꼭. 꼭꼭. 경허난 할망은 꼭꼭허난 아이구 이젠 밥도 설러가고.
할　망 : 밥도 설러가고.
하르방 : 어떵허난.
일　동 : (웃음)
할　망 : 옷에 풀내가 나고.
하르방 : 풀내가 나고.
할　망 : 장엔 장칼내가 나고.
하르방 : 장칼내가 나고.
할　망 : 물엔 물내가 나고.
하르방 : 아이고, 이거 아기 배었구나!
일　동 : (웃음)
하르방 : 훈둘 두덜 석둘 열둘 강알 참져.
할　망 : 강알 참져.
하르방 : 아이구 배야-아이구 아이구 아이구.
일　동 : (웃음) (아기 낳는 시늉, 응아응아 아기울음 소리.)

하르방 : 할망, 똘애기라.
할 망 : 똘애기. 하르방 이 큰똘애기 이름이나 지와 봅주.
하르방 : 경허주.
할 망 : 무시거엔 지우믄 되코?
하르방 : 보난 이름 ᄀ남도 엇고, 돈도 엇고.
할 망 : 돈도 엇고.
하르방 : 게난 은장아기엔 지와불주.
할 망 : 은장아기.
하르방 : 또 꼭꼭 해보주.
할 망 : 어, 또 꼭꼭 해보게.
일 동 : (웃음)
하르방 : 아이고. 열돌 가망찼저. 할망.
할 망 : 아이고.
하르방 : 이젠 아들 나크라.
소 무 : 응액 응액 (아기 우는소리 흉내 낸다)
하르방 : 아이고. 아이고. 무시거라.
할 망 : 무시거라 이거.
하르방 : 아이고. 또 벨라졌저.
일 동 : (웃음)
할 망 : 하르방 게민 두 번째 난 건 무시거엔 일름 지웁네까.
하르방 : 이이고 뭐엔 지와게. 놋장아기엔 지와불주.
할 망 : 놋장아기?
하르방 : 응. 혼덜 두덜 배고프민 꼭꼭은 잘 해네. 꼭꼭꼭 햇저.
일 동 : (웃음)
하르방 : 또 열돌 살안 낳저.
소 무 : 아이구 배야. 응액 응액.
하르방 : (본다) 아이구 아이구 아이구. 아이구 집안 망해부럿저.
일 동 : (웃음)
하르방 : 게난 또 벨라진 거.
할 망 : 죽은똘은 무신 거엔 일름 지으코 이?
하르방 : 가믄장아기.
할 망 : 가믄장 애기.
하르방 : 응.

할   망 : 아이구 점점 망허게 뒛저.
하르방 : 가믄장아기. 자랑자랑 웡이자랑.
할   망 : 웡이자랑.
하르방 : 자랑자랑ᄒ멍 키완.
할   망 : 키완.
하르방 : ᄒᆞᆫ 솔 두설.
할   망 : 그렇지.
하르방 : 일곱 쏠 열다 ᄉᆞᆺ 살아감져.
할   망 : 살아감져.
하르방 : 이제랑 할망, 이것덜 가믄장아기 만나부난, 좋은 집도 나오고.
할   망 : 집도 나고.
하르방 : 좋은 밧도 나고.
할   망 : 밧도 나고.
하르방 : 유기전답도 좋지 안해서?
할   망 : 맞주게.
하르방 : 할망, 나중에 또 잘 될라고, 영도 잘 살아지난 요레 안자.
할   망 : 요레 안지.
하르방 : 경 말앙 우리 큰ᄄᆞᆯ아기 불렁.
할   망 : 큰ᄄᆞᆯ애기 어디가니.
하르방 : 넌 누게 덕으로 요것들이 살았느냐 ᄒᆞᆫ번 들어보주.
할   망 : 경ᄒ주.
하르방 : 너 큰ᄄᆞᆯ아가—
은장아기 : 예.
하르방 : 너 이레 와 봐라. (온다) 그레 앉거라.
은장아기 : 예.
하르방 : 너 인간에 탄생ᄒᆞᆯ 때.
은장아기 : 예.
하르방 : 누구 덕으로 탄생을 ᄒᆞ고.
은장아기 : 예.
하르방 : 이제ᄭᆞ지 열다ᄉᆞᆺ 자라서는 누구 덕으로 행공발신을 ᄒᆞ는 줄 알겠느냐?
순   실 : 예. 아옵니다.
하르방 : 누구 덕인 줄 알겠느냐?
은장아기 : 하늘님에 덕입네다.

하르방 : 오냐.

은장아기 : 지애님의 덕입네다.

하르방 : 오냐.

은장아기 : 부모님의 덕으로 삽니다.

하르방 : 어따 나 똘 적실ᄒ다. 네방으로 나고가라. 이번이랑 우리 셋똘애기 불러보주. 셋똘아가ㅡ

놋장아기 : 예.

할 망 : 셋딸애기. 놋장애기.

하르방 : 셋똘아.

놋장아기 : 예.

하르방 : 너 이년 이레 와 봐라. 너년은 인간에 탄생헐 때, (놋장아기 파마한 머리를 보고) 너 어떵해서 신식년으로 변해부렀나. 어떵핸 머린 빠마허고?

일 동 : (웃음)

하르방 : 브름 낫구나. 이놈으조석. 인간에 탄생을 홀 땐 누구 덕으로 탄생을 ᄒ고, 엣날부떠 사람이 누구덕으로 행동을 ᄒ 줄 알겠느냐.

놋장아기 : 하느님 덕입니다. 지애님도 덕입니다.

하르방 : 오냐.

놋장아기 : 아버님 어머님 은덕으로 살앗십네다.

하르방 : 아이고, 너 셋똘아기도 적실ᄒ다. 너방으로 들어가거라.

할 망 : 이제랑 족은 똘애기.

하르방 : 우리 막둥이, 잘 봔 나두난 부재로 살았주. 가믄장아기야.

가믄장아기 : 야…….

하르방 : 너 이리와봐라. 아이구 몬질 몬질 몬질. 우리 족은 애기 요 연도 구지베니 호끔 볼랐구나 (웃음). 너 인간에 탄생헐 때, 누구 덕으로 탄생허고, 이제끄지 크기는 누구덕으로 큰 줄 알겠느냐?

기믄장아기 : 하나님 지애님도 덕이고, 부모님도 덕이 뒈어지나 만정, 나 뱃또롱 아래 선그뭇이 덕인 줄 압니다.

하르방 : 에이 이년, 나가라. 이년 (때리려 한다).

소 무 : 도망 가블라게.

하르방 : 아이고, 경해여도 족은 년은 요년 이제끄지 할망허고 나허고 동녕바치질 허명 벌언 멕이단 보난, 요년은 지 배또롱 아래 선그뭇 덕이엔 햄구나. 요년 내쫓겨부난 그래도 애기가 잠자고프믄 안트래 기는 거라.

할 망 : 저 은장아가ㅡ

은장아기 : 예

하르방 : 셋똘아기야, 너 이레 오라.

놋장아기 : 예.

하르방 : 너 이리 오라.

관　객 : 똘들이 아방보단 더 큰게.

하르방 : 여기 앉거라. 너의 족은 동생이 아바님이 어떵해서 장성해진 덕이냐. 하나님 덕이요 지하님 덕이요 내 뱃또롱 아래 무신 그릇?

관　객 : 선그믓.

하르방 : 선그믓? 이건 잘도 났다. 경해서 먼 정으로 내쫓아 부렀는데. 오죽 울멍 가멍 배고프멍 가겠느냐. 저기 보리밥이라고 갔당 몰앙, 너희들 바꼍딜로 강 멕여쥥 보내거라.

소　무 : 예.

하르방 : 오냐.

소　무 : 거기 물 호끔 비와 줘. 뒈서게.

하르방 : 큰년도 족은년도 다 갔져. 할르방. 하르방. 할망. 우리 가주.

할　망 : 할망.

하르방 : 우리 가주. 이젠 몬딱 망해여부런.

할　망 : 망해연.

할　망 : 이거 짚어 이.

하르방 : 짚엉, 가주.

가믄장아기 : 아바님 눈에 골리나고 어머님 눈에 골리난, 이거 나와분지도 연삼일이 넘어지고, 어디 가서 문바치나 들어가 보저. 아이구 요디 어디 마파는 소리가 통통 남구나. 이거 어디 마퉁이 아니우꽈.

큰마퉁이 : (마퉁이는 1인 3역을 해도 좋다) 아이고 방뎅이 아프다.

가믄장아기 : 마 팝수가?

큰마퉁이 : 오, 이거 어떵해연.

가믄장아기 : 지나가는 여정네가 뒈여진디 해는 일락서산에 다지고, 인간처나 촛앙가젠 해연.

큰마퉁이 : 오.

가믄장아기 : 어디 질이나 호끔 ᄀ리차줍서.

큰마퉁이 : 오. 아니 괘씸 (씸을 씹으로)흔 거 해연. 거 여주엔 헌 건 꿈에만 시꾸와도 새물인디, 어떵해연 지집년이 거 남정네 마파는 디 완 맞줄만 뿌러대기곡. 질을 물엄시니. 에이 괘씸흔 거. 딴 질이나 강 물어보라.

가믄장아기 : 아이고 어떵허든 조코. 아바님 어머님에도 눈나고, 큰 마퉁이 안티 가도 영 여주는 꿈에만 시꾸와도 새물이엔 허난, 큰성님은 경해도 셋성님은 어떵헐 줄 모르난 셋성님 안티나 강 들어보저. 마퉁이님 마팝수가.

셋마퉁이 : 오.
가믄장아기 : 아이구 지나가는 여정네가 뒈여진디, 해는 일락서산에 다 지어지고.
셋마퉁이 : 거 생긴 모냥 꼴딱서니 뵈려보난 멀쩡허게 생기긴 해엿주마는 어떵핸 여정네가 남저가 마파는 디 오랑 거 꿈에만 시꾸와도 새물이엔 헌 여자가 완 질을 물엄시니 에잇 괘씸헌 거.
일   동 : (웃음)
가믄장아기 : 아이구, 큰성님 셋성님도 아니 굴아주곡 허난, 훈몸 훈속으로 난 성제간도 무음은 틀려지난, 이거 족은 아시안티나 강 물어보저. 아이구 족은 마퉁이 어른 마팜수가.
족은마퉁이 : 오, 네 마팜쥐.
가믄장아기 : 여정네가 지나가는디 해는 일락서산에 다 지여가고 허난 집이나 호끔 놀게 인간처나 마련해줍서.
족은마퉁이 : 아이구 색시 모냥 볼짝시가 멀쩡허게 생견 곱기도 곱다. 곱기도 고우난, 경 말앙 거 오늘 저냑 인간이나 세영 가컨.
가믄장아기 : 예.
족은마퉁이 : 요 재 넘곡.
가믄장아기 : 어디 마씀.
족은마퉁이 : 요 재 넘엉 양,
가믄장아기 : 예. 그디 넘어가민.
족은마퉁이 : 요디 양 헤청 강.
가믄장아기 : 에.
족은마퉁이 : 가당 버치거들랑 산 넘엉 가곡,
가믄장아기 : 산 넘엉 가고.
족은마퉁이 : 물 넘엉 가당 보민,
가믄장아기 : 물 넘엉 가당 보민.
족은마퉁이 : 비저리초막에,
가믄장아기 : 예
족은마퉁이 : 거 망불턱에 문을 돌앙
가믄장아기 : 예.
족은마퉁이 : 거기서 노인이 살암시매 강, 할망신디 강 집이나 빌리렌 해 봐.
가믄장아기 : 아이구 고맙수다. 족은 마퉁이 어른. 무음이 큰연 알에 큰질 굳은 모음 가젼, 아이 고맙수다.
족은마퉁이 : 기여. 어 착허구나.
가믄장아기 : 아이구 고맙수다. 아이구 어떵 허연 요재 넘어 저재 넘어, 잇수가?

소　　미 : 거 누게라?
가믄장아기 : 지나가는 여정네가 뒙네다마는 흐뒈, 흐루밤을 묵엉가게 집이나 호끔 빌려줍서.
소　　미 : 아이구 우리집인 큰마퉁이 셋마퉁이 족은마퉁이 녕 좀잘 방도 어시난 못 빌리크라.
가믄장아기 : 나 댕기는 사름들이 집을 비웡 나 댕깁네까. 게난 어디 정제 뭇뚱이나 그디라도 빌려줍서.
소　　미 : 어서 게건 저기 정지구석 혼착이라도 비라.
가믄장아기 : 경헙서. 아이구 저추룩 천둥소리 우르릉 청 오는 이가 누구라.
소　　미 : 큰마퉁이 마팡 오는 소리여.
가믄장아기 : 마팡 오는 소리우꽈? 아이구 거 하늘에 번개치듯 천둥소리 내멍 오는 소린 무슨 소리꽈.
소　　미 : 셋마퉁이 마팡 오는 소리.
가믄장아기 : 마퉁이덜 마팡 오는 소리꽈. 아이구 또 번개치멍 양, 또 마팡오는 생이우다 저거 몇 째 아들이우꽈.
소　　미 : 족은마퉁이 마팡 오는 소리.
족은마퉁이 : 아이구 어머님아.
소　　미 : 아이구 나 아들아.
족은마퉁이 : 족은 마퉁이 마판 오랏수다.
소　　미 : 착허다.
족은마퉁이 : 나 강 마나 숨앙 옵줘. 이거 마 솜는 소린 이거 무신 저 가스렌지라도 셔사 솜지.
일　　동 : (웃음)
족은마퉁이 : 아이구 어머님아 만 았수다. 이거 저 연탄불 아니난 양. 선 딘 설고 익은 딘 익엇수다.
일　　동 : (웃음)
족은마퉁이 : 그자 어머님이랑 존둥 뚝허게 익으멍 흔 존둥이 어머님 자시고,
어　　멍 : 응.
족은마퉁이 : 흔 존둥이랑 나그넬 안넵서. 머리하고 꼴랭이랑 나가 먹게. 경 흐쿠과. 예, 어머님 이거 왕 저 혼저 먹읍서(먹읍선지 자십선지). 난 요디 강 양, 저 허당 못행 불치막에라도 강 자쿠다.
가믄장아기 : 아이고 할아버지 할머니 이거 밥 출령 와시메 이 밥이나 먹읍서.
어　　멍 : 우린 멫날 조상때부터 안 먹어나부난 이거 먹어지크라.
가믄장아기 : 아이구 못먹쿠다. 겨믄 마퉁이 어른안티 가정 가보주. 아이구 큰마퉁이 셋마퉁이 어른 이밥이나 먹읍서.
큰마퉁이 : 아이고 열두가지는 이거 무시거라. 이걸 상이라고 상다리가 부서지게 사발 조각 벌러진 거에 담앙.

일　동 : (웃음)
큰마퉁이 : 이거 철조가리 추물초남이라. 추물 출렷댄 허믄 아홉가진 구애반상 일곱가진 도용칠 반 상다리가 부서지게 출렷댄헌게 요거라.
가믄장아기 : 예.
큰마퉁이 : 아이구 우리 조상때부터 아니 먹어난 굼벵이밥 아니 먹크라.
가믄장아기 : 아이고 이거 어떵허믄 조코. 족은 마퉁이 안티나 가정 가보저. 아이구 족은 마퉁이 어른 잠수과. 이 밥이나 먹읍서.
셋마퉁이 : 아이구 난 셋마퉁이라. 요게, 요건 보난 먹긴 조았구나마는 음음. 이거 무사 영 꽝만 놔싱고, 빠삭빠삭헌 거 나 조상때기부터 아니먹어난거 노리괴기 아니 먹크라.
가믄장아기 : 족은 마퉁이 어른 잠수과?
족은마퉁이 : 오.
가믄장아기 : 이거나 먹읍서.
족은마퉁이 : 아이구 나 먹다마다 마씸. 내 이런 건 잘 먹읍쥐. 숟가락도 낳 오라 앞으로. 오오 우이랑 솔솔 거딩 식은 걸로만 먹게. 이레 아장 젓가락질이라도 해라. 줍음질이라도. 음. 오. 맛좋긴 맛좋다.
일　동 : (웃음)
가믄장아기 : 아이구 큰성님 셋성님도 호끔 저레 놉서게.
족은마퉁이 : 아이고. 큰마퉁이 형님 이거 먹어봅서. (큰마퉁이 시늉) 아이구 따불라 아이구. 따불라. 게난 처음 먹읍샌 헐 때 먹읍서.
가믄장아기 : 셋마퉁이 어른도 봐렴수게.
셋마퉁이 : 셋마퉁인 무싱거엔 해불코. 요거 아이구 따불라. 조금 떠 먹당 아이구 맛 좃도. 호끔 떠 먹엉.
일　동 : (웃음)
족은마퉁이 : 어, 배불다.
가믄장아기 : 이젠 밥상이랑 물려동. 아이고 큰마퉁이 어른 잠수과?
큰마퉁이 : 오 나 아직.
가믄장아기 : 아이구 ᄒᆞ룻밤만 양 우리 발 막앙 누게마씀.
큰마퉁이 : 야, 발 막앙 누겐 말은, 호끔 천천이 골아 봐. 나 못들었저.
일　동 : (웃음)
큰마퉁이 : 에이 괘씸헌 년 허당. 어디 여정네가 ᄉᆞ나이신디 왕 발 막앙 잠자젠 말이 뭔 말이냐. 괘씸ᄒᆞ게.
가믄장아기 : 아따, 여자 남자 잠자는 거 좋주 무신.
큰마퉁이 : 요즘말로 신식말로 뭬엔허냐 그게.

가믄장아기 : 아이구 큰성님도 말댄허는디, 셋성님 안티나 들어보주. 셋성님 잠수가?
셋마퉁이 : 아이구 이거 줌자는 디 억.
가믄장아기 : 오늘밤이랑 양, 나광 발막앙 긑이 누기 어떵허우꽈?
셋마퉁이 : 에고. 거 내 큰성님 알믄 욕허여. 나 매일 저냑의 매맞지 않허크라. 나 넝 자크라.
가믄장아기 : 아따가라 매맞일 거 겁낭 좀 안 자멍. 아이구 족은 마퉁이 어른 잠수가?
족은마퉁이 : 하이고, 이거 누게꽈? 아
가믄장아기 : 저 가믄장아기 뒈여지는디 호룻밤만 긑이 발막앙 누게마씀.
족은마퉁이 : 아이고 이거 어떤 일이라. 아이고. 거 어디 이거 냉방이난 방도 써넝허고 허난 발막앙. 영 누라!
가믄장아기 : 무사 밀렴수과게.
족은마퉁이 : 영 아장 이? 영 행 잘 누라. (웃음) 이거 어떵헌 송아지가 영 비치루왕 햄시니?
일 동 : (웃음)
가믄장아기 : 천왕독 지왕독이 비비단단 울엄시메 옵서 우리 일어나보게.
족은마퉁이 : 천앙독도 울고, 지왕독도 울고.
순 실 : 지왕독도 울고.
족은마퉁이 : 인왕독도 울고, 슬기치멍 놀개치멍 먼동이 튼 천지가 붉아서. 꼭꼬닥 꼭꼬닥.
가믄장아기 : 마파난 디나 양 구경가게.
족은마퉁이 : 게민 우리 큰성님 마파난 디나 가보카?
가믄장아기 : 폴짱 끼영.
족은마퉁이 : 폴짱 끼영. 너 요즈음 신식이난 팔짱 주. 아이구 우리 성님 여기가 마파난 디.
가믄장아기 : 아이고 마파난 디 완 보난 양,
족은마퉁이 : 춧언 보난.
가믄장아기 : 예. 줏언 보난.
족은마퉁이 : 자갈만 왕강징강.
가믄장아기 : 왕강징강.
족은마퉁이 : 큰 자갈 족은 자갈,
가믄장아기 : 응.
족은마퉁이 : 게민 셋성님 마파난 디나 강 보저. 요디 눈벨랑 잘 보라.
가믄장아기 : 셋성님 마파난 디 강 보난.
족은마퉁이 : 물똥만.
가믄장아기 : 물똥만 싱그랑.
족은마퉁이 : 게민, 에이 저 사람아.
가믄장아기 : 설운 낭군님, 낭군님 마파난 디 강 보난,

족은마퉁이 : 그만 십원짜리 하나도 어서.
일 동 : (웃음)
족은마퉁이 : 나 요기서 마파나서.
가믄장아기 : 아이구. 요거 봅서. 돌멩이가 은이고,
족은마퉁이 : 금이로구나.
가믄장아기 : 돌멩이가 금이고.
족은마퉁이 : 요건 은이로구나 아이고 이 작산 재산을 어떵행 갈꼬.
가믄장아기 : 이제 뒤에 실렁 예.
족은마퉁이 : 우리 너른 밧디 강.
가믄장아기 : 너른 밧디가 집짓고.
족은마퉁이 : 너른 밧디 강 와가 지둥을 세왕.
가믄장아기 : 종하님 거느리고 .
족은마퉁이 : 아이구.
가믄장아기 : 부재로 아자그네.
족은마퉁이 : 천아 거부로.
가문장아기 : 천아 거부로.
족은마퉁이 : 일 부재로.
가믄장아기 : 일 부재로.
족은마퉁이 : 나는 정도 재인.
가믄장아기 : 응.
족은마퉁이 : 들은 정도.
가믄장아기 : 재인.
족은마퉁이 : 집 짓자.
가믄장아기 : 집 짓엄서.
족은마퉁이 : 상량햇저.
가믄장아기 : 상량해서.
족은마퉁이 : 아따 요거 뿌르긴 뿌르다 요즘 상량식은 빠른댄해도 우린 더 빨라.
가믄장아기 : 종하님도 거느리고.
족은마퉁이 : 엉, 게민 우리가 천하 거부 일부재로 잘 살아지난 먹은 이도 누구 덕이며,
가믄장아기 : 응.
족은마퉁이 : 입은 이도 누구 덕이며 몰라도 우리 좋은 몸천 내와주긴 아바님도 덕이요, 어머님도 덕이니.
가믄장아기 : 어머님도 덕이니.

족은마퉁이 : 게난 가시아방 잔치나 해보라.
가믄장아기 : 아이고 그것이 아니우다.
족은마퉁이 : 뭣이냐.
가믄장아기 : 아바님 눈에 골리나고 어머님 눈에 골리난.
족은마퉁이 : 아이구 요 깍쟁이.
가믄장아기 : 거리거리마다 얻어먹는 신세가 돼여지난, 우리 부베간에 좋은 재산 모영 나뒀당 누게 유래전득 해줄 주순이 이시멍 혼번 우리 석돌열흘 벡일간이나 걸인 잔치나 해영
족은마퉁이 : 걸인 잔치나 해여?
가믄장아기 : 예.
족은마퉁이 : 어이, 거 우리 느진댁이 정하님 불르라. 가는 종도 불르라, 오는 종도 불르라. 나는 종 드는 종 배해서 울렁 아, 우리 석돌열흘 벡일 걸인잔치나 해보자.
소　미 : 예.
족은마퉁이 : 자, 풍악이나 울려라. (덩덩)
족은마퉁이 : 야, 우리 걸인잔친 허잰 허민.
가믄장아기 : 응.
족은마퉁이 : 떨어진 물건 없이 다 출리고.
가믄장아기 : 다 출리고.
족은마퉁이 : 맞인 음식만 출령.
가믄장아기 : 예.
족은마퉁이 : 석돌열흘 벡일로 잔치를 ᄒᆞ는디 가도 아니오고 ᄒᆞ를가도 아니오고 이틀 석돌 열흘이 지나 간다.
가믄장아기 : 예.
족은마퉁이 : 그때엔 벡일잔치나 해 보자. 백일지나도 아이고, 걸인잔칠 해도 아바님도 아니오고,
가믄장아기 : 어머님도 아니 오고.
족은마퉁이 : 게민 아이구 오늘이 끝나민 아바님 어머님 돌아보기 끝나시난 우리 아장 기다리기나 해봐.
가믄장아기 : 경 헙서.
족은마퉁이 : 아이고, 저기.
가믄장아기 : 설운 낭군님아 저기 강 봅서. 저디 골목으로 두 부부가 거느려 오는 거 꼭 어머님 닮수다.
족은마퉁이 : 저디 꼭 방사 순서 닮다. 똑 심봉사 수춘 아시 모냥으로.
가믄장아기 : 우리 아버님 어머님 저기 오는 것 닮다.
족은마퉁이 : 아이고 저 사람 말이주 이. 나도 닮다.

[봉사잔치]

입 무 : 거 누게우꽈?
하르방 : 할망 이디 답고 이.
할 망 : 그릇소리가 돌각돌각 남수다.
입 무 : 두 늙은이가 혼 막뎅이 지프곡 어떵허연 이딜 춫아 옵데가?
하르방 : 어디서 게와시잔칠 석 둘 열흘 벡일을 혼다 허여서 게와시잔치나 얻어먹어보카 허연 종곰종곰 소식들으멍 이디꼬장 왔수다.
입 무 : 두 쉐경이 혼 막뎅이 지프곡 춫아오젠 혼 게 많이 속앗수다. 영 들어왕 앚입서.
하르방 : 할망, 들어왕 앚이렌 허염고. 가 보주.
할 망 : 멩심홉서 양. 누려집네다 [소무 그릇소리 달각달각 낸다.].
하르방 : 할망, 그릇소리만 돌각돌각 남구나. 우린 우으로 앚앙 얻어먹젠 ᄒ민 알로 멕여가당 떨어불곡 알로 앚앙 보민 우으로 멕여가당 떨어불곡. 아이고, 우리 팔즈여. 어떵 ᄒ민 좋고?
할 망 : 게메 말이우다. 다른 게와시덜은 다 멕여가멍 우린 잔치도 아니주곡 나가지도 못ᄒ게 가쳐놨구나. 우린 아무 줴도 엇다. 사름 죽인 줴도 엇수다.
입 무 : 야, 게와시 잔치 다 끝낫구나. 자, 동서남북데레 헤치자.
소 무 : 헤쳤저.
하르방 : 헤천 보난, 아이고 우리 부베간만 남앗고나. 이거 어떵ᄒ젠 허염신고. 아, 아기씨가 말을 ᄒ는디, 야 수벨캄 수장남아 어서 나와서 도용칠반에 상발이 무너지도록 각서추물 출리라 허연 출리는고나. 돌각돌각 자각자각 자각자각 [그릇소리 흉내를 낸다].
할 망 : 출렸저. 우리 주젠 허염저.
입 무 : 그디 넘어가는 게와시랑 어서 안방으로 청허여 들이라. 몸모욕 깨끗이 단속ᄒ곡 안방으로 청ᄒ라.
할 망 : 하르방 안테레 오렌.
하르방 : 아이고, 게메, 우리 가보주 (소미가 음식상을 차려다 맹인 거지 부처 앞에 놓는다).
할 망 : 도용칠반 들어왔저.
하르방 : (상을 마주 받고 앚아) 도용칠반도 출렸고나. 할망, 이거 몬 직아 봐. 무스것고, 이태벡이 먹다 남은 포도주에 돌아닦아 한한주도 들어왔구나.
입 무 : 이 술 한 잔 들멍, 하르방님네 옛말이나 굴읍서 듣게.
하르방 : 아이고, 우린 들은 옛말도 읏수다.
입 무 : 계건, 본 말이나 굴읍서.
할 망 : 본 말도 읏수다.
입 무 : 계건, 살아난 말이나 굴읍서 듣저.
하르방 : 계민 우리 살아난 옛말이나 굴읍주. (장고를 치며 창) 오널 오널 오널이여 날도 좋아 오널

이여 돌도 좋아 오널이라. ᄇᆞ름 산도 놀고 가자. 옛날 옛적 웃상실은 강이영성이서불 내려사민 홍은소천 (이하 삼공본풀이 거지잔치 먹으러 온 대목까지 창과 사설을 섞어가며 부른다).

입 무 : (상잔에 술을 부어 봉사에게 주며) 이 술 ᄒᆞᆫ 잔 들읍서. 천년주우다. 만년주우다. 아이고, 어머님아, 아바님아 내 가믄장아기우다. 나 술 ᄒᆞᆫ잔 받읍서.

하르방 : (술잔을 들어 먹으려다) 이! 가믄장아기! (놀라며 상잔을 덜렁하게 떨어뜨리며 감았던 눈을 번쩍 뜬다. 상잔의 전패를 보아 길흉을 판단 하고)

입 무 : 설운 아바님 어머님 다 춫았고나. 춫아 천하거부로 잘 살았고나.

하르방 : 자, 이제랑 나 ᄌᆞ손덜이나 춫아바사켜. (집안을 한바퀴 돌고 대주 앞에 가서) 요거, 요놈, 나 오좀 똥 치우멍 키운 거로구나. 멩 제긴 매여, 복 제긴 매여. (막대기로 때리다가 인정을 받고 '마량'을 들고 장단을 맞추어 춤을 추다가, 신칼점하고, 다음은 안주인을 전과 같은 사설을 하며 때려 인정을 받는다. 이처럼 온 집안 식구와 구경꾼에게 돌아다니며 때려 인정을 받은 후)

할 망 : ᄌᆞ손덜 돌아바시난 이젠 집안이나 돌아보저. [하며 구들로 들어가서 초석을 둘러쓰고 드러누우면]

소 무 : (구들로 들어서서) 요년, 요년! 전상이여, 만상이여, 소록이여. (하며 누운 심방을 때린다. 본주가 와서 인정을 걸면 누웠던 심방은 일어나서 다른 방으로 가 같은 행동을 반복하여 인정을 받는다)

[전상풀림]

할 망 : 우리가 이디 완 인정도 많이 받고 수정도 많이 받아 인정이 과속ᄒᆞ니 소록이나 풀엉 가살로고나. (키와 비를 들고 집안을 돌아다니며) 그전에 번질번질허여난 구들이 이거 무승거리야. (하며 온 집안의 어지러운 것을 모조리 뜰로 쓸어내 던진다)

하르방 : 청 소록도 내놀리자. 흑 소록도 내놀리자. 도성 삼문안 들어 사민 무근성 고만호 칩으로 내놀리자. 강만호 칩으로 내놀리자. 위 노프고 좌노픈 박종실 칩으로 내놀리자. (제주도의 부자들을 호칭하며 내놀리자 하고) 청소록 흑소록 내놀리난 이간주당 천하거부시기고, 좋은 소록이랑 집안으로 들이놀리곡. 모질고 악ᄒᆞᆫ 소록이랑 천지왕골목더레 시군문 밧겻데레 내조치자. (장님이었던 부부가 먼 올레까지 쓸어내어 몰아 가서 입었던 헌 옷을 벗어버리고 세수하여 들어온다)

(신칼점)

군웅만판

'석살림' 굿은 본래 큰굿에서는 12차례 한다. 굿중에 굿들이 하나 끝날 때마다 이 석살림굿을 하는 셈이다. "큰굿에는 열두 석, 작은굿에서는 여섯 석, 앉은제에서는 삼 석"을 놀린다. 그 중 마지막에 놀리는 석살림굿을 '군웅만판' 이라 한다.

도진

굿이 끝났으니, '돌아가십시오' 하며 신들을 돌려보내는 제차.

▶ 영감놀이

영감놀이

가. 개요

제주도의 놀이굿 가운데 〈영감놀이〉는 널리 알려져 있고, 쉽게 구경할 수 있으며, 누구나 그 놀이방식에 대하여 구구한 설명을 하여왔던 바, 그 놀이굿의 내용인 즉 도깨비탈(=종이탈)을 쓰고, 영감으로 차린 도깨비들이 제장 안으로 들어와 한바탕 수선을 떨고, 영감상에 차려놓은 진상물들을 잘 대접받고, 제장을 떠나는 풍자적인 놀이굿이다.

〈영감놀이〉는 두 형식의 굿에서 각각 다른 기능을 하며, 굿중 놀이로 삽입되어 있다. 하나는 칠머릿당의 영등굿에서 〈요왕맞이〉가 끝난 뒤, 어부들을 위한 선왕굿으로 〈영감놀이〉를 하고 있으며, 이전에 함덕리 그물접에서 멸치를 몰아다 주는 '말퉁이영감'이라는 신을 위한 〈영감놀이〉가 있었던 것으로 보아 〈영감놀이〉는 선왕굿에서 연행된다. 이러한 〈영감놀이〉는 '풍어를 기원하는 의례'로서의 놀이굿이다. 〈영감놀이〉의 또 다른 하나는 '도깨비' 또는 '영감'을 조상으로 모신 집안에서 미친 환자가 생기거나 어부나 해녀(=과부)들이 아프면 치르는 〈두린굿〉에서 하는 경우다. 이때는 영감을 환자의 몸에서 떼어내어 달래고 보내는 주술적인 의례라 할 수 있다.

나. 연행방법

〈영감놀이〉는 제주도의 굿놀이 중 가장 해학적이고 연극적이다. 〈영감놀이〉의 대화를 살펴보면, 영감이 좋아하는 식성은 돼지고기와 술, 수수범벅, 좋아하는 장소는 산과 바다와 漁場村, 좋아하는 잠자리는 과부의 방이다. 영감은 미녀를 좋아하고 음침한 곳에 깃든다. 영감은 도깨비이며 불이다. 처용신화의 역신처럼 여인 속에 영감이 들렸기 때문이라 병이 든 것이며, 굿을 하여 영감을 여인의 몸에서 떼어내어 달래어 쫓아보내는 것이 〈영감놀이〉이다. 병의 치료는 환자 속에 깃든 영감을 놀리고, 환자와 영감을 분리시키며, 영감 형제들이 나타나서 환자에 깃든 막내동생을 데리고 나가게 하는 것이다.

〈영감놀이〉는 마당에 젯상(祭床)을 차리고 밤에 행한다. 젯상 위에는 여러 가지 제물을 올리는데, 특히 돼지머리, 수수떡, 소주 따위 영감신이 즐겨 먹은 음식을 올린다. 이외에도 영감신의 가면과 짚으로 만든 자그마한 배를 준비해야 한다. 가면은 창호지에 눈과 코와 입의 구멍을 뚫은 정도다. 얇은 헝겊으로 만들기도 한다. 배는 짚을 실이나 노끈으로 엮어서 만들고, 가는 막대기를 배 중심에 꽂아서 돛대를 달고, 백지를 달아 매어 돛을 삼는다.

준비가 모두 끝나면, 마당의 굿청에서 수심방(首巫)이 군복차림을 하고 일반굿을 하듯 초감제부터 시작하는데, 그 구성은 다음과 같이 짜여진다.
① 초감제→② 영감청함→③ 막푸다시→④ 배방선이다.
〈초감제〉는 ① 베포도업침→② 날과국섬김→③ 연유닦음→④ 군문열림→⑤ 새드림→⑥ 정대우의 순이며, 이어서 '영감'을 청해 들인다.
영감신을 청하는 대목은 심방이 〈영감 본풀이〉를 노래하고, "이런 영감님이 한라산으로 하여 제주삼읍(濟州三邑) 방방곡곡을 돌면서 놀다가 이제 제청(祭廳)으로 들어서려고 하니, 삼선향(三仙香)을 피워 들고 모셔들이자"하며 향로와 요령을 들어 바깥을 향하여 신을 맞이하는 춤을 춘다. 이 때 굿청은 불을 꺼서 캄캄하고, 멀리 나가 대기해 있던 영감(분장한 小巫)들이 서로 횃불을 내두르며 펄쩍펄쩍 뛰어다니다가 굿청 가까이로 들어와 간다. 수심방이 바깥을 향해 큰 소리로 영감을 부른다.

수심방 : 영감! 영감!
영　감 : 허허허(신들이 술이 취해 비틀거리며 굿청으로 들어온다)
수심방 : 영감!
영　감 : 허허허, 뭐요?
수심방 : 영감이요?
영　감 : 음, 내 영감이요.
수심방 : 하, 먹다 남은 곶감이로구나.
영　감 : 허허허.
수심방 : 하, 영감, 영감이 어째서 여길 찾아왔소?

하면, 서울 남산 먹자고을 허정승의 아들 일곱 형제로 팔도강산 유람하다가 우리 막내 '천하 오소리 잡놈'이 제주 한라산에 와 있다 하길래 찾아보려고 팔도 명산을 거느리고 진도 벽파진 울돌목을 지나 추자 안섬, 추자 밧섬, 제주 수평선을 근당하여 제주 사백리주를 다 찾아보아도 찾지 못하여 한라산, 백록담으로…(중략)…이 마을에 오고 보니, 이 집에서 향 냄새가 건듯하고, "영감! 영감!" 부르는 소리가 들리길래 들어왔다고 한다.
수심방은 그렇지 않아도 기다리고 있었다 하며 영감신을 맞이하여 대접한다. 수심방과 영감이 대화를 계속해 간다. 좋아하는 것들을 하나 하나 묻는 가운데 영감신이 해녀나 과부를 좋아한다는 사실이 드러난다. 이러한 대화의 해학과 영감신의 경망스런 행동이 구경꾼의 웃음을 자아낸다. 수심방은 이어서 "당신의 막내동생도 역시 여자를 좋아해서 이 집 따님에 침노하고 있으니, 얼굴이라도 보는 게 어떠냐?"고 하면, 영감은 "어서 빨리 얼굴이나 보자"고 환영한다. 환자를 데려다 앉히면, 영감은 "하하, 내 동생이 절실하구나. 너 이놈아, 널 찾으려고 일천 고생을 다하며 찾아왔는

제주시 건입동 칠머리당굿에서
〈영감놀이〉의 한 장면

데, 어찌 그리 무심하냐"고 하면서 환자의 어깨를 치며 같이 가자고 달랜다. 수심방은 젯상의 음식을 가리키며 "당신들이 좋아하는 음식이 아니냐?"고 음식을 권하고, 영감들은 "잇몸이 벗겨지게 먹다 남을 음식이라"고 좋아하며 실컷 먹고 놀고 떠나가자고 한다. 여기에 술과 고기와 떡을 내놓으면, 영감들은 수전증이 심해 덜덜 떨리는 손으로 서로 권하며 술을 마신다. 실컷 술을 마신 영감들은 이 집안 자손과도 이별잔, 작별잔을 나누자며 환자나 가족들에게도 술을 권한다. 그리고는 마지막으로 한 판 실컷 놀고 가자고 하여 〈서우젯소리〉에 맞추어 짚으로 만든 배를 들고 춤을 춘다. 이 때 환자나 가족이나 구경꾼들도 함께 어울려 한참 동안 춤을 추며 즐겁게 논다.

수심방 : 미역은 얼마나 실었느냐?
소미(小巫) : 일만 층 실었소.
수심방 : 초기(버섯)는 얼마냐?
소미(小巫) : 일만 층이요.

이런 식으로 우무, 청각, 전복, 소라 등 제주 명산물을 배에 가득 싣고, 닻을 감고 돛을 달고 북을 울린다. "이별이여, 작별이여, 배 놓아가자!"고 외치며 동생을 데리고 떠나는 것이다. 영감신을 배에 싣고 내보내고 나면, 수심방은 환자를 굿청에 앉혀 돗자리로 환자의 몸을 둘러 주위를 못보게 감아 놓고 〈막푸다시〉를 한다. 푸다시란 모든 잡귀를 쫓는 제차(祭次)다. 막푸다시가 끝나면 수심방은 소미(小巫)들을 시켜 제물을 실은 짚배를 들고 바닷가에 간다. 그래서 징을 울리며 영감신과 제주 명산물들을 가득 실어 보내는 사설을 하며 짚배를 바다 멀리 띄워 보내 버린다.

영감놀이(1) 연미마을

일시 : 1985년 10월 12일
장소 : 제주시 오라동 연미마을 생가
출연 : 안사인, 이정자, 문순실, 오방근

제의 절차
○ 초감제→○ 군문열림→○ 새도림→○ 오리정신청궤 →○ 영감청함→○ 배방선
[초감제]

수심방 : 제청도업이 되어 옵네다. 제청신도업으로 제이르라-

　　악무 : 베포춤과 베포연물

　　(심방 신칼과 요령을 들고 베포춤을 춘다)

　　(신칼점을 하고 사방에 절을 한다)

간단한 영감상 차림

수심방 : 요왕연맞이로 제청지신도업 제일릅긴 사왜요왕(四海龍王) 영신님은~
　　　동에 청요왕 서에 백요왕 남게 적요왕 북에 흑요왕 중앙은 황신요왕입고, 사만사천 처용신님과 적금산 요왕입고, 청금산도 요왕, 벡금산도 요왕입고 요왕황제국님과 물우에 선왕님 뒈옵네다.동해와당 광덕왕 서해와당 광인왕 놀던 선왕님 우굽허사저 ᄒ시는 시군문 어찌뒈며 모릅네다 삼ᄃ리 대전상 저만정 신수퍼 천앙낙화금정옥술발 무루와다 시군문도 돌아보레 갑니다.-
　　　(악무)

[군문열림]

○ 군문 돌아봄

(심방은 신칼과 요령을 들고, 뭔가 중얼거리며 군문돌아보는 춤을 춘다)

수심방 : 어— 천앙초군문 이군문 삼서도군문에 요왕 선왕문 시군문 돌아봅긴 문문마다 감옥성방 옥성나장 지영이방 감상관 초군문 초대장 없스리까 인정소정 없이 울릴 수가 있으리까 저 인정 받아 문문마다 저 인정 걸었더니, 시군문 잡아 올려가라 홉네다 본도신감상 천아금정옥술발 무루와다 시군문도 올리레 갑네다
　　　(악무)

군문열림

(심방은 신칼과 요령 들고 군문 여는 춤을 춘다. 요령을 흔들며 중얼거리거나 '어—' 하며, 신칼점을 치고나서 감상기를 들고 뒷걸음질, 감상기를 들고 신을 하강하게 하는 춤을 춘다. 끝에 도랑춤을 춘 뒤, 엎드려 감상기를 나란히 세워 중얼거리며, 감상기를 흔들고, 신칼을 놀리고, 요령을 흔들고 나서 신칼점을 친다. 점이 '군문점'이 안 나오면 일어나 반복한다. 도랑춤을 추다가앉아서 점을 치고 '군문 여는 점괘'가 나오면 고맙다는 인사로 손바닥 춤을 춘다.박자는 계속 빠르고 요란한 박자. '어허' 하는 외침 소리도 간혹 들린다) 괘양징강 괘양징강……하는 소리 빨라지면 도랑춤, 가볍게 발을 도약하거나 돌면서, 감상기를 흔들며 춤은 계속된다. 마지막엔 도랑춤이다. 앉아서 반복한다. 감상기를 들었다 엎드려 나란히 꽂고, 앉아서 감상기를 좌우로 돌리다 요령과 신칼 들고 흔들다, 요령을 흔들다, 신칼을 놀리다 점을 치고 반복하여 점을 치다 좋은 점괘가 나오면 손바닥을 놀려 춤을 추고 점점 박자가 빨라지면, 심방은 감상기를 들고 일어나 펄쩍 펄쩍 도약하며 신나게 춤을 춘다. 꽹꽹 꽹꽹우꽹꽹…… 아주 빠른 도랑춤을 추다가, 보통 박자로 돌아 오며, 춤이 멎는다.

[새ᄃ림]

물감상
소미(이정자) : 요왕연맞이로 신이 하감ᄒ저 ᄒ시는데, 오리 안도 부정, 오리 밧도 부정, 십리 안 십리 밧겻, 제청 안 제청 밧겻 본주지관남네, 단궐님네 신의 성방 앞장 부정이 많 헌 듯 ᄒ네다. 하널로 내린 물은 천덕수, 지아로 솟은 물은 지덕수, 산으로 내린 물 은 나무 돌굽 썩은 물, 이물 저물 다 버려두고 동해와당 은하봉천수를 굽이너븐 초 왕초대접 솝솝드리 신나수라-

(악무)

(대접에 물을 감상기에 적셔 사방에 뿌리며 춤을 춘다)

새ᄃ림
소 미 : 신가이고 낯가이난 묽고 청량한 듯 ᄒ네다. 이 물은 아래 버리민 마당너구리, 땅너구리 분분이 줄이 벋엉 줴가 뒐 듯 ᄒ네다. 지붕당상 주추므루 호호 상량 위올리난, 이물엔 큰물엔 용이 놀고, 족은 물엔 새 앚아 놉네다. 새라근 낱낱이 ᄃ리자.

시왕새 ᄃ리자	옥황엔 부엉새
지아엔 도덕새	준지새 만흘새
영낙엔 호박새	안당엔 노념새
밧당엔 시념새	총덜기 알롱새
입족은 촉새여	말조은 앵무새
밥주리 욕은새	강남은 제비새
배고픈 새라근	쏠주며 ᄃ리고
애몰른 새라근	물주며 ᄃ리자.
아니나 ᄃ리난	되돌아 오는새
쏠주며 물주며	멀리나 ᄃ리자
주어라 훨쭉	
훨쭉 훨짱-	
동더레 포르릉	서드레 포르릉
남드레 북드레	짓놀아 나는고
요새가 들어서	요왕연맞이로
신도가 하감ᄒ저	새뚤라 오는고
동의와당광덕왕	서의와당광인왕

남의와당적요왕	북의와당흑요왕
중앙황신요왕	동경국 대왕님
세경국 부인님	요왕태저님네
요왕거북ᄉ재	적금산도 요왕
흑금산도 요왕	백금산 요왕님
일만줍수아기	삼만골라부천
거느리며	요왕거북ᄉ재와
우의전에	요왕님네 하감ᄒ시는데
새똘라오는고	요새를 드리자
일곱참봉은	영감님네
신수퍼 하감ᄒ저	새똘라 오는고
배고픈 새랑은	쏠주며 드리고
물기린 새랑은	물주며 드리자.
복ᄒ게 드리자	
주어라 훨쭉	
훨쭉 훨짱	
짓놀아 나는고	
요새가 들어서	이 ᄌ순들 앞장에
풍문을 주는새	조홰를 주는새
본병신병 주고	넋내와주는새
벨찬이력아니뒈고	요새가들어서
상가매들어왕	ᄒᆞᆫ 번은 머리에부심낭
아야도 머리여	가심목발종애로
조홰를 주는고	
주어라 훨쭉	
훨쭉 훨짱	
짓놀아 나는고	
요새야 드려야	하늘은 옥황에
문왕탕문도령	지아에 ᄌ청비
암장개 들엇저	서수왕 똘아기
시집을 가기로	문혼장 디렸다
애여리 뒈던고	석돌 열흘 벡일만의
제몸에 가더라	요새가 들어노안

인간에들어서　　　　어지러우는 새
　　　쏠주며물주며　　　　멀리나 드리자
　　　주어라 훨쭉
　　　훨쭉 훨짱
　　　드리다 남은 건　　　드리다 남은 걸랑
　　　날로 돌로

푸다시

(빠른 박자의 악기 소리)

아허 허어 어헛

(신칼로 환자의 이마 등을 누른다)

(신칼 점을 친다)

[환자에게 물을 뿜으면 환자는 들어간다]

얼씩 얼씩

궂은 새는 낱낱이 드려 있습네다

[주잔권잔]

(새물 주잔 저먼정 많이 권번 들여가며)

[오리정신청궤]

영감 청함

수심방 : 북방연의 새물로 지리였자 이 어- 저인정 지넹겨 들여가며 요왕황저국님아 선왕 제불님은 우굽허 사저ᄒᆞ시는데 에- 오리정 신청궤로 신메우민 신이굽허사저 ᄒᆞ네다. 철년먹고 말년먹은 홍당머들 쏠정미 둘러받아 오리정 신청궤로 신메웁네다.

(악무)

(심방은 신칼들고 춤을 춘다)

(소무가 쌀담은 산판을 주면, 쌀을 신칼로 캐우리며 춤을 춘다 춤을 추다가, 신칼을 잡고 돌며 춤을추다 신칼점을 친다 다시 신칼을 들고 산판의 쌀을 뿌리며 춤을 춘다. 데령상과 큰상을 오가며 쌀을 뿌리며 춤을

춘다. 데령상 앞에서 점을 친다. 악기 점점 빨라진다. 소무 가삿베를 어깨에 맨다. 심방은 바라를 들고 춤을 추고 소미는 술을 뿜으며, '허어, 헛' 하며 사방을 정화한다. 바랑탐 제차에 해당한다. 심방이 도랑춤을 추다 어깨넘어로 바라를 던져 바라점을 친다. 붉은 가사를 풀어 놀리며 춤을 추다 제상 앞에 던지고, 다시 쌀을 뿌리며 춤을 춘다. 신칼을 돌리며 춤을 추다 신칼을 던져 점을 친다.)

(잠시 쉰다)

영감 등장

도깨비들이 종이탈을 쓰고, 횃불을 들고 벙것과 우장을 쓰고, 곰방대를 물고 대기하고 있다. 제장 주위에 바람이 세차고 그럴 듯한 분위기를 연출하고 있다.

(빨리 시작헙주 하는 소리 들린다.)
수심방 : 그디 아잤당 나와야주. 도감 불르건 나와 이? 물색덜 어디 가서?
수심방 : 저만정 선왕일월님, 지오른 영감 참봉덜 금채 옥채 야채 우굽허사저 흡네다. 오리정 신청궤로 신메우라-
(악무)
(수심방은 신칼을 들고 쌀을 뿌리며 춤을 추고, 사방에서 도깨비들이 춤을 춘다) (신칼점을 친다)
수심방 : 저만정 영감 참봉님, 금채 옥채 야채 참봉님 우굽허 사저 흐시는데 초펀 불러 대답 안 허건, 이펀 제삼펀 영감 참봉을 야채 금채 부르자 영감- (길게 부른다) 어- 영감 참봉 금채 옥채 참봉- (다시 부른다) 어- 영감 참봉- 저만정 영감 참봉님은 우굽허 삽네다. (도깨비들 사

도깨비들의 등장

방에서 횃불을 들고 일어선다) 삼의삼선향 지도투어 오리정 정데우로 신메우라-

(악무)

(도깨비들 갓을 쓰고 종이탈, 곰방대, 횃불들고 등장한다. 멀리 제상 앞에 선왕기가 펄럭인다.)

(수심방은 빨간 전대를 들고 춤을 추고, 도깨비 여섯은 제장 안으로 들어와 춤을 춘다. 도깨비들 뱅뱅 돌며 춤을 추는데, 영감-하고 부르면 도깨비들 그 자리에 멈추어 선다)

수심방 : 아하- 영감-

도깨비들 : (대답한다) 어허- (다들 앉는다)

수심방 : 아하-

도깨비 : 허허, 호호

수심방 : (손가락을 가리키며) 영감이요-?

도깨비 : (대답이 없다)

수심방 : (또 다른 쪽을 손가락으로 가리키며)

도깨비들 : 어허, 호오.

수심방 : 헤에, 영감이요-

도깨비들 : 오오- 아아-

수심방 : 야- 영감 봅서.

도깨비 1(양창보) : 아이고, 무신 말이우꽈?

수심방 : 야, 영감은.

도깨비 1 : 어어어.

수심방 : 본근이 어디고?

도깨비 1 : 아이고, 나, 본근.

수심방 : 뎅기긴 어디 뎅기고?

도깨비 : 나, 본근.

수심방 : 그렇지.

도깨비 1 : 우린 저 서월 남대문 밧 허정싱의 아덜이요.

수심방 : 그렇지.

도깨비 1 : 일곱성제요.

수심방 : 아 하.

도깨비 1 : 하이고, 그런디.

수심방 : 오.

도깨비 1 : 아, 그런디 요것덜이 호나 두나 열댓솔 넘어가난?

수심방 : 응.

도깨비 1 : 보내연 놔둔 게,

수심방 : 응.
도깨비 1 : 요 놈의 조슥은,
수심방 : 그렇지.
도깨비 1 : 백두산으로 보내고,
수심방 : 옳지.
도깨비 1 : 요 놈은,
수심방 : 옳지.
도깨비 1 : 구월산으로 보내고,
수심방 : 옳지.
도깨비 1 : 또 저놈은,
수심방 : 옳지.
도깨비 1 : 금강산으로 보내고,
수심방 : 옳지.
도깨비 1 : 또 저놈은,
수심방 : 옳지.
도깨비 1 : 아이고, 계룡산으로 보내고,
수심방 : 옳지.
도깨비 1 : 또 요놈은?
수심방 : 오.
도깨비 1 : 무등산으로 보내고,
수심방 : 옳지.
도깨비 1 : 또 요놈은,
수심방 : 옳지.
도깨비 1 : 진도 안섬 진도 밧섬으로 보내고,
수심방 : 오.
도깨비 1 : 그 중에도 지일 족은 놈은,
수심방 : 옳지.
도깨비 1 : 제주 할라산으로 보내연 놔 두난,
수심방 : 오.
도깨비 1 : 오늘까지 종문더레 소식이 어선.
수심방 : 옳지.
도깨비 1 : 흐루는 아침이 일어난,
수심방 : 옳지.

도깨비 1 : 동생들을 불러놓고, 느네 족은 동생이,
수심방 : 옳지.
도깨비 1 : 간간무레 허였다.
수심방 : 옳지.
도깨비 1 : 우리 나상 촛아보기가 어찌ᄒ냐? 영해연,
수심방 : 옳지.
도깨비 1: 우리 일곱성제가 옴 옴 허는 것이,
수심방 : 옳지.
도깨비 1: 충청도로,
수심방 : 옳지.
도깨비 1: 경상도로 ,
수심방 : 옳지.
도깨비 1: 절라도로,
수심방 : 옳지.
도깨비 1: 진도로,
수심방 : 옳지.
도깨비 1: 청산으로,
수심방 : 옳지.
도깨비 1: 추자로,
수심방 : 옳지.
도깨비 1: 관탈로,
수심방 : 옳지.
도깨비 1: 한라산으로,
수심방 : 옳지.
도깨비 1: 일곱성제가 내려오는 것이,
수심방 : 어.
도깨비 1: 백록담으로,
수심방 : 오.
도깨비 1: 테역장오리로,
수심방 : 옳지.
도깨비 1: 알더레 점점 내려오단 베려 보난,
수심방 : 옳지.
도깨비 1: 걸시오름으로,

수심방 : 옳지.
도깨비 1: 동더레 빠지난,
수심방 : 옳지.
도깨비 1: 저 선흘이엔 헌디 곳에 들어산,
수심방 : 옳지.
도깨비 1 : 탈남밧디 간 베련보난,
수심방 : 응.
도깨비 1 : 곱닥헌 비발아기,
수심방 : 옳지.
도깨비 1 : 오, 요건 아기씨 선왕이로구나.
수심방 : 또 .
도깨비 1 : 또 날잡안 서르레 가는 게,
수심방 : 옳지
도깨비 1 : 막산이 구석으로,
수심방 : 옳지.
도깨비 1 : 공초왓으로,
수심방 : 옳지.
도깨비 1 : 한개 뒷캐로,
수심방 : 옳지.
도깨비 1 : 저리 넘어가단 베련 보난,
수심방 : 옳지.
도깨비 1 : 뛔미곳이 당허난,
수심방 : 옳지.
도깨비 1: 그디 도령놈 ᄒ나 길레, 요거는 도령 선왕,
수심방 : 옳지.
도깨비 1: 경해연 저 청수로,
수심방 : 옳지.
도깨비 1: 닥므를로,
수심방 : 옳지.
도깨비 1 : 가단 베련보난 곳구름이 해염고,
수심방 : 옳지.
도깨비 1 : 요것도 나가시켜사 홀로구나.
수심방 : 옳지.

도깨비 1 : 경해연 내려사단 베려보민,
수심방 : 옳지.
도깨비 1 : 저 조숫물 가난 삼대바지 삼하늘,
수심방 : 옳지.
도깨비 1 : 낙천은 가난, 소록낭므들 오일 본향,
수심방 : 옳지.
도깨비 1 : 요개 요거 우리 친구 놈이거든.
수심방 : 아하.
도깨비 1 : 옳지, 글로 해연, 경해연 내가 불미호는 디도 내가 시겨두고,
수심방 : 옳지.
도깨비 : 영해도 못츳안, 할라산으로 해연 알러레 내려오란,
수심방 : 옳지.
도깨비 1 : 바당ㄱ이 여이면 여마다 천천마다 뎅기단 베려보난,
수심방 : 오.
도깨비 1 : 요왕황제국이 ᄒ는 말이,
수심방 : 옳지.
도깨비 1 : 아, 어떠한 여인네가 태경농에 테왁, 그물 망시리에 비창을 들런 물에 들어오란,
수심방 : 옳지.
도깨비 1 : 물질해연 올라감시난, 요거 얼굴이 호탕허연,
수심방 : 옳지.
도깨비 1 : 뒤좇아가는 걸 봤져, 영허난,
수심방 : 옳지.
도깨비 1: 그게 어디우꽈? 영허난,
수심방 : 옳지.
도깨비 1 : 일로 해영 올라가단 내려오란 아마도 그게 이디 오란 있는 모냥 곹으우다. 경허난,
수심방 : 옳지.
도깨비 1: 야, 요거 요놈이 어디사 신지,
수심방 : 옳지.
도깨비 1: 아이, 모르쿠다 경허난,
수심방 : 옳지.
도깨비 1: 무사 날 오라 오라 오라 옵서 옵서 흡디가,
수심방 : 그런데.
도깨비 1 : 굴읍서 보게.

수심방 : 영감 참봉 보시요.
도깨비 1 : 오.
수심방 : 거, 일곱채 동생 놈이, 호엽ᄒ고 난장해서,
도깨비 1 : 오.
수심방 : 거 산으로 가납 불고 허터지민 열늬 동서,
도깨비 1 : 오. 요 것덜 요것덜,
수심방 : 모다지민 일곱 동서.
도깨비 1 : 아이구, 요것덜, 요것덜,
수심방 : 야하, 요것덜, 그런데 거 일곱채 동생 놈이,
도깨비 1 : 오.
수심방 : 거 이 집안, 성은 김씨로 마흔 두 설에 의탁이 뒈고,
도깨비 1 : 오.
수심방 : 거 상 불턱에 강 노념허염시니,
도깨비 1 : 오.
수심방 : 얼굴이 곱고 ᄆ음이 좋다니 의탁이 돼서,
도깨비 1 : 오.
수심방 : 거 친구 의술을 마련해 봐도 자금이 없어지여.
도깨비 1 : 오.
수심방 : 오널은 선왕풀이 대풀이로 영감을 청허여 장제코ᄉ 지나고 영감을 잘 위대ᄒ면, 거 동생놈을 고영 돌앙,
도깨비 1 : 오.
수심방 : 저 진도밧섬, 진도 안섬으로, 큰 관탈 족은 관탈,
도깨비 1 : 오.
수심방 : 무안 목포로,
도깨비 1 : 오.
수심방 : 거 본공 쉔가, 자 일곱 성제가 ᄒ번 족은 동생을 잘 보시오. 저디 강.
도깨비 1 : 어이구, 난 늙어부난 못가고.
수심방 : 자, 마흔 두 설 이레 나오라-
도깨비 1 : 오. 아이고 그것도 재기 나가문 햄고.
수심방 : 거 보자하니, 요건 야채고 금채고 옥챈 듯 데.
도깨비 1 : 아이구.
수심방 : 어찌 마흔 둘에 풍문을 주고 재화를 주고.
도깨비 1 : 오.

수심방 : 아니, 정신 이상이 뒈서, 거 브름질로 허끄게 허고 거 오늘이야 보니, 동생이 확실하오?

도깨비 1 : 오.

수심방 : 확실하지? 자 그러면 우리 제자리에 앚고, 오널 우리 영감을 만상 대우를 ᄒ고 가만있자.

도깨비 1 : 오.

수심방 : 영감 보시오, 음식은 무신 음식을 먹어요?

도깨비 1 : 내가 못 먹는 음식은 엇고.

수심방 : 응.

도깨비 1: 경헌디, 그 중에도 도새기 대가릴 잘 먹주.

수심방 : 아이구, 도새기 대가리?

도깨비 1: 어, 경허고 대죽 떡도 잘먹고.

수심방 : 대죽 떡?

도깨비 1: 대죽 범벅도 잘 먹고.

수심방 : 옳지.

도깨비 1: 또 오곡밥도 잘 먹주.

수심방 : 하아.

도깨비 1: 둑새기도 잘 먹고,

수심방 : 하아.

도깨비 1: 백돌래도 잘먹고,

수심방 : 하아.

도깨비 1: 백시리도 잘먹고,

영감놀이의 한 장면

수심방 : 허어.
도깨비 1: 경해영 살기는 허나,
수심방 : 어.
도깨비 1 : 요게 돌앙 가불민,
수심방 : 어.
도깨비 1 : 요게 좋아불민,
수심방 : 어.
도깨비 1 : 우리 신디 다시 얻어먹질 못허난,
수심방 : 어.
도깨비 1 : 얼굴이 보난 내비러동 가주.
수심방: 아, 그게 아니고, 영감 보시오,
도깨비 1: 아니,
수심방 : 영감을 오늘 우대할랴고,
도깨비 1: 아이고,
수심방 : 영감을 청해서 만상 대우 홀랴고,
도깨비 1 : 어.
수심방 : 각서추물 영감이 좋아하는 추물상을 잘 출려 놔시니,
도깨비 1: 어이고.
수심방 : 자, 오늘 영감 보시오 추물상을 내여 놀테니,
도깨비 1 : 어.
수심방 : 잘 감상허고 눈으로 보고,
도깨비 1 : 오.
수심방 : 위엄이 벗어지게 잘 먹고 잘 써서,
도깨비 1 : 오.
수심방 : 자 그러면 자 선왕상 데령허자-
도깨비 1 : 오, 데령허여라. (노래하듯) 어디 보자. 어디 보자. 이레 아정 오라 보저.
모두들 : (웃는다)
도깨비 1 : 아, 이건 너 녀덜이들. 요녀리 생긴 것덜, 요년덜 어디 기생년 모양으로덜 요년, (성왕상을 도깨비들 앞에 갖다 놓는다)이레 영 잘 노라 보저.
수심방 : 자 벌겨 아지시오. 자 벌겨 앚자. 그러면 영감 보시오.
도깨비 1: 오.
수심방 : 자, 이것이 영감의 추물상이고, 영감에 대우홀랴고 이거 오늘 각서추물을 다 출려 놨소.
도깨비 1: 오.

수심방 : 그런데 영감 보시오. 이게 뭐요.
도깨비 1 : 요거, 돗대가리로구나.
수심방 : 오.
도깨비 1 : 초각은 간이여 북부기여 염통이여 태두여,
수심방 : 오.
도깨비 1 : 지레여, 대창이여,
수심방 : 오.
도깨비 1 : 큰배설 족은 배설 창도롱 막은창,
수심방 : 그렇지
도깨비 1 : 내 욥의 잘 출려 다 놓았구나 요거 조은 거 있구나.
수심방 : 요거 뭐요.
도깨비 1 : 요거 나 좋아허는 대죽 떡, 오오오오.
수심방 : 자 그러면 영감 보시오. 자 우리 그러민.
도깨비 1 : 오.
수심방 : 열두 뻬 각반분식 해서,
도깨비 1 : 옳지.
수심방 : 저리 벡근을 혼번 채와 볼까요. 그러면,
도깨비 1 : 오.
수심방 : 상도감 부르자- (한생소 나온다)
도깨비 1 : 이레 오너라. 보자.
수심방 : 자, 쑥 나 아자. 환자 욥드레,
도깨비 1 : 오.
수심방 : 자, 상도감 불럿저.
도깨비 1 : 오.
수심방 : 자 그러민 각반분식 허자.
도깨비 1 : 옳지.
수심방 : 썰어.
도깨비 : 순실이 잘 봐 이?
도깨비 : 이디부터 끊차 게.
수심방 : 자, 여보시오, 영감, 이러면,
도깨비 1 : 오호.
수심방 : 둘쳇 동생이 열두 뻬를 혼번 감상ㅎ시요.
도깨비 1 : 아이고, 너네들 오랑, 이것덜 맛덜 보라-

도깨비들 : ᄒᆞ나씩, ᄒᆞ나씩, 앉자게.

순실이 : 아이고 이게 벡근이라 이거?

수심방 : 그거 벡근이지.

순실이 : 머리빡 ᄒᆞ나 .

도깨비 1 : 요거영, 요거.

도깨비중 : 카메라 앞에 돌아 사.

순실이 : 요거 벡근이라. 경 채왕 놔도 아이구 자 도감 늬도 ᄒᆞ점 먹어(던진다).

수심방 : 자 그러면 둘차, 세찻 동셍-

도깨비 3 : 오(상앞으로 나온다).

순실이 : 나 담뱃대.

도깨비 3: (불만스럽게) 도새기 피 ᄒᆞ착 놔네 이거.

수심방 : 하하하하 그것도 벡근이요.

도깨비 3 : 하이고, 벡근이 차다고.

수심방 : 그것이 정성이요.

도깨비 3 : 이것이 정성이요?

수심방 : 정성이지요, 그러면 이번엔 넷차 동셍-

도깨비 4 : 하하, 이거 셋바닥 ᄒᆞ나 놓고, 이거.

수심방 : 셋바닥 ᄒᆞ나 놓고 벡근이요. 자, 그러면 다섯채.

도깨비 5 : 허허.

도깨비 1 : 재기 눌려들라, 요년 난 것들아.

순실이 : 아시들, 문장 들이믄 못먹나 이.

도깨비 5 : 아따.

수심방 : ᄌᆞ수지? 돌아닦아 한한주?

도깨비 : ᄌᆞ수지.

수심방 : 청감주?

도깨비 : 옳지.

수심방 : 이태벡이 먹다 남은 포도주?

도깨비 : 옳지.

수심방 : 자, 우리 이별잔ᄒᆞ고, 작별잔 허고. 자, 우리 여기 마흔 둘 어디 갔는고? 마흔 둘 환자 어디 갔는고. 자 이리와서 이별잔허고 작별잔허자 (환자 나와서 술잔에 술을 따라 사방에 뿌린다).

도깨비 1 : 요년 요리 오너라. 어느거 나꺼여. 되게 부어라 (도깨비들에게 술을 따라주다. 고기를 분식한다).

순실이 : 도감 이디 소금 어서?

수심방 : 자, 이별잔ᄒ고 작별잔 했으니, 그러면 니엄이 벗어지게 잘먹고 잘 써시매, 영감 보시오. 우리가 말이지요. 한판 놀고 한판 쉬고 말이지요.

도깨비 1 : 옳지.

수심방 : 우리 그러면 싫컨 쉬고, 싫컨 놀고. 물때가 가차와 가민 영감에, 탕 갈 배도 다 마련 되있소.

도깨비 1 : 오.

수심방 : 상선 데령허라-

도깨비 1 : 상선 이리 데령허여라- (준비 된 떼배들을 제상 앞에 가져온다) 배들.

수심방 : 자, 이거 상선이요,

도깨비 1 : 오.

수심방 : 중선이요, 하선이요, 영감들이 타고 갈 배요.

도깨비 : 오호.

수심방 : 자, 먼정으로 내놔서 우리 짐부떠 싣끄자. 자, 먼 올래에 내놓고 자, 산으로 가면, 산으로 가면 뭐요?

도깨비 1 : 초기여 버섯이요, 중촌으로 가면 고사리여.

수심방 : 그렇지, 자, 그러면.

도깨비 1 : 뎅유지여 산물이여.

수심방 : 이물칸으로부터 자, 우리 짐신꺼 가자 산으로 초기연발로부터, 하나, 둘, 셋, 넷 (북을 친다) 다섯, 열-

도깨비 : 어-

수심방 : 자, 이물도, 고물 고작이여 자, 우리 고물칸으로 싣끄자. 쏠항에 쏠 싣끄곡, 물항에 물 싣끄자 하나, 둘, 셋, 넷, 다섯, 열-

도깨비 : 어.

수심방 : 고물칸도 만선이요, 그러면 우리 허릿칸으로부터 장작 싣끄자 자, 하나, 둘, 셋, 넷, 다섯, 열-

도깨비 : 어, 셋, 넷, 다섯, 요섯, 고작이요-

수심방 : 고물칸도 고작이요, 자, 그러면 우리가 영감 참봉 보시오.

도깨비 1 : 어.

수심방 : 우리가 놀디 놀고 쉴디 뉘어서 우리 동생ᄒ고 마지막 이별허고 작별 때가 돼여시니 물때가 점점 가차왐시매, 우리가 어야디야 소리로 닻감기 소리로 일천 간장 풀려 놀자 어야두야 어양어리야 어야두야 상사두리야 아-아아야 어허양 어허요 어기여차 두레좋네 일천간장을 풀러나 놀게.

영감놀이(2) 칠머리당 영등굿

일시 : 1984년 3월 16일(음력 2월 14일)
장소 : 건입동 칠머리당
출연진 : 안사인, 오방근 외 보존회원들

　칠머리당 영등굿의 말미 〈배방선〉을 하기 전에 〈영감놀이〉를 한다.
　안사인 심방이 평복차림으로 앉아서 북을 치며, 간단한 오리정 신청궤를 한다.
　영감 도깨비들이 춤을 추며 제장으로 들어온다. 종이탈을 쓰고 곰방대를 물고 횃불을 들었다. 돼지고기를 들고 춤을 추기도 한다.
　연물소리가 끝나면 영감들 흠, 흠하고 콧소리를 한다.

도깨비 1(오방근) : 어, 흠
수심방 : 영감이요?
도깨비 1 : 암, 영감이요.
수심방 : 참봉이요?

 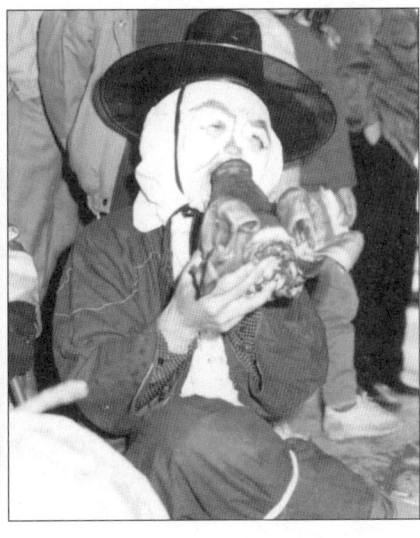

칠머릿당 영등굿

도깨비 1 : 아, 참봉이요.
수심방 : 야채요, 금채요, 옥채요?
도깨비 1 : 아, 그렇지.
수심방 : 아자봐 영감.
도깨비 1 : 왜.
수심방 : 영감의 시근본은 어디지?
도깨비 1 : 서월이요, 서월 허정승의 아들이요.
수심방 : 오. 성제는 일곱성제라고 들었는데?
도깨비 1 : 나는.
수심방 : 어째 싀성제 뿐이요?
도깨비 1 : 싀성제? 그게, 영등제 따문에 소섬 갔소. 소섬.
수심방 : 소섬은 가고. 영감 보시오, 그러믄 말이죠. 영감이 춫아오기는 어떻게 춫아왔소?
도깨비 1 : 내가 춫아온 건 다름이 아니요. 난 팔도 명산을 다 다녀요.
수심방 : 오.
도깨비 1 : 그런데 우리 일곱째 동생이,
수심방 : 오.
도깨비 1 : 오소리 잡놈이요.
수심방 : 오호.
도깨비 1 : 팔도 오입쟁이요.
수심방 : 오.
도깨비 1 : 아, 그게 여자보면 남주로 펜식ᄒ고,
수심방 : 그렇지.
도깨비 1 : 남ᄌ보면 여ᄌ로 펜식ᄒ고,
수심방 : 그렇지.
도깨비 1 : 그뿐만 아니요 이놈이 못먹으면 못먹은 자랑,
수심방 : 오.
도깨비 1 : 잘 먹으민 잘먹은 자랑,
수심방 : 오.
도깨비 1 : 하, 이놈이 다니다가,
수심방 : 오.
도깨비 1 : 무슨 바당으로 내리민 ,
수심방 : 오.
도깨비 1 : 고동, 셍복,

수심방 : 오.
도깨비 1 : 해솜, 문어, 메역,
수심방 : 오.
도깨비 1 : 우미 전각 펜포,
수심방 : 오.
도깨비 : 몬딱 해말림을 줘 불고,
수심방 : 오.
도깨비 1 : 산으로 가민,
수심방 : 오.
도깨비 1 : 거, 초기, 진사,
수심방 : 옳지.
도깨비 1 : 댕유지, 소유지,
수심방 : 옳지.
도깨비 1 : 산물, 미깡,
수심방 : 옳지.
도깨비 1 : 또 농ㅅ에 숭험을 줘불고,
수심방 : 그렇지.
도깨비 1 : 아 근디 내 알곱째 동생을 춧이레 감감 흐는 게,
수심방 : 오.
도깨비 1 : 거, 부산 와서 용두산으로 내련 보니,
수심방 : 오.
도깨비 1 : 할로영주산에 벡매기 꼽았어.
수심방 : 하.
도깨비 1 : 하이구 이거 어떤 일이고 허니,
수심방 : 어.
도깨비 1 : 소문은 듣자허니,
수심방 : 어.
도깨비 1 : 거 영등대왕 영등분방 영등하방 메누리 동ㅈ국 아기씨 영등 삼대왕이,
수심방 : 옳지.
도깨비 1 : 영등 초ᄒ룰날 되며는 강남천자국에서 배를 돌려가지고,
수심방 : 어.
도깨비 1 : 소섬 동호기으로 와서,
수심방 : 그렇지.

도깨비 1 : 칠머리 당으로 강 한양제 초감제를 받고,
수심방 : 어.
도깨비 1 : 아, 이월 열나흘날 뒈며는 송별제로,
수심방 : 어.
도깨비 1 : 거, 안상 잔치허영 그거 강남천제국으로 배대봉허영,
수심방 : 어.
도깨비 1 : 소섬 봉오리와서 보름날 배 놓앙,
수심방 : 어.
도깨비 1 : 영등 삼대왕을 보낸다 하니,
수심방 : 허어.
도깨비 1 : 아, 내가 내림 내림허여서 내려 섰는디,
수심방 : 어.
도깨비 1 : 내가, 지일 좋아하는 게 돈 잡아도 전몰제,
수심방 : 어.
도깨비 1 : 쉐잡아도 전몰제,
수심방 : 어.
도깨비 1 : 저육안주 불소지,
수심방 : 어.
도깨비 1 : 오곡밥에 대죽떡,
수심방 : 어.
도깨비 1 : 하, 거 줘야허지.
수심방 : 어.
도깨비 1 : 거 내가 잘먹어, 거, 작 먹으며는,
수심방 : 어.
도깨비 1 : 잘먹은 자랑을 해여,
수심방 : 어.
도깨비 1 : 것도 제주 용담 123,
수심방 : 어.
도깨비 1 : 건입 123 만민벡성들이,
수심방 : 어.
도깨비 1 : 우리를 위ᄒᆞ여 선왕맞이 ᄒᆞ고,
수심방 : 옳지.
도깨비 1 : 요왕맞이 ᄒᆞ고 한다니,

수심방: 옳지.
도깨비 1: 아 우리 일곱성제 다 못오나네, 삼형제라도 와서 상을 받아 가며는, 거 해각으로 가며는 풍년 시기고,
수심방: 어.
도깨비 1: 또, 산으로 가도 풍년시기고,
수심방: 옳지.
도깨비 1: 조순덜 배탕 다닌데서 상선 중선 하선에라도,
수심방: 오.
도깨비 1: 개남보살을 아니 부르게 ᄒ고,
수심방: 허허.
도깨비 1: 요왕 부원국ᄉ재를 아니 사게ᄒ고,
수심방: 오.
도깨비 1: 먹을 연 입을 연 나수고,
수심방: 오.
도깨비 1: 가는 괴기 오는 괴기 머리 걸리곡,
수심방: 오.
도깨비 1: 전배독선 해영 방장 고득시겨,
수심방: 어.
도깨비 1: 먹을 연 입을 연 나수아 주곡,
수심방: 어.
도깨비 1: 또 해녀 일동은,
수심방: 어.
도깨비 1: 망사리 ᄀ득 고동 셍복을,
수심방: 어.
도깨비 1: 망사리 ᄀ득 시경,
수심방: 옳지.
도깨비 1: 더군다나 오분재기나 그거 해당 벌엉,
수심방: 어.
도깨비 1: 아기덜 구명도식을 시켜주젠,
수심방: 오.
도깨비 1: 아, 우리 삼형제들 오는디,
수심방: 어.
도깨비 1: 사라봉을 와 별도봉 동산을 올라사니, 영감 영감 불르길레 내 이곳을 왔지.

수심방 : 하아, 영감, 들어보시오 오늘 영등 대왕, 영등 부인, 이방, 성방을 거느리고,
도깨비 1 : 아.
수심방 : 오늘 송별대제일로,
도깨비 1 : 옳거니.
수심방 : 각 주손들 각서추물 출려와 축원을 드리고 다 했는데,
도깨비 1 : 호.
수심방 : 이제는 우도 소섬으로, 우리가 방선 때가 뒈고, 이별 때가 뒈고, 작별 때가 뒈서 영감을 청ᄒᆞ여서,
도깨비 1 : 하하.
수심방 : 영등 대왕님을 영등 할마님을 고해영 모셔가지고, 거 우도 소섬에 가서,
도깨비 1 : 아, 그렇지.
수심방 : 거기가면 내일 또 소섬 대제일로 상을 받아 가지고,
도깨비 1 : 옳거니, 옳거니, 오호호호.
수심방 : 탕클 천벡인 외눈벡이 땅으로,
도깨비 1 : 옳지, 옳지.
수심방 : 매양 천벡의 인도를 시겨줍센 영감을 청허였는디,
도깨비 1 : 첨, 첨.
수심방 : 영감 보시오,
도깨비 1 : 오오.
수심방 : 영감이 오늘까지 바래 보니깐 너미나 마시거리 동기거리 자시거리 하는 모양이로고 경 수전끼가 많허고. 어떵허난,
도깨비 1 : 수전끼?
수심방 : 몸은 덜덜덜덜 덜덜덜덜,
도깨비 1 : 우리를 옵서 허였으면, 내 좋아허는 건 불소지.
수심방 : 아, 저 둣트레 베려 보시요 뭐인가.
도깨비 1 : (뒤로 본다) 하, 전배독선.
수심방 : 아.
도깨비 1 : 우리를 옵서옵서 허였으면 펭양기셍을 데령허렸다.
수심방 : 오.
도깨비 1 : 초장이다 삼장, 장태거리, 함박거리, 동의거리.
수심방 : 어.
도깨비 1 : 술도 ᄒᆞ잔 아니주멍 뭐 우리를 우정ᄒᆞ겠다고?
수심방 : 거, 영감 보시오 거, 술항에 술 싣고, 쑬항에 쑬 싣고,

도깨비 1: 쏠항에 쏠 싣끄고,

수심방: 그거 이물칸도 만선이 뒈고,

도깨비 1: 고작.

수심방: 고물칸도 만선이 뒈고,

도깨비 1: 고작.

수심방: 허릿칸도 만선이 뒈고, 영감 가다 먹다 남아남아 남아도 더 남을 그 추물을 다 싣끄고 있어요. 그러니까,

도깨비 1: 호호호.

수심방: 그런데 동서부두에서 열두풍문을 다 재와불어서 하다 상선이나 중선이나 하선이나 무역선 중랑선,

도깨비 1: 응.

수심방: 거 채낙기 선왕에나, 하다 조끄만헌 돛낚배 타는 ᄌ순이라도 하다.

도깨비 1: 옳거니.

수심방: 풍문재화 불러주게 말고,

도깨비 1: 어.

수심방: 어쩨 금년도 당해가지고 상불턱에 중불턱에 숭험을 주어서 거 삼천어부 일만 줌수청에도 골리가나고 시찌가 난, 눈이 더구나 불티 태산이 뒈여지고 이시니, 하다 거 골리난 ᄌ순덜 하다 골리나게 말앙, 상불턱에도 조은 인정 나눕고 중불턱 하불턱에 거 해각으로 가민,

도깨비 1: 그렇지.

수심방: 우미, 천초들, 거 많이 나수왕 대전복 소전복 거 양식장에도 무슨 요새 오염이여 뭐여,

배방선

풍문재화 불러주게 말앙.
도깨비 1 : 예.
수심방 : 조순들 만수보덕을 시경 우리 영감 참봉 이별잔도 허고, 작별잔도 허곡,
도깨비 1 : 이별잔도 ᄒᆞ곡,
수심방 : 우리 연평 바당에 실보름이 이제 건들건들 불어 왐시니까,
도깨비 1 : 거 당신은 소리나고 목 낳는디,
수심방 : 오.
도깨비 1 : 거 당신은 윤이 평양기생을 돌앙 앉고, 우리는 평양기생도 안 보내 주고,
일 동 : (웃는다)
수심방 : 아니, 가당 보민 나올 것이요.
일 동 : (웃는다)
수심방 : 가당 보민 나올 것이니까, 우리 풍악 잡혀서,
도깨비 : 옳거니,
수심방 : 놀디 놀고 쉴디 쉬어 가지고, 자 우리 저 연평 바당으로 오널 거 소섬 강 봐요. 이쁜 처녀도 있고, 거 아가씨덜토 많허니까 글로 가서 만상 대우나 잘 받아요. (서우젯소리) 어양어야 어야로고나 어야두야 산받아인데 아아 아아야 어허양 어허요 이별때도 되엿고나 작별때도 되었구나 이 (도깨비들 짚배를 지고 나서서 춤을 춘다) 아아 아아야 어허양 어허요 영등대왕 영등부인 영등이방 산받아인데 아아 아아야 어허양 어허요 잔에 참봉 야채 금채 옥채 산받앗고나 아아 아아야 어허양 어허요 이물칸도 고물고작, 고물칸도 고물 고작 아아 아아야 어허양 어허요 혼잔 먹고 다 앉아 놀자 (요란한 박자에 맞춰 빙글빙글 돌며 춤을 추다, 배를 들고 바다로 간다) (초석을 깔고 씨들이고 씨점을 한다).
수심방 : 천초씨 뿌리자- 아이고 가운데 천초 잘 나켜. 다음엔 머콰?
단 골 : 전복.
수심방 : 전복씨 뿌리자.(좁쌀을 초석에 뿌린다) 아이고, 전복 잘 나켜. 서으로 동더레- (씨를 뿌린다).
소 미 : 이것도 가운디여.
소 미 : ᄀ인 엇수다. 서으로 동드레- (씨를 뿌린다)
수심방 : 이거 양식장이여.
단 골 : 저건 양식장 닮다.
소 미 : 동으로 서드레- 서으로 동드레-
수심방 : 가운디로만 걸름 잘 해부러시난.
소 미 : 우리가 가운드라.
수심방 : 오분작이 씨?

영감놀이(3)

일시 : 1965년 8월
출연 : 홍상옥(洪相玉), 김만보(金萬寶), 안사인(安仕仁)
조사자 : 김영돈 · 현용준
출전 : 문화재관리국의《무형문화재조사보고서》제3집 제14호
제주도 무당굿놀이 657쪽 1

날과 국 섬김

에 - 상당이 도올랐다 도숙어 도ᄂ려 도하전
각기 앚이 하전ᄒ시는데
일만신도님네 올 땐 옵셍ᄒ시고 갈 땐 갑서.
모든 임신님네가 어서 어서 갈 때 되어 있압는데,
ᄉ신요왕 연맞이 어간이 됩기는
금년 해는 갈라 을사년 ᄃᆞ로 갈라 갑네다. 정 칠월 ᄃᆞᆯ,
날은 갈라 갑네다. 열아흐렛날,
어느 국에 어떠ᄒ신 인간이 백성이 받아든 공ᄉᆞ된고 ᄒ니
국은 갈라 갑네다.
강남은 천ᄌᆞ국 일본 들면 주년국
천하해동 조선 대한민국은
일제주 이거저 삼진도 ᄉ남애 오광와 육관도 마련허여
우리 제주 절도 올소외다.
영펭 팔년 을축 삼월 열사을날 모인굴은 한굴에서
ᄌᆞ시생 고이왕, 축시생은 양이왕, 인시생에 부이왕,
삼형젠 도업ᄒ난 탐나왕 고량부국입네다.
산은 갈라 갑기는
명산 산천은 할로지 영주산
어시성은 단골머리 아은아옵골

혼골 없어 범과 곰 못내 솟아나시던 요 국 요 섬중 올소외다.
물은 갈라 황하수 물로 바외 칭칭 둘러
사백리주의 안에 있는 섬
땅은 갈라근 금천등고 노고지땅입네다.
삼고을에 亽관장 설련홀 때,
정이 가도 현감님, 대정 가도 현감님,
목안 관관 각 진 둔 건 조방장, 멩월 만호,
참판 사령 설련혼 요 국 요 섬중 올소외다.
동소지문 밧은 서른요돕 장내웁고,
서소지문 밧은 마은요돕 도대장
대정은 이십칠도, 정이정당 삼십은 팔리와
주목안은 팔십여립내다.
산지 용궁 안에 건달포 넘어사 건입리,
일내 일도, 이내 이도, 삼내 삼도 넘어 용담 동한데기

연유닦음
어느 누게 관관성 살추전 주당이온고 흡거든
사가집도 아닙네다. 우리나라 제주도 제주대학교올소외다.
저 정문 올래문쨰, 집이 들민 집가쨰, 청용 멩당 갈지쨰,
몸진 선앙 우로삼읍기는
어느 누게 받아든 공서던고 말씀전 엿줍기
성은 ×씨로 서른다섯 ××이 받아든 이 공亽였쭙네다.
밥이 업서서 밥을 줍서, 옷이 없어 옷 줍서 아닙네다.
밥광 옷 가락고 오락인데,
그날 업다가도 얻어서 옷입네다. 빌어서 밥이온데
인간 백성 석가열 공덕으로
아바님 전 뼤를 빌고, 어머님전 술 얻어,
칠성 앞인 멩 빌고, 제석님전 복 빌어,
일신 탄생ᄒ며는
천지 천지 붓는 우에 삼라만상 일리난
만물장상 호호탕탕 그늘 알에
하늘천은 따지따에 집을 지어 놓고서
무쇠 언덕 위에 화식ᄒ는 인간덜 천지지간 만물지중ᄒ시니

소기오인자는 이기유오룬야란 말씀이 있입내다.
만물 동물 가운데 우리 인간이 영장인데
인간에서 천금에 만금에 대흔건 인간 사롬 목숨입니다.
옛 성현님덜이 내노신 바 춘추는 연년록이오나
왕손은 귀불귀란 말씀이 있입내다.
무더운 산천초목은 구시월 단풍만나
오동짓돌 한서리 입도 지고 꽃도낙화 되었다가도
멩년 이철 춘삼월 따뜻ᄒ고 길겁고 아름다운 봄철이 돌아오면
잎은 피어 청산 되고, 꽃 피어 화산 되어
청산 화산 제몸 자랑ᄒ 건마는
우리 인간 백성은 도란 잎에 이슬ᄀ튼 인간 아닙내까?
인간 육십펭셍에 칠십고래 팔십전멩 ᄉ고엔 말이 있입니다.
공수래 공수가 인간 아닙내까.
부모몸 솟아나 십오세 넘어지면
친성친이 만민지 필서 직업으로,
추미대로 농서 공업 상업 직장 허여근 버시오며
한대울ᄁ 무에엔 금전 쓰고 가며, 먹고나 가옵네까
저싕 갈 때엔 빈 손가락에 일곱매장 묶어 놓고
낭낭새는 벗을 삼고 두견새는 임을 삼아
서른둘 유대권을 거느려 어갸넝창 염불 불러
세경땅에 가근 엄토감장혜여근
테역단풍 좋은 이불헤여근 둘러덮어 고사린 천일산 삼으니
몇 천년이 되여도 따시 흔번 살아오지 못ᄒ는 건
허무 허무 적막ᄒ 건 우리 인간 사름 아닙네까.
어떤 때문에 을사년 정칠월 열하르렛날 초경 밤에
어떤 공ᄉ지 말씀을 여쭈움네까. 다른 원정 아닙네다.
성은 ×씨로 사른 다섯 이 ᄌ손이 인간에 환셍허여근
부모슬하에서 좋은 공부 국민ᄒ교 졸업혜야
중ᄒ교 고등ᄒ교 대ᄒ교 졸업혜야그네
지금 대ᄒ교 교원으로 있은 ᄌ손인디,
우리 민주 우방국가는
신앙에 자유 언론에 자유 이런 말씀이 있입네다마는
모든 여수교 불고 정부에 인정을 받아 ᄆ음 놓고 지내건마는

전승팔ᄌ 기렴ᄒ던 무교외다.
시국은 엄중헤여가난 법령 절차에서도 강경ᄒ게 막아지고 용ᄒ게난
서른다섯님이 이 혹교교원ᄒ시면서
뿔리 깊이 알아내영 연구ᄒ곡
현실을 눈에 본곡 지내와근 학실히 께달앙
일로 후에 우리 제주도 삼십만도민께독을 ᄒ시옵고
나아가서 대한민국 삼천리 방방곡곡에
이런 일을 선전ᄒ곡 혼 넉은 유스로 녹음ᄒ곡 영 하여근
만민 백성에 피로 회복이 될까 셍각ᄒ고
ᄆ음 먹은대로 모든 소원성취 시겨줍서 영 ᄒ와
정칠월돌 연이ᄒ고 열 ᄋ드렛날 놀고 오던 시왕전 청ᄒ시고
삼공주년국 연맞이 세경놀이 헤여
어지시던 신주선앙 잘곰 올리시며
서른다섯 만간 명이 없으면 동박섹이 삼천년 멩도 제겨주시옵고
복이 없으시면 얕은 산 석순이 복 제겨
장수장명 부고등화 소원성취 만수무강 시겨줄까 허여
연이열 ᄋ드렛날 놀고 오던 시왕전하님을 위로 적선허여근
오늘날 시왕전 맛시왕으로 도올릅서 영 허여두고
삼공연맞이 넘어들언 세경신중 세경놀이 지내시와
상당이 도올랐다 예핀나진 허여근
오던 신전님네가 올 땐 옵쎙 ᄒ곡,
갈 땐 갑쎙 홀 때가 되어 있읍는데
물로 가민 요왕용신, 배로 가민 해신 어진 선앙님과
혼 넉으론 수중궁 줌자던 영신님네,
이런 영신님네 뒤로
어느 영감님 참봉님, 야체 야체 금체 윤오체 거느리던
어진 조상 위망 적선ᄒ젠 생각헤야
초대안상 버려놓고 각서추물 제단쌍 출려 놓아
소신 요왕 연맞이 어간이 되었읍내다.

군문열림
구신이나 셍인이나 다를 배가 있읍네까.
신수푸저 하강ᄒ저 상받저 ᄒ시오면,

문을 열려야 신수퍼 하강헤여 신을 메와근 상을 받은 법 아닙네까.
소신요왕 연맞이로 천왕 가면 열두문이 어찌 되며
지왕 가면 열혼문, 인앙 가면 아옵문
동이 청문, 서이 백문, 낭기 적문, 북이 흑문, 중왕 황신문,
물로 가민 요왕용신 배로 가민 선왕문이 어찌되며 모릅네다.
초군문도 돌아보자 이군문도 돌아보자
삼시구나 도군문돌아 앚읍더니
군문마다 감옥성방 감찰관은 인정 달라 소정 달라 ᄒ는구나.
문 올린 디 제인정주잔 내여다가
문 올린 디 문직대장 감옥성방 감찰관 도대장
문수 문장 많이 많이 주잔으로 권권딜 디려가며 에-
소신요왕 연맞이로 제청데레 어느 임신님네 신수퍼 하강 신ᄂ리와
서른다섯에 서천제미공연을 받아 보리 영 ᄒ시와
동이와 당 광덕왕 살려옵서
서이와당 광신왕 적유왕 흑유왕 중왕 환신요왕
천금산 적금산도 요왕, 이삼척 내팔벽
수저국대왕님 수저국부인님네 살려옵서.
요왕황ᄌ지국으론 태ᄌ님네
동경국대왕님 서경국 부인님네
돈지하르바님 돈지할마님네 디려가며,
그 뒤으론 해론 가민 천왕입네다.
어지시던 조상님 산으로 가도 무른디 선앙올십네다.
어진 선앙님에 요왕 연맞이로 제청데레 호호ᄒ며 살려 살려 살려옵서.
어지시던 조상님은

영감본풀이
옛날이라 옛적에 서울이라 먹자꼴 눌노물 수박골서 솟아나던
아방국은 허정싱이엥도 합네다. 유정싱이엥도 합네다.
벨진밧 돌진밧 물 무시 유기전답 좋아진다. 추계철 좋아진다.
가제 높은 와개집도 ᄂ귀 풍경 돌련
동풍이 불면 서남풍 문이 와탕지탕
서남풍은 불면 동남풍 문이 왕강싱강 올아진다.

영헤여 지내는디 아돌이사 칠형제 솟아난다.
각발분신 ᄒ옵데다.
제일 큰아돌은 어딜로 ᄎ지ᄒ오리까
서울이라 삼각산 송악산서 인앙산과 남안산성에 남산일대
동대문 서대문 남대문 종로 ᄉ거리로
을지로 원효로 충무로 중정로 거ᄂ리고
설교로나 물로 가민 한강ᄃ리에
엄마 엄마 으지에 놀아 ᄎ지를 헤여간다.
백사장 ᄎ지ᄒ다. 동각도 ᄎ지ᄒ다. 서각도 ᄎ지ᄒ다.
둘찻 아돌 어딜 가리.
한만국경선 함경도에 백두산 ᄎ지를 헤여간다.
두만강수 압록강수를 ᄎ지ᄒ고
싯찻 아돌 어디 ᄎ지ᄒ리.
강안도 금강산 일만 이천봉 노념ᄒ다.
대엄산은 소엄산 백석산에 노념을 ᄒ오시고,
추옛 구만리 발전소 수력전기로 오락가락
포천일대 화천일대 노념ᄒ시옵고,
춘천은 세양간 ᄃ리로 노념을 ᄒ옵데다.
넷찻 아돌 어딜 가리.
충청도 계룡산 노념을 헤여간다. 노들강변에 노념을 ᄒ시옵고,
다섯찻 아돌은 경상도 태백산 ᄎ지ᄒ다.

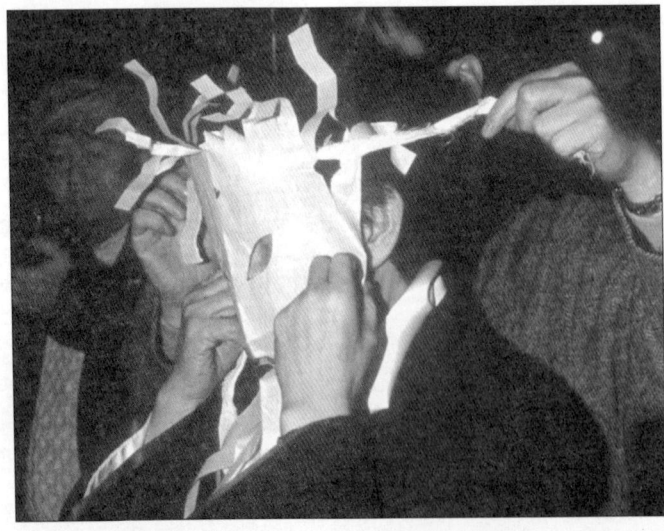

영감의 차림

96 제주민속극

오숫찻 아들 전라도 지리산 목포 유달산 삼악도 노념ᄒ고,
육형제는 각발분신허여근
펭양도 올라사면 모란봉 펭양북도 펭양남도
황해도 구월봉 노념ᄒ시 옵고
경기도로 헤야 소꼭소꼭 연불에 신불에 맞추아 노념ᄒ시온다.
광주지면 ᄂ려사민 무덤산에 노념ᄒ다.
경상도는 낙동강 노념ᄒ다. 대동강 신이주 부두에
청진 나진 원산 부두에 노념ᄒ다.
속초고을 연평바다 노념ᄒ다.
노들강에 임진강 노념을 ᄒ시옵고,
일곱찻 아들 오소리잡놈 얼굴도 관옥이여 모혼 풍신한다.
제주도 구경좋다 노념 좋다 ᄒ야, 제주와당데레 들어올 때에
망간 붙은 대페레 ᄒ뽐 못ᄒ 곰방대 쉬엄초를 퍽삭 퍽삭 피아 물고
짓만 부뜬 베도폭 입어간다.
줄줄 주리 주리 주리 상목미영바지 저구리
벌통헹경 설숭미 미투리 주이낙곡 반들올 때여간다.
ᄒ손엔 연불이여, ᄒ손에 신불에 노념ᄒ며,
연해변 가이 ᄂ려사니 제주와당 들어나 올 때,
진도 안섬 진도 밧섬, 추자 관탈 백파장 노념을 ᄒ시와근,
무인도로 헤여 큰개꼴로 상서꼴로 들어간다.
ᄒ골로 신몰래줄기 모통이왓으로 소꼭소꼭
싼물승엔 동바당 든물승엔 서바당 홍당망당
물이 싸면 강변에 놀래 물이 들면 수중에 놀며,
제주와당 들어온다.
ᄆ른 들로 들어사면 할로영주산
도올라사면 할로산엔 장군선앙으로 노념ᄒ시옵고
서늘곳 애기씨선앙으로 노념을 ᄒ고
대정꼴 각씨선앙, 뙤미꽃 도령선앙으로 노념ᄒ다.
산으로 가면 어시싱 단골머리 아은아옵골로 노념,
백녹담으로 ᄀ대왓 노념헤여 기여으니 속밧 앙즈로 영림소 노념ᄒ고
일수 이수 구십수장ᄁ지 노념ᄒ며
높은 건 산이로다. 눗인 건 물이로다.
냇 골창마다 거물창마다 노념을 ᄒ시온다.

비온 날 좋아ᄒ고 안개진 날도 좋아ᄒ고,
이 삼 ᄉ월 풀돋이 때 되고,
오뉴월 녹음 방초 승화시 때 근당ᄒ고,
칠팔월 구시월 천고마비 계절이 근당ᄒ 때도
ᄇ름씁 그름씁에 연불에 신불에 맞추와 노념을 ᄒ시웁고,
성널오름으로 수다많은 백성덜이 여름철 근당ᄒ면
물맞이레 갔다가 열두 숭엄 조홰 풍문주어
남즈로 예즈로 시꾸와 어서 ᄀ찌살자 ᄆ음씨 좋다 헤여
의탁 부탁 되여근, 천변 숭엄 불러주던 어지시던 조상님네
절물오름으로 가아오름 지그레기, 족은 지그레기, 바농뱅디 노념흔다.
바농오름으로 저조에레 돔배오름 내천이오름,
노여오름 거꾸리오름, 원오름 노념ᄒ고,
저 화산은 다오름 노념흔다.
조천면 일대 누려사면,
웃빠메기 알빠메기 노념을 ᄒ고 웃구름 노념흔다.
저 구좌면 근당ᄒ민, 높은 봉은 둥지봉 ᄃ랑쉬에 도들봉에 노념ᄒ고
국립목장에도 노념을 ᄒ시웁고,
홀늭으론 도ᄂ리면 소섬은 진질깍 노념을 흔다
성산 일출봉에 노념을 ᄒ고, 대정 산방산에 노념을 흔다.
가파도 마라도 비양도에 노념을 ᄒ시와
섬중마다 산골작에 물골작에
곡선 능선 개골창에 노념을 ᄒ던 조상님
오늘날 신수퍼근 연해변으로 누려사민 벨방 상굿으로 놀고
종달리 소곰밧으로 업겟진 연해변 백몰래 가으로 노념ᄒ던
어진 조상님 살려덜 오옵소서.
디려나가오시며 그 뒤으로
어지럽고 별방 상코 도ᄂ리며 소꼭ᄒ게 어느 상성팔에 갯마지에
여끗 돌끗마다 노념을 ᄒ시웁고 노념을 ᄒ시웁고
펭대 수레깃도 알로 여끗 돌끗 어느 멜팟에 노념을 ᄒ던 조상
한동지면 어둥리 멜밧리 벳몰래 단지모살
월정 저 김녕리 하개콧에 노념을 ᄒ시웁고
동북지면 너부코지 노념을 ᄒ고,
북촌지면 ᄃ리여 체벡코지 펭풍여에 노념을 ᄒ시누나.

다심여 숨은여에 노념을 ᄒ고, 양산통빠기로 넘어지라 구한방으로
구셍기 알로, 말둥이로, 큰사스미 노념헤야
올여 안여 안여 밧여에 정살여 숨은여 도랑여
함덕질 뒤 해수욕장에 노념을 ᄒ던 조상,
강도 이알로 드르메 깍으로, 한개코지 ᄂ릿질 코지,
함덕 소여루코지에 지방여에
ᄃ릿대지면 놀아 오던 어지시던 조상님
신흥지면 ᄒ근머리 소곰밧들로 양어장으로 놀아오던 어진 조상
마농개로 어소꼿질에 노념ᄒ던
조천 초고마으던 노념ᄒ던 조상님
춘추건달 대섬코지 놀아오던 영감 참봉님네
원당알 숨은여 짚은 여 노념ᄒ시옵고,
저 삼양 해수욕장 노념을 ᄒ시옵고,
그 뒤으로 사라봉은 등댓불 알로,
화북 일대 개ᄀ 연변 노념을 ᄒ시오던 어진 조상님
에- 영내읍중 들어사면 먹돌개로 노념ᄒ고
산지축항에 외항성 우리나라 철선 목선 겐짜구선에나
어선에 기관배에 운반선에 어느 연락선에 놀단 조상님도
살려살려 살려옵서
나졸 둡시어 제청데레 호호ᄒ며 살려 살려 살려덜 오옵소서.
요왕 선왕 뒤에 미국 선앙은 할로선앙
일본은 가에리시 와다구시선앙이여
대마도선앙이여 가미리상선앙이외다.
우리 한국 선앙 신주선앙 호호ᄒ며
살려 살려 살려 살려 요왕에 연맞이로 제청데레 다 신수풉서 에-.

영감청함
제청데레 신수퍼사저 ᄒ시는데
어지시던 영감창봉님네가 부르건 들저 외건 들저 ᄒ시는데,
저 민정에 절진ᄒ는듯 ᄒ는구나
그리말고 천년 먹고 만년 살을 설정미 현옥미쏠로
좀좀이 오리정 신청궤 신나숩고 등양상축 시권상으로

영감놀이의 한 장면

(악무)

저 민정 영감 참봉님 모여지면 일곱동서
허터지면 열니동서 각지각식으로 분혜야 오던 영감 참봉님네가
요리 저리 국이 근당ᄒᆞ는듯 ᄒᆞ는구나 그리말고 어지시던 영감님네
어느 남도리 앞에 감은 족바리 없이나 ᄒᆞ되
오장삼 못내 고여시나 ᄒᆞ되 어진 조상님네
중감개 ᄌᆞ부감개ᄒᆞ디 영감참봉도 신모이자

(악무)

(수심방이 여기까지 창하여 춤추어 가면, 영감 가면을 쓰고 곰방대를 물어 이미 바깥에 나가 있던 소무 2인이 가까이 들어 온다)

수심방 : 영감! 영감!
영　감 : 허허 허허 (하며 비틀비틀 들어온다).
수심방 : 영감 여보 영감.
영　감 : 허허 뭐요.
수심방 : 영감이요?
영　감 : 참봉이요.
수심방 : 참봉이요?

영　감 : 야체요.
효　巫 : 야체요? 먹다 남은 곳감이로고나 하하 영감.
영　감 : 허허.
수심방 : 영감 어째서 여길 춫아왔소.
영　감 : 허허.
수심방 : 어째서 여길 춫아왔소 글쎄. 영감 어디서 왔소.
영　감 : 우리는 팔도 강산 다 뎅기지요. 물이 들민 강변에 놀고, 물이 싸민 수중에 놀고 산천마다 수레밧끗마다 여끗마다 아뜩ᄒ민 천리가고 아뜩ᄒ민 만리가는 영감이지요. 경호리 강원도 백두산으로 두만강으로 펭안도 압록강으로 대동강으로 펭안도 담월산으로 구월산으로 경상도 태백산 소백산 전라도 지리산으로 광주 무덤산으로 목포 유달산으로 영월 몰축산으로 진도 안섬 진도 밧섬으로 영 혜여서 우리 족은 동셍이 제주 섬중이 좋다고 해서 왔길레 족은 동셍을 춫일라고 할로 영주삼신산 백록담에 올리사서 테역장오리 물장오리로 어시싱으로 단골머리로 대정 산방우전으로 우도 영평 소섬 진질깍으로 가파도 마라도로 비양섬으로 서귀포 범섬으로 이렇게 뎅기다 보니, 저 사라봉을 근당ᄒ니 초미 연당상내가 나고 울정 울뻑 소리 나서 영감 영감 ᄒ는 소리가 나길레 조침 조침 춫아서 여길 왔지요 허허 그러니 우리를 당신이 춫았소?
수심방 : 하 거 바레고 기다리던 바이요.
영　감 : 거 어째서요.
수심방 : 영감 청훈건 다름이 아니요. 그 모든 신이라 ᄒ 것을 우리가 알기 위헤여 가지고 성은 선씨 서른다섯, 알지요.
영　감 : 알지요 거 대훅교 교수지요. 우리가 잘 알지요 우리가 조셍이 내여 댕길 때부터 알지.
수심방 : 그이가 영감덜을 청허여서 그 영감의 의견과 영감의 ᄒ는 행동을 모두 잘 알아가지고 이 신이 어떻다는 걸 알기 위하여 가지고 영감을 청ᄒ 바이요.
영　감 : 허허 그래서.
수심방 : 영감 출려 놓은 건 아무것도 없고 단독이나 영감을 청허여서 영감의 ᄒ는 신령이라든지 그 모든 걸 ᄒ번 보기 위허여 영감을 청ᄒ 바이요 그러니 서른다섯 얼굴이나 ᄒ번 보지요.
영　감 : 얼굴? 어디 이서?
수심방 : ᄒ번 춫아나 보지요.
영　감 : 어 알고 말고 허허허허 요거로고나게 어느때에 이렇게 커서? 요만이 ᄒ 조셍이 내영 댕길 때에 우리가 봐났는디 볼써 이렇게 컸고마는 (제주에게 가서) 우리를 알지요?
제　주 : 예 알다말다 뿐입니까.
영　감 : 그렇지 알고말고 기영훈디 우리가 당신이 이렇게 청허여서 우리를 위훈다 ᄒ길레 조침 조침 춫아왔는디, 그 뭐 안주나 술이나 많이 출려 놨소?

영감놀이 101

수심방 : 그거 그렇지요 뭣을 질 좋아ᄒ고 잘 먹고 질 반가와져요?

영　감 : 허 각서추물이요 늬발공상이요, 맛이 좋은 돗데구리나 우전각 좌전각 우비피 좌비피 우승 좌승 염통 태두 실개 막은창 대창, 수시범벅 수시떡 수시밥 ᄌ청주 ᄌ소지영 청감주영 이태백이 먹다남은 포도주영 이거 누게여. (음식상을 가리키며) 이거 뭐요? 이거 각서 추물이요? 늬발 공상이요?

수심방 : 예, 예.

영　감 : 허허허허.

수심방 : (상에 차려놓은 음식을 가리키며) 그거 태두요, 염통이요.

영　감 : 이거 서말쑬 왕구녁 세미금시리요? 범벅이요?

수심방 : 어어.

영　감 : (좋아하며) 허허 거 혼잔 주시요.

수심방 : 이거 보시요. 영감은 어디가 질 좋아하여요? 거 영감을 청허여서 그런거나 알자고 우리가 청헌 건데 어디가 영감은 질 좋아허요?

영　감 : 우리는 팔도명산 산천마다 가문 머들 한머들, 돌곳 여곳, 난여 든여, 정살여 도랑여 숨은여 이런더서 놀지.

수심방 : 물은 싸민 강변에 놀고?

영　감 : 그렇지 잘 아는구나 물은 싸면 강변에 놀고.

수심방 : 동서는?

영　감 : 동서는 우리 일곱동서지요. 허터지면 열늬 동서 모여지면 일곱동서지요.

수심방 : 거 어장촌 좋아ᄒ고?

영　감 : 허 잘 아는구나. 그렇지 일만줌수청 좋아ᄒ고.

수심방 : 홀어멍 방도 좋아허지요?

영　감 : 그렇지 더 좋아ᄒ지.

수심방 : 거 영감! 성은 현씨 서른 다섯 덕택으로 신에 모든 내용을 잘 알고, 모든 행동을 잘 알고 ᄒ젠 영허연 원천간 수주 궂인 신이성방 덕에 영감님내도 얻어 먹고 우리도 또 영감님 덕에 버으어 먹고 행신을 ᄒ는디 오늘ᄁ지 팔ᄌ 궂인 신이성방도 오늘ᄁ지 많은 구속도 받아지고 영감님네 ᄒ는 신령을 알고서 말이요 거 옛날 우리 팔저 궂인 선성덜은 앞이 어둑었는지 본척을 잘 아니 ᄒ여두고 앞을 잘 아니 발루와 ᄒ여두난 앞으로 우리 대부터 신의 대를 잘 밟앙 ᄒ여두며는 우리 기도법이라 ᄒ 것을 앞으로는 아주 정영ᄒ고 잘 인증허여줄까 허여 영감을 청ᄒ 것인디 영감!

영　감 : 허허.

수심방 : 영감이 질 좋아ᄒ는 건 무슨 노래를 좋아해요?

영　감 : 좋은 소리요? 거 풍악 있소?

수심방 : 풍악. 그런 걸 알아보기 위혼것이오.
영 감 : 울쩡 울뿍 있소? 장단 있소?
수심방 : 풍악으로 혼번 놀아 볼까요?
영 감 : 허허 경혼디 우리 혼잔 먹읍시다.
수심방 : 그렇지. (술잔에 술을 부어 주며) 초잔 청감주요.
영 감 : 청감주요. (술잔 든 손을 달달 떨면서 마신다)
수심방 : 이쳇잔은 돈감주 식혜주 돌아닦아 한한주요. (다시 술을 부어준다)
영 감 : 초잔은 청감주요? 이쳇잔은 ㅈ청주요? 돌아닦아 한한주요? 허허허허 (손을 달달 떨며 다시 먹는다).
수심방 : 거 고소리 싼 거요.
영 감 : 경디 이거 우으로 먹소? 알로 먹소?
수심방 : 코으로 마셔요? 입으로 마셔요?
영 감 : 입으로 허허.
수심방 : 영감 어찌 수정증이 많소?
영 감 : 허허허허 기영혼디, 우리 뒤에 하군줄덜 이서 정살여 숨은여 도랑여 난여 든여 하군줄덜, 얼어 벗어 곪은 하군줄덜 초잔은 청감주요, 이쳇잔은 ㅈ청주요, 돌아 닦아 한한주 허허허허 많이 지넹기자. (술잔을 내던진다. 하나는 자빠지고 하나는 엎어지자)
수심방 : 거 못 먹었어요. (다시 술잔을 부어 영감에게 준다. 영감이 다시 술잔을 던져 바로 자빠지니 술마심을 끝낸다)
영 감 : 이거 누구요. (구경꾼 여인을 가리키며)
수심방 : 열두 동세요.
영 감 : 영두 둥세? 그렇지 금체 옥체 야체 많이 먹고 많이 쓰자. 우리 혼잔 먹어시니 소리 좋은 살장구영 울랑국이영 허영 놀아보자.

서우젯소리

수심방 : 거 영감이 좋아흐는 걸로. 어어야 두야 두여두여 상사두여 아아야 어어어야 (이하 서우젯소리 노래 부른다. 가사는 영감본풀이(그 유래담)를 부르며 노래가 불러가면 영감과 구경꾼까지 나와 한참 춤추면 논다) (노래가 끝나고)
수심방 : 하나 둘 싯 늣 다섯 ㅇ솟 일곱 ㅇ듭 아옵 열 하 나 둘 싯 늣 다섯 ㅇ솟 일곱 ㅇ듭 아옵 열 야 영자야 화장에 닷 감자 어야 어야 어야 어야 어야 자 방구 삼체 치자(둥둥둥둥 북을 치고)

배방선

(假造한 작은 배에 실어 보내는 모습을 함)

돌아삽서 다서용궁 서산대서 육한대서 소명당도 하직헤여 돌아삽서.

(이하 신명을 부르며 "하지헤여 돌아삽서"는 사설을 북치며 노래한다)

Ⅱ. 심방굿놀이

세경놀이
산신놀이(사냥놀이)
용놀이(갈룡머리)
강태공서목시놀이
허맹이놀림
아기놀림

▶ 세경놀이

세경놀이(1) (세경무지)

일시 : 1986년 10월 25일(음력 9월 22일)
장소 : 북제주군 조천읍 신촌리 김윤수씨 댁
출연진 : 양창보 외

가. 개요

성행위를 모의적으로 거행하는 굿은 농사의 풍요를 비는 주술의례(呪術儀禮)이다. '세경'은 제주에서 농신(農神)을 뜻하는 말이다. 〈세경놀이〉는 풍농굿의 일종으로 성행위와 임신·출산의 생활 과정을 자연의 질서 속에 대입하여 획득한 유감주술적(類感呪術的)인 놀이굿이다. 그리고 〈세경놀이〉는 농사짓는 전 과정을 보여주는 현장극이라 할 수 있다.

사랑이 자연의 조화, 우주의 질서를 원활하게 하는 촉매라고 한다면, 사랑의 행위는 식물의 성장력을 더욱 함양하는 것이므로 성적 결합의 의미는 토양을 더욱 비옥하게 하고 토지의 생산력을 증가시키는 유감주술로서의 기능을 지니는 것이다.

〈세경놀이〉를 보면, 남편과 시부모의 학대에서 도망쳐 나온 여인이 들판에서 강간을 당하고, 임신하여 출산한다. 낳은 아이를 〈펭돌이〉라 이름 짓는다. 아이를 공부시키려 하지만 능력이 없다. 차라리 농사일이나 시키자고 하여, 아이와 함께 농사짓는 전 과정을 실연하여 보여 준다. 이러한 내용은 생산·풍요의 유감주술인 신화적 의미를 다소 파괴하면서 현실적·오락적 의미를 조장하며, 맵고 쓰라린 시집살이의 한을 성적이고 외설적인 풍자 속에 희화하여 보여준다.

나 세경놀이 구성 요소

〈세경놀이〉는 소무1이 여인으로 분장하고, 3자 5치 세경자치로 술병의 병모가지를 묶어 치마 속으로 배에다 감아 볼록하게 하고 나온다.

소무 1 : 아이고 다리여, 아이고 둑지여 어떵ᄒ난 전에 엇이 뻬가 놋놋 ᄒ고, 온 몸이 흐릿ᄒ

는고. 이런 ᄀ집이 어디 시리.

스무 2 : 그냥 일이 아니 여. 숭시여 숭시. 어디강 문점이나 ᄒ여 보라.

소무 1 : 게메 양, 어디 아는 신안이 신고. (제장을 돌다가 구경꾼을 붓잡고) 게시우꽈? 나 속이 늬울늬울ᄒ게 어떵 토허여점직만 ᄒ곡 핸 오라시메 손꼭지나 ᄒ쓸 지퍼봅서. 무슨 탓이나 아니가. 야, 이거 모로기 점쟁이로고나. 어디 아는 디 어시카?

소무 2 : 야, 저 무근성 ○○가 점 잘 친댄 허여라. 그디나 강 봐.

소무 1 : 에이고, 휴. 게민 그디나 가카 양.(제직제직 걷는다) 잇수가.

심 방 : 거 누게.

소무 1 : 나 몸이 요새 이상허연 들어보젠 오랐수다. 손꼭지나 ᄒ쓸 지퍼봅서.

심 방 : 갑자을축 벵정말축. 야, 너 하니북방 가 오랐나?

소무 1 : 예, 가 오랐수다.

심 방 : 야, 거 벡장동티 닮아.

소무들 : 야, 거 아는 심방이여. (무릎을 친다)

소무 1 : 그런게 아니라, 하니 북방 우리 밧이 신디 멘내 두래 타렐 간 허릴 굽언 멘화를 타노렌 ᄒ난 어떤 놈이 돌려들언 쳇대 ᄀ튼 나 허릴 안안 조롬이 선뜩허연게, 그 도리나 뱃기 엇수다. 어떵ᄒ민 조코 양.

심 방 : 경 말앙 아무 둘 아무 날 느네 씨집이 큰굿ᄒ댄 허여라. 엇인 물 질어다 놓당 "아이고 허리여!" ᄒ멍 물락 들어앚앙 뱅뱅 돌암시믄 어떵ᄒ는 방식이 실거여.

소미 1 : (장고를 지고 제장을 빙 돌아와서 물허벅의 물을 붓는 시늉. 소미 북을 둥둥둥 쳐서 물 붓는 소리를 낸다. 소미1, 덜썩 주저앉으며) 아야, 베여! 아야 베여!

소미들 : 삼싱할망 불르라. (소미 1의 허릴 안아 해산시키는 시늉)

임신한 각시

삼승할망 등장

소미 1 : 아이고, 아긴 나오난 눈도 코도 엇져. 이거 일름을 무싱거옌 지우코.
소미 1 : 아이고, 맞수다. 펭돌이옌 지웁주. (아이를 놀리며) 아방을 촟아 줘살건디 이? 까꿍. 늬네 아방 촞앙가라 이? (병을 돌리고, 병이 가는 방향으로 아방을 촟는 일 반복하다가) 이거 공불 시켜 살 건디, 공분 해지카. 삼천서당에 놓자. 삼천서당에 노난 선성님이 '하늘 천' ᄒ민,
모두들 : 밥밥.
소미 1 : 감을현 누루 황 ᄒ민,
모두들 : 가막솥디 누룽밥.
소미 1 : 요것도 못쓸로고나. (막걸리를 조금 부으며) 이 아인 애기만드는 이것 뱃기 담아진 게 엇수다. 어떵ᄒ코 마씸. 게민 삼도동 김선성네 벨진밧 아흔아홉 바리 싯젠ᄒ난, ᄒ번 밧이나 빌엉 농ᄉ나 시겨보카. 자, 벨진밧 돌진밧 빌엉 농업농ᄉ나 시겨보자.

사생아를 낳아, 한문서당에 글공부를 시켜보아도 별로 신통치 않아 결국 농사 일을 시킨다. 이로부터 세경놀이는 농사짓는 전 과정을 일과 노래로 보여준다. 그리하여 덩더럭마께(큰 방망이)처럼 익은 조를 거두어 묶고, 그것을 마소에 실어 운반해다가 타작하고, 키질하고 체질하고하여 낱알을 만드는 과정을 실연한다. 다음은 이제까지 빚진 데 갚을 분량을 되어 마련하고, 앞으로 용돈으로 쓸 분량을 마련한 후, 그래도 엄청나게 많은 남은 곡식을 운반해다가 광에 저장하는 과정을 보여준다.

세경놀이(1)

일시 : 1986년 10월 25일(음 9월 22일)
장소 : 북제주군 조천읍 신촌리 분동산 김윤수씨 댁 신굿
출연 : 양창보 외
채록 : 문무병

* 지장본 풀고, 액막이 한 뒤, 이어서 세경무지로 들어간다.
  삼곡마량(세 종류의 곡식)을 양푼에 담아 제상 앞에 올린다.

수심방 : 야, 밥에는 밥내 나고, 물에는 물내나고. 들어봅서.
이중촌 : 아따 도깨도 돈직헌 거 해다 놔싱게.
수심방 : 허고말고 소무(오방근)를 가운데 앉힌다.
소무(점쟁이) : 어떵 핸 완?
수심방 : 이름은 베또롱씨우다 해 봐.
오방근 : 배또롱 씨우다.
소무 : 멫 쏠이나 먹언.
오방근 : 곧 스물, 삼스물 끝은날 초ᄒᆞ룻날.
오방근 : 배또롱 씨우다. 간 밤의부터 ᄒᆞᆫ 멫 둘전의부터 먹구정 ᄒᆞᆫ 건 먹어 봤자. 먹구정 헌 건 시원 헌 거, 눕삐 양 막 진진헌 눕삐 먹구정 ᄒᆞ고.
일본 심방 : 이젠 그만 ᄀᆞ라시난 나가 잘 알아저 그거 벡장 동티라.
소무 : 아이고 잘 알암져! (웃음)
수심방 : 이거 ᄄᆞ림직 허여, 돌아상 절이나 잘 해동 오라.
오방근 : (제상앞에 절을 한다.)
수심방 : 아이구, 이거, 아맹해도 이거 서너밧디 들으난 백장동티엔 햄저. (소미는 병을 하얀 천으로 배에 묶는다.) 아이구, 이거 날차고 둘 참저 (한생소 심방에게) 널랑. 삼싱할망 해 임마, 출령 와.
한생소 : 어느거냐?

수심방 : 치매 ᄒᆞ나 뒤집어 쓰고.
이중춘 : 야, 야, 아기 도지는 생이여. (삼싱할망으로 분한 한생소는 치마를 어깨에 둘러쓰고) (아기 어멍으로 분한 오방근은 북을 이고 북을 깔고 가운데 엎드린다)
수심방 : 아기어멍 배 아판.
이중춘 : 아기어멍 배 아판.
오방근 : 아야 배여, 아이구.
삼싱할망 : (치마를 두른 채 산모의 배위에 올라타 앉아 애를 받는다)
오방근 : 아이구, 어머니(신음소리) (웃음).
이중춘 : 야, 받으라, 받으라.
수심방 : (실수로 차고 있던 병이 빠지자) 저기 조랑헌 거 싯저.
오방근 : 아이고, 아이고, 아이고 조젱이여.
수심방 : 벌리라. 아이 받으라.
이중춘 : 맥 씨라, 맥 씨라. 아이 잘 받으라.
수심방 : 아이구 낳저. 삼싱할망 이거 닦아주도 않허연, 저년 생긴 년.
이중춘 : 야, 거 아기어멍 조롬 잘 눅이라게. (하얀 천으로 싸는 시늉)
수심방 : (소주병을 들고) 이거, 젲 얻어멕이레 가사컬. 이거, 젲 얻어멕여사컬. 본주지관.
소 미 : 이리 와.
수심방 : 젲멕여사컬. 경 안허건 우유값을 주나.
이정자 : (삼천원을 주며) 예, 이거 우유 삽서.
수심방 : 젲을 멕여주나, 우유값을 주나.
이중춘 : 맡앙을 질루나.
수심방 : (인정이 작다는 듯) 안 돼, 절대 안 돼 나, 이집의서 넝 둥글지 뭐.
일본 심방 : 거 맡겨부러, 맡겨부러.
수심방 : 맡겨불렌.
이정자 : 아, (병을 보며) ᄒᆞ주마는 무시거로 쌈이라도 헙서. 이거 무신 (광목을 끌어다 싼다) 수심방 옳은 말이라게. 아메도 아기어멍이 아기어멍이라 벗언 오라시난 (이정자 광목을 찢어 병을 싼다).
이중춘 : 아니, 저 윤수눔의 주석, 밤의 드랜ᄒᆞ거들랑 잘 줘불주. 택시 탄 뎅기단 나 넘어감시난, 무싱거 조롬으로 쏘악 헤게 그냥.
일본 할망 : 경 허난 아기낳주.
이중춘 : 아니 이 지랄을 해난, 맡아부러.
이정자 : 서서 ᄒᆞ는 것도 굴아줍서. 저디서 아이들 엄마 아기도 강알로 남네까 영 햄수다. (병을 싸서 수심방에게 준다)

세경놀이 113

펭돌이의 탄생

수심방 : 요거, 게난에 서방 풀아가지고 아들 ᄒᆞ나 봉근게 제우 삼천원이라.
이정자 : 삼백 만원.
수심방 : 절대 그런 식 어서. 우리가 서의고 심방이 멫이라그네.
일본할망 : 이디 어디가서. 아방, 어디 간?
소미 : 아방을 촟입서게.
일본할망 : 아방을 촟일 때가 맞아라. 경ᄒᆞ주마는 마흔 ᄒᆞ나가 이 아길 어디간 생견 오랐주마는 이 아기가 잘 안 되면, 이 아기가 잘 안 크면 집이 잘 안 되메. 게난 암만 다심 애기엔 허지마라, 이 아기는 ᄒᆞ꺼번에 이거 아기 열돌 배연 낳고, 산바비여,
이정자 : 이건 우선 우유값이고.
일본할망 : 아이고, 우유? 산바비를 줘야주게. 산바비.
이정자 : 산바비가 무싱거우까?
강순안 : 산파비.
일본할망 : 산바비를 줘사주게. 아이고 첨, 이건 우유값이고.
수심방 : 내일 따시 오랑 받아가게.
이정자 : 산바비. 산바비 허난.
일본할망 : 이이고, 아긴 먼저 나사지. 멍텅ᄒᆞᆫ 심방아. 아이고 이런 멍텅ᄒᆞᆫ 디가 어딨나. 아길 나야지. 아길 나야 우유를 먹는 거지. 아길 안 낭 우유를 먹나.
수심방 : 말 굴아 감저. 말 굴아가난 이거 우리 아방은 어디 갔수가? 느네 아방은 어디 갔나, 아방 촞아보켄. 느네 아방 촞아라 어느 거 느네 아방고? (병을 빙글빙글 돌리다 멈추면 병 꼭지가 수심방 쪽으로 간다) (일동 웃음)

소　무 : 양창보가 아방이렌. 우리 아방이엔.
한생소 : 저거 고모부 아냐, 고모부 아냐. 고모 하르방.
강순안 : 이거 멍청헌 거여. 아니 아방도 몰르고 고모부도 몰르고.
소　무 : 어리난, 게난 어리덴 햄주게.
팽돌이 : (수심방 병을 들고) 아이고, 큰 어머니 안녕 하세요. 게난 이제랑 학교감시난, 공책값 줍서. 연필 사줍서.
이중춘 : 그 놈의 값이 너미 하다.
팽돌이 : 핑계가 어성 못허주, 공책값ᄒ고, 가방살 거ᄒ고.
소무(이정자) : 가방은 풋다리에 싸도 됩니다.
팽돌이 : 풋다리 쌀 거 ᄒ고, 게건.
이정자 : 풋다리랑 나가 ᄒ나 물려주크라.
방　근 : 작그장 살 거 ᄒ고.
팽돌이 : 오, 공책살 거 허고, 연필 살 거 ᄒ고.
이중춘 : 요새 흑생들 이, 그냥 운동환 안 신으매.
수심방 : 느 애비, 느 어멍 춫앙 가라(병을 돌린다, 술병을 본주에게 돌려 놓고).
이정자 : 이레 옵서게, 양. 아방을 춫입서, 아방을 춫아.
김윤수 : 문선생이 아방이엔 허는디. (웃음)
수심방 : (본주 억지로 앉히고) 생김만 허믄 다 허는 거 아니여. 이거 어릴 때부터 우유값이영,
이중춘 : 진드르 넘어가노랜 허난, 노리 눈알로 해연.
수심방 : 부정으로 내 노아사 허여. 자가용 탕 뎅기멍 비바리 곁질줄만 알았지.
이정자 : 고모부, 호끔게, 좀 쌉서게.
수심방 : 몬딱 싸도 좋고. 몇개 못 빌었저. (술병을 돌리며) 게건 늬네 고모할망이나 춫이라. 오, 춫긴 춫았저(인정을 받는다).
일본할망 : 건 마찌가 나이야. 퍼렁훈 걸로.
수심방 : 늬네 이모 할망이라도 춫이라(병을 돌린다) 옳지 춫았저(인정을 받는다).
이중춘 : 난 누게라. 이모 하르방. 아, 그녀리 조석 어느 놈이 낳는고, 요 돌뱅이 똘아 (진부옥 할머니 인정을 건다).
이정자 : 고모, 소역례, 뚱뚱이 고모.
펭돌이 : 야, 느네 소역례 고모라도 춫이라. (병을 돌린다)
(인정을 받는다. 그리고 부엌에 들어 가서 누구를 데리고 나온다) 빨리오라 오라방 아들 어디간 봉 가오난, 얼굴 몰른 조캐라도 돈 천원은 줘산다. (인정을 건다) 착허다. (계속 인정 받을 곳을 찾는다)
이정자 : 어멍을 춫암신게, 어멍을.

수심방 : 어멍이 나난, 어멍을 춫암주. (펭돌이를 앉히고 막대기를 들고) 늘랑 혼두갠 입, 날랑 구지밴 입, 법장요에 법장여, 불르조 벤양 백장 밑에 어멍 아방 누원 조롬만 들락들락 (음담패설이 듯 웃으며, 펭돌이를 넘어뜨린다).

이중춘 : 에이 두루뱅이 닮은 자식.

박인주 : 헹실머리가.

수심방 : 에이 나쁜 놈.

이중춘 : 조식 글호렌 허난 글도 안허고.

수심방 : 활허렌 허난 활도 안호곡.

이중춘 : 활도 안되고 자식.

수심방 : 건 농부에 태운 거여.

오방근 : 밥밥헴시난에 그자.

이중춘 : 응, 이건 농부여.

수심방 : 자, 농부에 태운 놈이여, 밭 빌레 가자. 우리 저, 소문을 들으난 신촌 가며는 동카름 가그네 분동산이라며는, 김윤수씨엔 호고 또 이정자네 댁에 원갓 유가호고 부가허난,

이중춘 : 거 옛날로부떠 부자허난 이.

수심방 : 돌 진 밧도 아흔 아홉이여, 벨진 밧도 아흔 아홉이여 소문은 들어저라, 경헌디, 그냥 가지는 못호고 물을 호나 탁 탕, 비키라 이 물탕 돈젠허든 (죽말을 탄다).

일본 할망 : 그디 거시기 느진덕이 정하님이 해그네.

이정자 : 혼디 어울립서게, 혼디 어울려.

오방근 : (죽마를 탄 수심방의 죽마에 광목천을 묶어 끌며) 어러러러러, 허엇, 허, 어러러러러 (막대기로 때리며) 어러러러러.

수심방 : (죽마를 타고 다리는 듯, 펄쩍펄쩍 띈다)

오방근 : 물은 어떵헌 게 쌩물이여, 털어지는 게. 왔저. 와와와와 (말을 세운다).

수심방 : 주인 게시오ㅡ

이정자 : (대나무 막대기로 때린다) 밧 빌레와도 똑바로 허랜 곧지 안헙데가?

수심방 : (북을 가운데 놓고, 앉는다) 자, 장재님, 우리 어디간 빌은 아들이 호나 신게 그놈이 활도 못호고, 글도 못호난, 식상 나서 밥밥만 허난에, 소문을 들으난, 이 집이 부가허고 지가 허여, 벨진 밧도 아흔아홉이여, 돌진밧도 아흔아홉이여 소문은 들은난, 저, 부재 어른마씸. 양.

오방근 : 부재 어른은 죽어불고, 부재님.

수심방 : 부재님 마씸. 밧이나 혼귀야지 빕서, 우리 농소나 지어그네 얻어먹엉 살쿠다 영허난 밧이나 혼귀야지 주쿠과 아니 주쿠과?

이중춘 : 주캔 햄서.

수심방: 주캔 햄저. 아이구 이거 후한 댁이로구나게.
이중춘: 건 씨레기 장부여.
수심방: (북 위에 북채를 놓은 채 본주에게 넘겨 주며) 아이고 고마운 거 이거 해변서 올라오멍 좆돔바리 흐나 이디 놔시매.
이정자: 이딘 해변이난 안 먹쿠다.
수심방: 늬애미 벗어지게 먹어사주 어떵해여? 내미 벗어지게 먹어라. (여기서부터는 밧농사일을 순서대로 벌인다) 호미 아사들라. 자 이거 비라.
오방근: (드르륵 드르륵 소리를 낸다)
수심방: 옳지, 비어졌저. 비어시난.
오방근: 물랏쩌.
수심방: 물람쩌. 그냥 놔두민 신촌 해변 줌녀들 이것들 맞딱 거둬당 물에 들어 낭.
오방근: 불턱에.
수심방: 응, 불 와랑와랑 살라그네 가운데 생긴 것도 기실리고, 경허난, 요거 태우라. 옳지, 요거 보라 (막대기로 두둘기며) 잘도 탄다.
오방근: 주둥이영 줄라매여. 몬딱 탐싱게.
수심방: 옳지, 죽었저. (타작을 하며 타작노래 부른다) 어야 홍야 다 했저. 문짝 했저. 자 이거, 오라 이거 씨 어시난, 씨 타레 가게. 씨 타레 가게.
이중춘: 무쉴 디리라, 무쉴. 무쉴 행 초불은 설러 놔그네, 저레 도 트라.
수심방: 애야, 저레 도 트라. 천왕테우리 몰 몰아 디리라. (무쉬모는 소리) 어럴러러러러러,
오방근: 어러러러러러, 오~
이중춘: 이거 이? 소리가 조민 물들이 귀가 누긋누긋 소심어시 불르고, 소리가 궂어가민 잘 안 발른다. 자, 소리해보라 어럴럴 월월월월어 어허어~ 어흐어.
한생소: 소리 해라.
수심방: 게난 너도 해라게. 그렇지. 아아, 월월~, 게난 뒈서게. 자 이제랑 골랐저.
한생소: 골랐저.
수심방: 이제랑 씨타레, 씹타레 가게.
한생소: 씹타레 가게?
수심방: 세경 신농 마누라안티 가게.
이중춘: ᄌ청비안티 가라.
수심방: 나 오랐수다.
일본할망: 어쩬 왔느냐?
수심방: 아이구, 밧 흐나 있고 씨가 어선, 잘 골으쿠다마는 씨나 있건.
오방근: (씨그릇을 준다)

수심방 : 오, 흔적허니 씨로구나. 이거 무신 씨우꽈? 우선 머들에부터 강 노라 이, (그릇에서 씨를 집는다) 콩이영, 녹씨영, 꾀영, 보리영, 대죽이영, 또 요건 좁씨는 볼개시리 개발시리 소용시리, 흐린조, 모인조, 어?

진부옥 : 호박시리,

수심방 : 호박시리, 육지레 가며는 마시리 요거 춤.

이중춘 : 두불 콩이여, 웨불 콩이여.

수심방 : 웨불콩이여, 몬딱 이건, 아이구 고맙수다, 따시 올 때랑 홀 때랑, 저 좃돔바리라도 ᄒᆞ나 아져당 드리커매.

이중춘 : ᄌᆞ청비가 곧는디,

수심방 : 엉.

이중춘 : 영 골암싱게,

수심방 : 어,

이중춘 : 느 거시기 남원이 양창보 놈 그자 메 일러먹어그네 나안티 오고, 무싱 거 그자 탈 거나 이시민 나신디 오고.

수심방 : ᄒᆞ고말고 씸이 어서도 오고.

이중춘 : ᄀᆞ찌 저녁의 눌 때 오질 안허고, 막 욕햄서.

수심방 : (씨 그릇을 들고 일어서서) 야, 이거 씨 탄 오랐저. 씨, 씨,

이중춘 : 동경에서 서경드레 씨 부찌레 가자.

수심방 : 씨 부찌레 가자. (초석을 밭으로 씨를 뿌린다) 씨 부찌레 가자 영, 눈붉은 사람들 베려봅서. 씨 골르냐?

이중춘 : ᄒᆞ 번 더 일로 저레 허여.

수심방 : ᄒᆞ고말고, 이거 잘 들어샀저, 됨직도 ᄒᆞ다. 어디 바득바득 되는디 오랑 이제랑 물몰앙 몰리자.

이중춘 : 물 디리라. 아니, 이제랑 씨 뿌려난 디 ᄒᆞ번 거실루와 어럴럴러러러.

수심방 : 어럴럴러러러 저레 가라게 (오방근을 막대기로 친다).

이중춘 : 이거 아기 나 나부난.

수심방 : 어럴러러러러 (오방근 말이 되고, 한생소, 수심방 테우리가 되어 밭을 밟는다) 어허~러러러, 야허~어 하량, 워워워.

이중춘 : 야, 이제 정심 때 뒛저.

수심방 : 정심이 올 만헌 디 안 오람저.

이중춘 : 정심 아상 가라, 차롱에 해영.

수심방 : 옳지.

이중춘 : 아이고, 요 정술댁아—

수심방: 아이고 정술댁아, 요거 평댁이 닮은 것아.
이중춘: 아이구, 요년 생긴 년.
강순안: (점심 차롱을 들고 온다, 거기엔 인정을 건 돈이 들어 있다) 정심 이거 가정 왔수다.
이중춘: 요년아, 이제꺼지 무시거 핸디, 아이고.
오방근: 물터진 항에 물질어당 놔두고,
이중춘: 터진 항에 물 ᄀ득이단 보난,
수심방: 빙아기 아홉자리에.
진부옥: 주둥이 아홉 개, 주둥이 돌롸두고.
일본할망: 오방진 열 두번.
수심방: 물주둥이 벳겨두고, 아이고 좃도 아홉 번 허고, (웃음) 아이고, 경허멍 ᄒ단 오란보난, 요 때로구나, 요년 몽근년 자, 우리 저리 나강 캐우리자.

(북)

받다 남은 건 저만정에 나사니
천앙 테우리덜 공개허자
지왕 테우리덜 공개하니
인왕 테우리덜 공개허자
동경테우리나 서경테우리
남경 북경 테우리
(소미 잔을 댓섶으로 캐우리고 있다)
오소장에 육소장에 제팔소장에 구소장에
십삼소장까지 놀던 테우리나
뱃보섭에 살구살성주고, 물모시에 생인 대재
만연 안네 광난 일 불러주던 이런 신벵덜
떡 밥 술 궤기 각서추물 내여다 많이 공개허자—

수심방: 경헌디, 요 테우리덜 올 때는 막 고맙댄 허곡, 밥 멕이믄, 갈 땐 거 조은 말은 안 해여 거, 욕을 허는디, 욕도 잘허민 춤 좋는디 나 만치 잘 욕해지카부댄? 천앙테우리 물몰아가라, 지왕테우리 물몰아가라 인왕테우리 물몰아가라, 그 중에도 물 무쉬 하나에라도 떨어지영 우리 좃도고리, 아첨, 조코고리를 하나에라도 끊어먹었다근 느어멍 씹에 아들 박고 자갈박고 벡두산 처박고 정낭을 둘러박고 못에다 치매박고 사발을 갖다 엎언.

일본 할망: 요 늙은 거, 아무도 안 해여.
이중춘: 앗다, 요거 더러운 게, 생전 그 밭엔 아니 가크라.
일본할망: 안 들어가, 안 들어가, 조고리도 안 아가.
수심방: 그렇게 욕도 잘 해사 거.

이중춘 : 밧디 ᄒᆞ번만 돌아보라.
수심방 : 돌아보자.
이중춘 : 두잎 뒛저.
수심방 : 작박에 씹 둘렀저.
이중춘 : 가 보라, 세잎 뒘저.
수심방 : 세잎 뒛저. 다시 강 보라, 이거 저 벌레 둘를 때 뒛저.
이중춘 : 벌레 둘를 때 돼난, 자 들어사라들.
수심방 : 들어사라. 간 매여보난 두 놈이 심어당 눈 ᄒᆞ나믄 매커랑게 우리 심어보자 어디 강?
이중춘 : 혼저 매라, 혼저.
수심방 : 봉사 ᄒᆞ나ᄒᆞ곡, 웨눈벡이 ᄒᆞ나ᄒᆞ곡 심어당 매여 보자.
이중춘 : 검질은 잘 매믄 품을 주곡, 경 안허믄 안 주크라. 그 사람 어디 매 봐 소릴 잘 해여 (검질 매는 소리) 앞 멍애랑 들어나 오라. 어긴여랑 사데로다. 둿멍애랑 나고나 가라.
김영수 : 언뜻 조차오라! 어긴여랑 사데로다. (선소리 강순안 돌아서며) 어야두야 사데로다 어긴여랑 사데로다. 검질짓고 골 너른 밧디.
모두들 : 다 ᄀᆞ찌들 허라, (신칼을 들고 동시에 점을 친다.) 초불 검질은(신칼점).
오방근 : 두불 잘 매었다.
수심방 : 두불 검질은 안 매였다게.
오방근 : 세불, 잘 매였다.
이중춘 : 잘 매였저, 강 보라.
수심방 : 이제랑, 우리 밧 봐서.
한생소 : 봐서.
수심방 : 어떵 해연고? 저, 귀소문 반은 눈소문이여.
이중춘 : 홍좃대 많은 허고.
수심방 : 허이고, 이거 간 보난 이거 멍덩 시리여, 이 귓둥으로 둥겨보라 (초석 귀를 잡고 당긴다) 아이구, 온 밧이 흔들흔들 해염구나.
이중춘 : 뷔라.
수심방 : 자, 이제랑 뷔게.(신칼을 들고) 언월도 놀시리 맞어서 (베는 시늉) 시르릉, 시르릉, 자, 이젠 다 뷔였저.
이중춘 : 묶어 봐.
일본 할망 : 썹좃이나 묶어 봐.
수심방 : 썹좃이나 묶어보게. (초석에 신칼과 요령을 넣고 둘둘 만다)
이중춘 : 일려세와 봐.
수심방 : 이럴 땐, 화리에 재 갖다놔사 헐 건디.

이중춘 : 일려세와 봐, 얼로 일려세울 거라.
소 무 : 저 선생 맞아 낳, 이제랑.
일본할망 : 혼저 일립서게.
수심방 : 엉, 엉, 엉 (힘을 쓰지만 일으켜 세우지 못한다)
이중춘 : 아따, 조 흔뭇이 경도 무거운게. 원.
수심방 : (일으켜 세우다 쓰러진다. 일으켜 세워 신칼 요령을 흔든다)
이중춘 : 아따, 비세 으름 쏠 으름 올려노안 그자.
수심방 : (감은 초석을 풀고) 동도 북도요, 서도 북도 남도 북도, 북도 (초석을 사방에 친다)
이중춘 : 그만 허라게.
수심방 : 부었저. 이젠 미련한 관장에.
이중춘 : 역력훈 벡성에.
수심방 : 벡성에. 설쒜 ᄒ나 도라. (설쒜를 내어 준다. 설쒜는 되) 홉으로 열 개민 멫?
소 무 : 되.
수심방 : 되으로 열개민?
소 무 : 말이여.
수심방 : 말로 열개민.
소 무 : 섬이여.
수심방 : 섬으로 열 개민.
이중춘 : 석이여.
수심방 : 오, 자 이거 미련한 벡성에,
이중춘 : 미련한 벡성에 역력한 관장에,
수심방 : 관장에, 게민 못 산다. 미련한 관장에,
강순안 : 역력한 벡성에,
수심방 : 역력한 벡성에, 자 이거 말 감만 허자, 되 감만 허자 (설쒜를 친다) 이거 쒜소리 나는 거로구나. 상궤도 일천석,
한생소 : 일천석 (떡을 뜯어 설쒜 안에 담을 때마다, 담은 떡은 구덕에 담는다),
수심방 : 중궤도 일천석,
한생소 : 일천석,
수심방 : 하궤도 일천석, 또 얼마 속에 무었저. 무으다 남은 건.
이중춘 : 검질 맨 품이여.
수심방 : 검질 맨 품이여. 이굿 허잰 허난.
이중춘 : 빚져온 것도 물어 불고.
수심방 : 앞집의 뒷집의여, 요건 반찬 갑이여.

이중춘 : 마흔 ᄒᆞ살 이? 각시 몰르게끔.
수심방 : 서방 뎅기멍.
이중춘 : 서방 뎅기멍 돈 쓴 거,
수심방 : 빚난 거.
이중춘 : ᄀᆞ찌 요것도 물어불고.
수심방 : 따시 이굿허잰 허난, 소미 품이영.
이중춘 : 점방에 외상헌 거영, 담배갑 외상헌 거영.
수심방 : 옳지, 어디 강 술도 외상헌 거영.
이중춘 : 또 새각시 집의 강 이.
수심방 : 새각시 집의 강, 술은 안 먹고, 돌앙 가여나기 좋아허는 거 맛딱 해엿저. 어, 받다 남은 건 온갖 지샘이들 몬딱 먹엉 가라
이중춘 : 몬딱 먹엉가라. 따시랑 오지 말라.
수심방 : 따시덜 오다그네.
이중춘 : 아따 그집의 부재여.
수심방 : 옳지 다 대접해였저. 대접허다 남은 걸랑 우리 상고팡드레 모아들자 저, 보답 이리 가정 오라.
　　　자, 이거 금강산에 옥솔기 꾸미레 가자—
　　　(광목천을 늘어 놓는다. 감상기를 끝에 묶어 구덕에 담고 수레를 만든다.)
　　　아, 오 이 솔기는 보난 어디서 고삐골서 일어나는 솔기
　　　아, 오 아~ 어으어
　　　강남서 우리 제주절도에 들어온다 벨도 주전포로 돌아온다.
　　　정의 대정 모관으로 뎅기다 조천리 어으어 김이
　　　이 솔기는 ᄒᆞ나 무어들라 실어들고 허니
　　　사지전답 유기제물 물무시 남전북답 너른 전지 주어실럿구나
　　　일채 이채 삼채 오채 칠채 지물도 주엉 실러 무엇고나
　　　방안 안에 금삼 비단 한집 원앙가민 접저고리 유리대야 놋대야
　　　(당클에 잔을 드린다)
　　　할락 데레지연 노궁기 주어 실럿구나. 자주대야 주어실럿구나
　　　자주대야 이디 우로 주어실럿구나. 마리 상고팡으로 주어실럿구나
　　　금고도 주어실럿구나.
　　　부엌칸에 들어사민, 대마우티 소마치여 아리미솥 냉장고 쏠통이여
　　　대환이여 소환이여 불근독이여 지새독도 주어실럿구나
　　　이 집 안에 당주 방에 놀려들민,

일천기덕 삼만제기 궁전궁납들 주어 실렀구나.

마흔여덟 상단골, 서른여덟 중단골

스물여덟 하단골, 어주어 삼색 마흔여듭 수원단골도 주어실렀고나

원 초에 에이 어야, 어야,

동창궤도 일천석

서창궤도 일천석

(솔기를 메어들인 수레를 안방으로 들인다)

남창궤도 일천석

언마 전하님전에

(악무)

세경놀이(2)

공연일시 : 2000년 2월 4일
공연장소 : 관덕정 입춘굿
출연 : 정태진(밭 가는 사람), 한생소(의원), 진부옥(심방, 솔기소리), 고산옥(삼승할망), 정공철(펭돌이), 고탁현(밭주인), 고순안(소미), 강순선(소미), 마치순(소미), 이옥순(소미)

소무 1 : 아이구, 비사 오젠[68] 햄신디[69], ᄇ름사 불젠 햄신디. 원 허리도 막 뿟곡[70] 속이 니울니울[71]ᄒ고 하늘러렌 배려보난[72] 원, ᄀ물ᄀ물 원 히어뜩ᄒ[73] 게 어떵허난 영 하근디가

---

[68] 오려고
[69] 하는지
[70] 뿟다 : 빻다. 바수다
[71] 늬울늬울, 메슥메슥, 토해질 것같이 속이 좋지 않은 모양
[72] 바라보니
[73] 히어뜩ᄒ다 : 어지럽다. 정신이 어지러워지다
[74] 좋겠어

세경놀이의 한 장면

      아판 정신이 어신고. 원.

소무 1 : 어디 강 문점(問占)이나 해 봐시민 조켜[74] 원.

소무 2 : 정(鄭) 도령안티 가. 정의원

소무 3 : 그거 벡장(壁欌)동티[75]라.

소무 1(여럿이) : 아이구, 잘도 알암져.

소무 2 : 게민 날차고 돌차면 날테주.

소무 1 : 돌 찼[76]?

소무 2 : 이젠 돌 찼져. 멕(脈) 씌라.

소무 1 : 아이구, 아이구, 아이구 배여, 아이구 이 번만 살려줍서. 따신 안ᄒ쿠다. ᄒ 번만 살려줍서. 아이구.

소무 2 ; 펭돌이[77] 낫져. 믄들락ᄒ게[78].

소무 1 : 펭돌이.

소무 3 : 자, 자, 아기 낳자.

소무 1 : (맥쓰는 시늉) 아, 아, (아기 우는 사늉) 응엑, 응엑.

소무 3 : 아긴 낫져[79]. 아이구, 아들 낫져.

소무 2 : 아덜은 아덜이여.

---

75) 성관계로 일어난 동티
76) 달이 차서?
77) 굿판에서 낳은 아기는 배에 찼던 호로병이다. 그러기 때문에 이름은 '펭(甁)돌이' 라 부른다
78) 둥글고 매끄럽게
79) 낳았다

소무 3 : 아덜은 나난? 아덜을 나니까, 이제 이거 흔 설 두 술.
소무 2 : 공븰 시겨사주.
소무 3 : 나난 일름을 펭돌이로 지왔저. 이거 공부 시겨산다[80].
소무 2 : 게. 서당(書堂) 칩의 갔주게. 서당 칩의 가난.
소무 3 : 서당 칩의 가난 이거, 처음에는 서당을 ᄒ젠ᄒ며는[81] 천자문(千字文)부떠 읽어산다. 하늘 천 따 지, 가문 밧디, 누룽 밥.
소무 2 : 누룽 밥, 선싕(先生)이랑 흔 수깔 먹고, 나는 흔방울 줘.
소무 3 : 이거, 이거 아니뒈켜. 밥밥밥밥만 는 ᄒ걸 보난.
소무 2 : 나난, 밥밥.
소무 3 : 나난 밥밥밥밥만 ᄒ니까, 이거 공부는 절대로 안뒈고, 이제는 농ᄉ나 허영 지어먹으렌[82] 흔 팔잔 셍이여[83]. 영ᄒ젠 이젠 밧 빌레 가사주[84].
소무 2 : 밧 빌레, 저 거시기. 조천읍 신촌. 분동산 큰 심방칩의.
소무 3 : 큰 심방집의 밧도 흔 열댓 판 있고. 논도 열댓 판 있고.
소무 1 : 막 부제(富者).
소무 3 : 자, 이제랑 밧 빌레 갔저. 밧 빌레 간.
소무 2 : 허락(許諾) 햄저.
소무 3 : 허락(許諾) 햄져.
소무 2 : 그자 놈의 손으로만 돌려나난, 어염이영[85] 지서실거여마는[86] 혼저 파낭 권ᄒ영 씨 들이렌.
소무 3 : 그렇지. 이제는 밧 갈레 가자.
소무 2,3 : (말모는 시늉) 허, 썩식식, 어러 식식 어러 요놈의 쉐.
소무 3 : 밧갈았저[87].
소무 2 : 초불[88] 갈았저. 이제랑 벌레기[89] 매자.
소무 3 : 벌레기 매자. 벌레기 매었저.

---

80) 시켜야 한다
81) 하려며는
82) 지어먹으라는
83) 모양이다.
84) 밭 빌러 가야지
85) 옆, 결, 부근, 둘레
86) 무성했을테지만, '짓다' 는 풀이나 털 따위가 무성하다
87) 밭 갈았다
88) 1차, 첫번
89) 벌레, 풀그루터기
90) 전부, 모두

세경놀이의 한장면

소무 2 : 뒤로 탁탁 털멍.

소무 3 : 돌멩이 털었저. 터난, 이제 몬딱[90] 이것 저것 홀 필요 어시 몬딱,

소무 2 : 좁씨.

소무 3 : 씨를 뿌려살 거난[91].

소무 2 : 어염씨부떠[92] 먼저 놓나. 이 콩 저 콩, 강낭콩, 두불콩. 이 꽤, 저 꽤, 던덕꽤, 노린꽤, 불근꽤, 몬딱 났저.

소무 3 : 났져.

소무 2 : 아진 대죽[93], 사탕(沙糖) 대죽 몬딱 났져.

소무 3 : 사탕 대죽도 났져, 동경(東)으로 세경더레[94] 씨뿌리자. 세경으로[95] 동경더레 씨뿌리자.

소무 2 : 이제랑 골르게[96] 샀저. 골르자. 어러러어-

소무 3 : (밭 밟는 소리) 어러러러러러 이 몰 저 몰 어러러 호호호호 자, 이젠 밧 볼렸저[97].

소무 2 : 밧볼렸저. 구뎅이 질루고 데깍했저[98].

소무 3 : 데깍했저. 데깍ᄒ난.

---

91) 뿌려야 할 것이니
92) 구석부터, 귀퉁이부터
93) 수수 따위의 총칭
94) 동쪽에서 서쪽으로, 동쪽(東京)에서 세경으로(밭으로) 씨뿌리자
95) 이때는 세경(땅)과 서쪽(西京)이 음이 비슷하니까, '서쪽에서 동쪽으로' 라는 뜻
96) 고르게, 반듯하게
97) 밭 밟았다
98) 데깍ᄒ다 : 끄떡하지 않는다
99) '침 지르다' 라고도 함. 조의 발아(發芽)한 싹이 뾰쪽하게 침을 놓았더라

소무 2 : 간 보난, 간 보난 이? 침(針) 놔서라게[99].

소무 3 : 그렇지.

소무 2 : 검질 매레 가카[100]?

소무 3 : 검질 매레 강,

소무 2 : 에, 초불 검질[101] 매였저. 어기여랑 사데로구나. 앞멍애랑 들어나오고[102].

소무 1 : 뒷멍애랑 나고가라.

소무 2 : 강 보난 이? 우 모도완[103] 고고리[104] 난.

소무 3 : 그렇지. 어.

소무 2 : 이젠, 샥-. 굴앚도[105] 안햄져[106]. 야, 부재칩(富者宅) 밧이난. 춤 잘 됨저. 간 보난 노린 다리만 아자서라[107]. 아이구 이거, 도지사 올릴 디, 뷔여불게[108]. 호미들[109] 아저 드리라[110].

소무 3 : 응. 시르륵, 시르륵

소무 2 : 해변 사름은 이? 알로 뷔곡[111], 우뜨리[112] 사름은 중간으로 뷘다 뭐.

소무 1 : 시르륵

소무 2 : 시르륵

소무 3 : 시르륵

소무 2 : 이젠 다 뷔였저[113].

소무 3 : 몬 뷔여 놨저. 자, 이젠 무꺼산다[114].

소무 2 : 이제랑 역군(役軍)[115] 빌엉 톨자[116].

---

100) 김 매러 갈까?
101) 초벌 김
102) 제주도 민요 '사데소리'
103) 모두워, 모아
104) 이삭
105) 갈아앉지도
106) 않고 있구나. 않는구나
107) 앉았더라
108) 베어버리자
109) 제주 방언에서 '호미'는 '낫'을 뜻한다
110) 가져 들여라
111) 베고
112) 웃드르. 산간지방
113) 베었네
114) 묶어야 한다
115) 일꾼
116) 캐자. 따자
117) 조 이삭을
118) 따야지

소무 3 : 톧자.
소무 1 : 조코고릴[117] 아사주[118] 이젠.
소무 3 : 몬딱 톧아 놨져[119]. 톧아 놘.
소무 2 : 이젠 두드리라[120].
소무 3 : 두드리라.
소무 2 : 어야 홍.
소무 3 : 이야 홍.
소무 2 : 느네 남편.
소무 3 : 이야 홍.
소무 2 : 어디나 가시니.
소무 3 : 이야홍.
소무 2 : 원 살레 갔저[121].
소무 3 : 이야홍.
소무 2 : 나가 가나 개나 시냐 엇저.
소무 3 : 다 두드렸저.
소무 2 : 두드렸저. 이제랑 불리라[122].
소무 3 : 불리라.
소무 2 : 푸는체[123]로 동경으로 세경드레.
소무 3 : 그렇지.
소무 2 : 세경으로 동경드레.
소무 3 : 세경으로 동경드레. 푸는체질[124] 했저.
소무 2 : 이제랑 영리흔 벡성(百姓)에 미련한 관장(官長)이라부난에[125] 뒈(升)마련 섬(石)마련을 안ᄒ민 부름씨를[126] 못ᄒ주게[127]. 게난, 말(斗)이영, 뒈(升)영 홉(合)이영 섬(石들)이영 몬딱 아정.

---

119) 따 놓았다
120) 뚜드려라. 타작하자
121) 원님 살러 갔다
122) 곡식의 겨를 바람에 나려내라
123) 키(箕)
124) 켜질
125) 관장이니까, 관장이 돼버리니
126) 심부름을
127) 못하지
128) 모두 가져다 놓아

소무 1 : 다 앚다 낭[128].

소무 2 : 관장이 막 미련ᄒ주게.

소무 3 : 그렇지 막 미련한난.

소무 2 : 이거 사아궤(賜几) (말로 쌀을 떠넣는 시늉하고, 소미들 복창)

소무 3 : 사궤(賜几)[129].

소무 2 : 동창궤(東倉庫)도 ᄀ득이자.
　　　　서창궤(西倉庫)도 ᄀ득이자.
　　　　남창궤(南倉庫)도 ᄀ득이자.
　　　　ᄀ득이다 남은 건, 요건 시께멩질(祭祀名節) 홀 거.
　　　　요건 동네 부주범절(扶助凡節) 홀 거.
　　　　요건 요새 가스다이니[130] 전기다이니 ᄒ는 거 만ᄒ주게.
　　　　전화대영. 경핸 다 남았저. 경ᄒ난 이거 이추룩 ᄒ난[131]
　　　　농ᄉ(農事)를 ᄒ는 거주게.

소무 3 : 그렇지. 그렇지.

소무 2 : 게난 씨 고고리도[132] 해단에[133] 밧임재네[134] 집이 아져가부난[135] 지깍했저[136].

소무 3 : 응, 지깍했저.

소무 2 : 이젠 다 뒌거주.

소무 3 : 다 뒌거주.

---

129) 많이 바치자는 뜻
130) '다이'는 대(臺)의 일본어
131) 이렇게 하니
132) 종자 이삭
133) 해다가
134) 밭주인네
135) 가져가 버리니
136) 지깍ᄒ다) 제깍하다 : 단단하다. 움직이지 않다

세경놀이(3)

일시 : 1965년 8월
출연 : 홍상옥(洪相玉), 김만보(金萬寶), 안사인(安仕仁)
악사 : 안순심, 송창생, 김일생
조사자 : 김영돈 · 현용준
출전 : 문화재관리국의 《무형문화재조사보고서》 제3집 제14호
　　　제주도 무당굿놀이 627쪽

수심방 : (수심방이 서서 빠른 속도의 사설로)
　　　　도올랐다 도 셍기자
　　　　(악무)
　　　　임신중엔 올라 사민 천지옥황 대명전
　　　　누려사민 땅추지 지보스천대왕
　　　　산추지는 산신대왕 산신백관
　　　　절 추지는 서산대스 사명대스 육한대스까지
　　　　도올랐다 도셍기자
　　　　(악무, 도셍기자 둥둥)
　　　　인간 추지 멩진국 할마님, 천왕불도, 지왕불도,
　　　　여리싱, 삼싱연, 청용산, 대불법, 서역불법, 할마님 꼬지도
　　　　도올랐다 도셍기자
　　　　(악무)
　　　　얼굴추지 홍진국 대별상 마누라님 꼬지도 도올랐다 도셍기자
　　　　(악무)
　　　　짚은 궁은 얕은 궁 신임초공 임정국 상시당 하나님
　　　　서가여리 서가무니 황금산 주줍선생,
　　　　적금산 노가단풍 주지맹왕 아기씨
　　　　중이 아돌 삼형제 너사무 너도령 삼형제 꼬지도 도올랐다 도셍기자

(악무)
이궁 서천로산국 천년 들어 천년장저 만년들어 만년장저
김진국도 상시당 원진국도 상시당 사라도령 사라대왕
신산 만산 할락궁이 원강암이꺼지도 도올랐다 도셍기자
(악무)
삼공주년 알땅국 노불리까지 도올랐다 도셍기자
(악무)
시왕, 시왕감서 원병서 신벵서나 짐추염내 태산대왕 범을 징거 수천대왕
초제 진강대왕 이제 초강대왕
제삼 송제대왕 제수 오간대왕
다섯 염라대왕 ㅇ섯 번성대왕
일곱 태산대왕 ㅇ덥 펭등대왕
아읍 도시대왕 열 오도 전륜대왕
열ㅎ나 지장대왕 열둘 생불대왕
열싯 좌도나천 열늿 우도난천
열다섯 시에 동ㅈ판관꺼지도 도올랐다 도셍기자
(악무)
천왕체수 월죽체수 지왕체수 일죽제수
어근바 도서내장, 눈이 붉은 황수제 코이 붉어 적수제
옥황체수 방나장 저승체수 이원수제
이싱 강팀수제꺼지도 도올랐다 도셍기자
(악무)
짠물 체수 부원국 삼체수, 돈물체수 용궁체수
아이 돌고 가는 구천왕 구불법 아양삼신 구삼싱
구덕삼싱 걸레삼싱 삼신왕체수 수신왕체수
신당에 본당에 체수 구간 신간체수 도올랐다 도셍기자
(악무)
일곱 신낭 아읍시왕 도올랐다 도셍기자
(악무)
세경신중 마누라님 동인 가린석 서인 부림패
상세경은 하늘옥황 문국성에 ㅈ청비
하세경은 정이 웃인 정수남이 정술덱이
칠월 열나흘날 백중대제일 거느려오던 상세경 신중 마누라님

어간 되였구나 도올랐다 도생기자 (악무)
불도 굿도 아루자 (악무)
생불 굿도 아루자 (악무)

여 인 : 아고 아고 아고 아고 아이고 아이고.
소 무 : 어떵 허연?
여 인 : 아이고 아이고 배여 아이고 배여 아이고 배여.
소 무 : 종애가 시근시근ᄒ고?
여 인 : 저 그런게 아니고 이 이거 어떤 일로 이 몸이 내긋 내긋ᄒ고 돌큼 돌큼 외미저라도 먹고 져라 시금털털 개살귀도 먹고저 ᄒ고 몸이 내긋 내긋, 아 어떵허연 옷엔 풀내가 나고, 밥엔 몬독내고, 물엔 펄내가 나고, 어떻게 원 귀역장만 나고, 토만 일죽일죽 나고, 아이 어떵허여 좋고 이거 아이고 배여 아이고 가심이여 아이고 그디.
소 무 : 아이고 이거 주살 놔바도 소용엇고 약방 약도 소용엇고 삼신산 불ᄉ선약 써바도 소용엇고, 판수 불러 성경허여도 경덕이 엇고, 심방 불런 퇴세여, 물박 퇴송이여, 푸다시여, 큰 굿이여 족은 굿허여봐도 아무 효력도 엇쩌. 아이고 아이고 점점 밧짝 꼬주왐저.
소 무 : 그거 기냥 일은 아니라 어디 강 문점이나 허여봐.
여 인 : 그거 저 문 줌을 ᄒ젱ᄒ민 우선 어딜로 가코.
소 무 : 들적 문전, 날적 문전이 난 우선 문전에 가 바.
여 인 : 계멘 문전에 ᄒ번 가보가 (앞문 앞에 가서) 들적 문전 날적 문전 안문적 여레도 밧문전 저 문전 하르바님 헤만국 돌만국 문전 아바님 남산국 예산국 부인님 일문전 똑똑ᄒ고 영리 혼 녹디생인 소소 문복지레 왔읍니다. (돌아서며) 아이 이거 문전 탈세 아니옌 허염쩌.
소 무 : 아니옌? 계민 명분나고 건이 나고 저저 암마 줌젱이영 ᄒ는 더그락ᄒ 어른 일월 삼 멩두 어신 조상 모사 가지고 목이영 거시싱ᄒ게 우등둥ᄒ게 해녀질이나 허염시민 일등으로 시근시근ᄒ게 잘 허염직 혼 이름은 홍수자 홍택이 그집이 강 보주. (구경 온 단골여인 앞에 가서)
여 인 : 그집이가 뭅썬 개가 이서 그 먼정 들어가젱 ᄒ민 월월월월 (개울음소리) 요개 요개 요개 요개 요개 (그 여인을 막대로 때리다가 인정(돈)을 내면 그치고) 점치레 와시민 숙원수우 허여얄 건디 도망가기로고나.
소 무 : 저 거시기 안덱이 가봐. 선반물 앞이 살아그네. 집에 가젱ᄒ민 올레 꼴로, 덕석골로, 마당골로 허영 자리골로 해서 골골골골 뱅뱅뱅뱅 호양 방골로 들앙가주.
여 인 : 그 집이도 가민 몹쓴 개가 이서 월월월월 (때리며) 아이고 가영ᄒ디양.
구경꾼 : 어떵허연?
여 인 : 어떵허연산디 소곡소곡 넘은 돌 부떠 봄 줌 졸압듯이.
소곡소곡 줌만 들고 새금 새금ᄒ 개살구도 먹고 져라,

돌콤 돌콤호 외미즈라도 먹고저라, 옷엔 풀내 나고, 밥엔 몬독내 나곡
물엔 펄내 나곡, 속이 뇌울 뇌울ᄒ며 뻬가 새근새근 허영,
영허영 문점ᄒ레 왔수다.

구경꾼 : 멧쑬? 멧난?

여 인 : 저 나이는 다섯 다섯 춥열 ᄇ뜬 다섯 (서른 다섯)
성은 김씨외다 정월 초ᄒ를날 난 마씀.

구경꾼 : (손가락 돌아가며 짚어보고) 갑즈을축 벵정말축을 짚어보난
벡장동티 이불동티 자리동티로고나.

여 인 : (노래로) 아이고 아이고 잘 알암져. 잘 알암져.
아이고 아이고 잘 알암져. 잘 알암져.

소 무 : 거 ᄒ밧디 말 들어봐도 아니된다. 막 소문나고
건이 멩근난 현선생이라고 대학교선생 노릇도 ᄒ곡
이 저 미신에 대호 것 ᄆ딱 알안 책으로 다 꾸민
아주 구신보다 더 호 어른이 이서 마씀. 그디 강 보주.
그 집인 가쟁ᄒ민 ᄆ수운 개가 이서이.

여 인 : (앞으로 와서 막대로 때리며) 월월월월월월.
요개 요개 월월월월. 아이고 저 소서 맹점ᄒ레 왔수다.

소 무 : 예.

여 인 : 현선생님 잘 아신다하연 양. 그런게 아니고,
ᄒ달 앞서 양, ᄒ달 앞서부터 어떤 일로 머리가 지근지근ᄒ고
가슴이 두근반 두근반 허여가고 얼어 천징 더워 단징 ᄀ찌
요새 ᄒ는 감기 들림 ᄀ찌 불ᄀ찌 읏허는지 자꾸 용데깃징 귀역징이 자꾸 나고
돌굼 돌굼호 외미즈도 먹고 정ᄒ고 시금 틀틀ᄒ 개살구도 먹곡 정ᄒ고
아니 물은 먹젱ᄒ민 펄내 나고, 옷을 입젱 ᄒ민 풀내나고,
밥은 먹젱ᄒ민 몬똑내나고, 아이고 이놈의 노릇 어떵허영 삼내까
배 아판 이거 영 짚어 봅서. 어디 동티고.

소 무 : 거 어디 하니 북방에 가완딘 들엄쩌.

여 인 : 어 하니북방에 거 어잉간들이 맞춥긴 맞추왐쩌
하니북방에도 ᄒ번 가오긴 하온 도레가 잇긴 잇수다
게난 이거 어디 동티 닮으우까 손 집허봅서.

소 무 : 갑즈을축 벵정말축ᄒ니 벡장 동티엔 허염쩌.

여 인 : 아이고, 아이고, 잘 알암져, 잘 알암쩌, 잘 알암져, 잘 알암져.
ᄒ공에 지엄쩌 아이고 배여, 아이고 어떵허영 좋고?

계난 요거 벡장동티 ᄒᆞ는디 그런게 아니고 내가 씨집은 가기는
작년 제제작년에 내가 씨집을 어디에 갔는고 ᄒᆞ면
저 웃ᄃᆞ릴 갔덴 말이여 웃ᄃᆞ릴 씨집을 갔는디
아 그놈으 씨집살이가 어떻게 실프던지
연해변가 씨원ᄒᆞᆫ 개ᄀᆞ 연변에 살다가 ᄃᆞ리를 간 보매는
원 상아리덜광 지세다가리덜광 모양다가리 상파니덜광 보고정을 아니허연
ᄒᆞᆫ번은 애 나아덜놈으거 ᄒᆞᆫ번이랑 가보젠 허연
ᄃᆞ릴 으상으상허연 내가 가서양
ᄀᆞ는대 구덕에 붉은 풋 놔네 새미ᄒᆞ나허연
앙기작 앙기작 요거 ᄒᆞ나 물떡ᄒᆞ나 허연
씨아방나시 출리곡허연 간 보난
씨아방을 눌을 눌엄십데다게 눌을 누는디
우리 씨아방은 구젱이 넋이라노난
들그닥닥허연 "메누리 어떵 완디야?" 영허연 ᄒᆞ곡
앗다 씨어멍은 암툿 ᄀᆞ뜬 씨어멍이라서 어떵기자 새벳 족제비 ᄀᆞ찌양
복ᄒᆞ게 무지령 아이고 자세다가리 상파니쪼광
그 닮은 걸 내 씨어멍이엥.
씨누인 ᄋᆞ따 고생이 ᄀᆞ뜬 씨누이인디 말이여
됫배설 모양 호르룩 ᄒᆞ게 조로록ᄒᆞ게 새벳 족제비 닮은거고
서방은 나만봐지민 허웃지 무꾸럭ᄀᆞ찌
사름을 안앙만 밤이고 낮이고 헤낮이라도 안젱만 ᄒᆞ덴 말이여
그래서야 이거 아이되겠다고 그날 가는 날은
속곳을 위우도 ᄋᆞ듭갤 입고 ᄂᆞ다도 ᄋᆞ듭갤 입언 가지고
이팔이 십육 열 ᄋᆞᄉᆞᆺ개를 안팟으로 ᄃᆞᆫᄃᆞᆫ히 입어갔덴 말이우다
속 옷을 입언 갔는디, 하 이놈이 내가 딱 그날 처냑인 걱정될덴 말이여
뭉게ᄀᆞ뜬 이 남편인가 멍텅구리안티 나가 오늘 압송 당ᄒᆞ민
아니 바싹 돌려들민 그거 부쇠연장 앗앙 돌려들민
내가 어떵 허영 좋고 허연
그만 가슴이 두근반 두근반 헤였던 말이여 허연
ᄒᆞᆫ디 아 초저녁이 턱ᄒᆞ게 간 누니까니
"그래 ᄒᆞ저 눕자 옷벗엉" ᄒᆞ저 웡잡서 영허연
이젠 거짓 자는체 ᄒᆞ멍 으으으 새벳줌 자는척도 ᄒᆞ곡
늦인 줌 자는 첵도 ᄒᆞ곡 콧소리도 흐룽흐룽ᄒᆞ곡 영ᄒᆞ는디

아멩 생각헤 봐도 아이되겠어
이놈이 자꾸 발을 주와 주와 ᄒᆞ곡
사름을 둥기엇닥 밀렷닥 사름 야게길 밧싹 안앗닥 둥기역닥
밀역닥 놓앗닥 아이거 어떵허영 좋고
어느 제민 날이 세영 천아독이 목들엉 울며는
내가 어디레 도망을 치코허영 닥 근심이 되는
아닌게 아니고 이놈의 서방은 뭉게 닮은 놈이라
훌걸 못ᄒᆞ난 푸르랑 푸르랑 용심을 푸시식 푸시식 내여 가지고
신경질을 바짝ᄒᆞ게 낸덴 말이여 그렇게 하니
나는 "ᄋᆞ따 이 어른아 계 오늘만 날이 아니우다 계
닐도 날이고 모리도 날이고 양 훗날도 날이 있우다" ᄒᆞ멍 술술 달래단
아 새백이 천아 독은 목을 들러 상경 때가 되어서
"꺼꺼꺽" ᄒᆞ게 웁데다게 기영ᄒᆞ고
지왕 독은 놀갤 들런 ᄌᆞ지 반반하게 울고
인왕 독은 활개 피아 "어리거꺽 ㄱㄱ꾹" ᄒᆞ게 울어가나
어떵게사 내가 지꺼진지
저 그날은 마침 출 비레 갈 날인디 새볏 조반을 허여살건디
ᄎᆞ저녁이 넝 잘때 우리 씨어멍이 ᄒᆞ는 말이
메누리야 새뱃참이 일어낭에 이 닐은 촐비레 갈 거매
부지런이 허영 새뱃조반 ᄒᆞ라이-
"예 기영ᄒᆞ주" 우선 돌아갈 궁리ᄒᆞ는 줄은 모르고 경허연
내가 아서라 못쓰겠다 허연 물구덕 네 물허벅을 놓고
새뱃참이 "어머님 나 저 거시기 새뱃참이 조반전이 강
물이나 ᄒᆞᆫ 허벅 강 질엉 오쿠다"
"기여 ᄒᆞ저 메누리 부지런히 강으네 물 강 ᄒᆞ저 질엉오라" 기영ᄒᆞ고태
하니 북방으로 터전 내가 건 ᄒᆞ게시리 돌앗덴 말이우다
기여서 웃ᄃᆞ리서 알ᄃᆞ리 누려 사며는 좌우 금베릿물 좋아지고
ᄌᆞ배남이 있고 참 존 방방터가 있는디
돌혹마다 소복 소복 소복 소복 파랑ᄒᆞ 봉천 수가 ᄀᆞᆯ랐길레
ᄀᆞ만히 물을 질언 생각을 허연 보니
내가 가서 이 무꾸럭 닮은 놈안티 잡히면
내 똑 행실짝이 남직허연 에
이거 아서라 못쓰겠다 내가 도망을 쳐야겠다고 생각허연

물구덕이고 허벅이고 몬딱 놔던 느라나 불젠 허연
그만 놔둰 내 건직 건직 천리 말리 도망을 쳤덴 말이여
도망은 천 한참 걸어가는디 아 그놈이 오좀은 무사사 모릅는디
오좀을 눅노랜 허연
하니 브름 우테레 속곳을 외도 으돕개 느다 요돕게 입은 걸
확 ᄒ게시리 걸어 자처뒁 영 굽언
시-ᄒ게 오좀을 싸노렌 ᄒ니까니, 아 지달피 가죽 ᄆ즈에
쇠가죽 우장 털매기 쓴 놈이
동으로 몽동이 짚으고 걸싹 걸싹 ᄒ게 시리 돌려오더니마는
백장데레 세와놩 돌려들닁 ᄒ는 사람모양으로
영 굽어시난 무시것 산디 오라그네 그만 선뜩 선뜩 멧 번을 앗아기자
아 거 입이 아웃 아웃 ᄒ게 그만 오모소니가 왁왁ᄒ게
그만 무스거 뒤으로 숨박 숨박 서너번 허여뒨 간게
아이 글로부터 집이 오난 내근내근ᄒ고 그닷이 아이고 어떵 허영 좋고.

소 무: 그거 우리 느리와 불주. 모시 불리영 오나니 불리영.

여 인: 계매 오라니 뿔리영 모시 뿔리영 막허연 먹어봐도
요 놈 웃지젠 ᄒ난 요놈으게 아니 지언
요게 ᄒ돌 두덜 연석돌이 되여 가난 크는 생인 ᄀ라
돌랑 돌랑 돌랑 돌랑 추막 추막 ᄒ덴 말이여
기여서ᄒ니 아이고 배는 자꾸 아프고
아이고 요놈으 노릇 어떵 허영 좋고
자 이젠 우리 어머님이 아나 아바지가 아나 허여도
요년 난거 어디 강 군서방질 허였젱ᄒ곡
아니 요노릇을 어떵허영 논 넨 말이라 원
계나 제나 막무관아니로 허영보는 수가 없으니
설롸 가민 다심어멍 궤 폰디 간다고 ᄒ는 체격으로
큰 씨앗도 아며도 알고 보난 이신 집인디
내가 죽은체 해서 이실 수 뱃기 엇언
기자 밤낮 주야 장천으로 눈물로 날을 새고
근심광 수심이 개는 날이 엇언
안개 진 날 마찌 어시렁 돌밤 돌조차 오듯이 헤여 가지고
큰 걱정이 되었던 말이여 기영ᄒ디
아기영 저영ᄒ는 것이 날이 넘고 돌이 넘어서

　　　　　어멍 몸에 일곱 돌 ㅇ둡 돌 디 발언술을 바니네 열돌이 근안 차난
　　　　　삼일 앞서 난디웃이 붉은 이슬이 산듯ᄒ게 속옷 위에 오란
　　　　　건 경허여도 그말은 내가 어디간 들으난
　　　　　똘을 낳젱ᄒ며는 삼일 앞서 흰이슬을 체급ᄒ곡
　　　　　아돌은 낳잰ᄒ민 붉은 이슬을 체급ᄒ댕 허연개
　　　　　붉긋ᄒ게 ᄒ는거 보난 아마도 아명 허여도 아돌이라.

소　무 : 아돌인 생이로고.
여　인 : 아이고 배여 아이고 배여.
소　무 : 삼승 할망 부르라 어떵 ᄒ코?
여　인 : 저저 할망 강 불러와. 할망 강 돌아다 줘, 입담을 잘 허여사, 아이고 배여, 아이고 배여.
소　무 : 영 몸 들르라, 들르라, 멕씨렌, 멕씨라.
여　인 : 아고 배여, 아고 배여.
소　무 : 꿀려 앚아, 꿀려 앚앙 멕씨라.
여　인 : (응응 아이 낳는 시늉한다)
소　무 : 어 나왔저.
여　인 : 아이고 배여, 아이고 배여, 홍액 홍액 홍액. (배에 품었던 병을 내 놓는다)
소　무 : 나왔저.
여　인 : 아이고 저 자리방석 아이 나왔저, 아이고 아이고.
소　무 : 손가락 찔르라 입데레, 머리턱 감안.
여　인 : 액액, 홍액 홍액.
소　무 : 낳저 낳저 뱃동 줄 끈으라.
여　인 : 그디 자리방석허영 꼴아 앉아사.
소　무 : 꿀아 앚아라, 꿀아 앚이라.
여　인 : 반듯이 영 눌려사 된덴.
소　무 : 배똥줄 끊었저.
여　인 : 저 거시기 ᄀ르나 ᄒ좀 타당덜 주주마는 원.
소　무 : ᄀ를 탐쩌, ᄀ를 탓쩌.
여　인 : 그저 메역 놀개기나 허영 ᄀ루에 탕, 아이고 요놈으 ᄌ식 어디사 가신디, 따신 내 요놈으 ᄌ식ᄒ고 눅는건 내 사름이 아니여, 이이고.
소　무 : 바른 질 걸엉 반드시 뎅겨, 다시랑 그런 짓 말앙, 잘 먹언.
소　무 : 아돌이여.
여　인 : 아이고 아돌이여 기영허여도 이거 귀ᄒ 집이 아돌사 나신디 어떵사 허여신디 몸 모욕시켜사.

소 무 : 요거 요거.
여 인 : 몸 모욕 시기자, 홍액 홍액 홍액. (수건에 물 적셔 병을 씻는다)
소 무 : 거 머리영 잘 굼져.
여 인 : 이거 살타귀사 물른런지 살타귀영 자 몸 모욕 허였저.
　　　　그때는 어멍이 젯을 못 멕이난.
　　　　동네가 강 유모를 비나 어떵 젯을 멕여 사키넨 허염쩌.
소 무 : 이 셍청 입데레 멕여 졸졸ᄒ게 입안 확 둘러 이제부떠 젯 먹이민 아니되매.
여 인 : (병 입에 물을 질고 자신이 없어두 뿜으며) 이거 너무 멕여부난 그만.
소 무 : 버릇은 궂이키여.
여 인 : 버릇은 궂엄직하다. 요거 저 귀 귀동주 솟아나시난 이름 셍명을 집자
　　　　우리 요거 이름 셍명을 무시계영 지와 보코.
소 무 : 이름은 벵디왔디서 기영 허여시난 펭돌이로.
여 인 : 펭돌이로 이름 셍명 지우자.
　　　　자 이거 ᄒ설젝엔 어머님 무릅에 연주세 부리고
　　　　자 사흘 치셋매 허영 올리라 일뢰 체셋매 올리라 몸모욕시기라.
소 무 : 시겼저.
여 인 : 석둘 열흘 백일 잔치 ᄒ자.
소 무 : 하였저.
여 인 : 요거 자 쳇 생일 돌아왔저, 셍일 ᄒ자.
소 무 : 엇다 헤였고나.
여 인 : 엇다 요놈의 아기 어떻게나 버릇 궂인지 눅정 제와,
　　　　(자장가 부른다) 웡이 자랑, 웡이 자랑, 자는 건 좀소리여.
　　　　기는 것은 … 응액 응액.
　　　　아이고 나딜 놈이 애기, 버릇은 무스 영 궂임광 원.
　　　　자 이젠 이 아기 상다락도 무어 주자 중다락도 무어주자
　　　　하다락도 무어주자. 벨 충당에서 글 공비 시기자
　　　　우리 독선생 ᄒ나 차가지고 글이나 시켜봅시다
　　　　야 너 펭돌이 들어라 ᄒ니 내가 오늘부터 너의 선생이 되는디
　　　　너는 선생님 말씀에 절대적으로 순종을 잘 ᄒ시고
　　　　아바님 말씀 어머님 말씀 잘 들어야 ᄒ다이.
소 무 : 예 과연 잘 ᄒ겠읍니다.
여 인 : 그런데 너 이놈 상관이가 버르쟁이가 아주 과씸ᄒ듯 하다.
　　　　예 이놈아, 그러면 지금부떠이 하늘천 따지 감을 현 누루황 집우 집주.

소　　무 : 하늘천 뒤따지 값앙 밧디 누덩 밥 우리 어멍 우리 아방 배 잔뜩 먹언 길락 길락.
여　　인 : 엣기 ᄌ식 버르쟁이가 아주 못된 놈 ᄀ만 있어 집우 집주 넙을홍 거칠황.
소　　무 : 집이 간 보난 넙게 넙게 넓은 망에 ᄁ닥 ᄁ닥 꿀락 꿀락.
여　　인 : 엣기 ᄌ식 버르쟁이, 이ᄌ식 이거 만날 글 익어도 아이될 ᄌ식
　　　　　이를 ᄁ만 이ᄌ식이. 이 ᄌ식아 멧년을 글공부허여도
　　　　　이ᄌ식 글이랑 말앙 아무것도 못홀놈이여
　　　　　바가 이마 이시아다마(石頭) 돌데구리 석두야,
　　　　　이 놈아 너 정싱 출려라.
소　　무 : 그거 공부 아니ᄒ고 어떵ᄒ난 밥밥 밥반만 허염쩌.
여　　인 : 밥밥밥 밥부개만 되염직ᄒ다. 이거 밥통이 되나 밥장군이 되나 떡장군이 되나,
　　　　　이 ᄌ식 글만 ᄀ리치민 밥밥밥밥ᄒ고.
소　　무 : 거 농ᄉ나 시겨보주.
여　　인 : 거 농ᄉ가 천하지 대본이난 농ᄉ를 지어야 한다.
　　　　　기영ᄒ디 농솔 짖젠 ᄒ디 놈의 첩으르 들어노니.
소　　무 : 거 그 ᄌ속 지 아방도 촞아 보렝허여.
여　　인 : 응 지아방도 ᄒ번 촞아방 허여보카. 펭돌아 펭돌아 펭돌아 아방국 촛앙가라
　　　　　(창하며 병을 굴리다가 구경군 제주 앞에 굴려놓고)
　　　　　아이고 아이고 군서방질 잘 허여 먹어 왔구나.
　　　　　나 그디 사시난 ᄃ릿벵디 업더젼 영허연 시난 잘 허여 놓았주.
　　　　　아이고 아이고 어떵 허영 좋고. 샃지성귀 ᄀ슴이영 젖도 부족ᄒ난
　　　　　우유도 허영 멕여사곡, 아이고 나서방님아, 나 벨감님아.
　　　　　(인정 받고) 요거 샃 지성귀 ᄀ슴 이영 다 받았져.
소　　무 : 요거 밥밥만 ᄒ는거 농ᄉ나 ᄒ젠 허염신가.
여　　인 : 요거 큰 부젯집이 배개동새 그 집이 강으네 우리 밧이나 ᄒ나 도렝 ᄎ자가 가주.
소　　무 : 벨진 밧도 아은 아옵이여 돌진 밧도 아은 아옵이여.
여　　인 : 자 우리 그디 촞아 갑시다 (제주 구경꾼들 앞에 병들고 가서)
　　　　　당반연골로, 호양 반꼴로, 초석꼴로, 초석꼴로,
　　　　　꼴로 꼴로 꼴로 꼴로 가당에 요디여.
　　　　　아이고 나 노릇 잘 허여 놘, 아이고 요 무시거 엥 ᄀ르민 좋고
　　　　　그만 좋은 일 색금ᄒ게 헤여 놘, 저 큰 어멍 요디 이서, 저 성님.
소　　무 : 무사?
여　　인 : 할 수 있수가? 요샌 출전 인생이 엥 ᄒ주마는 인생 출전이랴,
　　　　　사름이 있어야 돈이 있는거 아니우꽝 난 기영ᄒ연 아니 허였수다마는

세경놀이 139

실수를 당호면 솔작호게 혼번 허여분게 귀남 귀동자 아들을 났수다.

소 무 : 빌어 먹게 생긴년 누게 무사 아기 나도렌 허여서 군서방질허여 놔그네.

여 인 : 경호난 농수가 천하지 대본이고 농수를 아이 시기명
저거 바농으로 입주엉 살수 엇고양, 농수라도 지엉 멕여사쿠다.

소 무 : 난 몰라 지애비안티 들어봐.

여 인 : 아이고 어떵허영 좋고 요 새긴 요 애비 경호주마는
성님이야 간이 살림은 예편이 사는거 아니우까
나 수정을 보앙 양 원 날랑 미우나 고나 허여도 당신네 씨 아니우꽝?
당신네 형 아니우꽝?

소 무 : 무사 나 나도렌 허여서 아방안티 들어봐.

여 인 : 저아기 밧이나 호나 빌려주민 농수나 지어먹으쿠다 기자 부지런히 검질도 멜거.

소 무 : 저 벨진 밧 호나 빌어 먹으렝.

여 인 : 어느 쪽에 거 동펭 잇거, 물 앚는거.

소 무 : 요 물 앚는거.

여 인 : 아이고 고맙수다. 성님 이제부턴 강 농수 지우쿠다.

소 무 : 밧이나 돌아보주.

여 인 : 물랑 설렁 설렁 설렁 (요령 흔들며) 밧은 돌아보나 춤 자리골도 좋고
수방이 물착하면 존디 워낙 간세덜 허여가지고 가운디만 허여먹언
사돈은 호민 가문을 보고 밧은 사민 윰일 보는 법인디
보니까니 꽉 검질이 탕천호고 범주리까시에 쿳가시 가시에 탕천허였구나
어염비자.

소 무 : 어염 비라.

소 무 : 어염 비라.

여 인 : 어염은 복복호게 비여사.
이레 비고 저레 비고.

소 무 : 비엇저 동어염 섯어염 몬 비였저.

여 인 : 이놈을 불을 부쩌 산다 자 불 부찌자.
동으로 서레레 불 부찌자.
와닥닥 와닥닥 와닥닥 와닥닥.
이건 무슨 소린고?
만주에미 카는 소리여.
청지넹이 카는 소리여. 물축 카는 소리여. ᄀ개비 카는 소리여.

소 무 : 앗다 이거 깨끗허여졌저. 묽고 청낭허여졌저. 거 거시라.

여　　인 : 우선 번허야산다 세경홍장대 허영 번허여 살 건디
　　　　　자 홍낭 베데에 벳 보섭 출려놓고 좋은 부룽이 해서
　　　　　동이 가린석 서이 부림패로 동으로 서레레 어리칙칙 어어어 쭉쭉 멋시께라.
　　　　　(2인이 밭가는 시늉한다)
소　　무 : 자 동멍에 왔저. 서멍에레레 어 너려 쯧쯧 밧도 셈도 써라.
여　　인 : 자 거스렸저. 자 이거 어떵 ᄒ민 좋고 초볼 거시렀는디.
소　　무 : 두 불 거시리라 두 불 거시렸저. 벙에 풀라.
여　　인 : 벙에랑 푸는 디 금배 대용ᄒ는 편균 온발로 벙에 풀자.
소무여인 : 어야 두야 어야 두야 어야 두야.
여　　인 : 자 이젠 씨를 부쩌살건디 조이름이 하카, 보리이름이 하카.
소　　무 : 조 이름이 한다.
여　　인 : 느조 나조 광덕조 쇠불조여 흐린조여 강돌래기여 게우리조여
　　　　　느조 나조 광덕조도 막 많어연 자 우리 세경 땅에 가서 씨 타왔구나
　　　　　동격국으로 세경국대레 뿌리카? 세경국으로 동경국떼 뿌리카?
　　　　　동경국으로 세경국데레.
여　　인 : 자 씨 뿌리자 동경국으로 세경국데레, 세경국으로 동경국데레 씨 뿌리자
　　　　　정씨 뿌리짜. 머드레 놓자 둠비여 꾀여 강낭 콩이여 몬 놓자
　　　　　메드레콩이영 다 놓았구나.
소　　무 : 야 몰 드리라. 테 들이라.
여　　인 : 볼려살거여. 자 테 들였저.
　　　　　얼얼얼 …… 자 몰 들었저.
　　　　　이젠이. 호달매, 젤 똑똑하고 영리호달매는 젤 앞세와서 대충 삼아.
　　　　　자, 우리 밧 볼리자. (밭 밟는 소래한다)
　　　　　이러 이러! 어어
　　　　　어러 어러 러러네 … 어러러
　　　　　에어어 어얼 하량 어러러
　　　　　자, 볼렸저…콤배로 잘 골르라.
소　　무 : 몰 내보내라.
여　　인 : 아니 아니여 몰 내 보내기 전에 밧을 볼리젱 ᄒ난
　　　　　요놈이 예펜이 정심을 ᄒ여 오게 되였는디 정심진지때가 늦었덴 말이여
　　　　　요년 물떡 ᄒ나 붉은 풋 놓곡허영 아져댕기멍
　　　　　요년 곧는 말도 듣지 아니ᄒ곡 이거 볼만 ᄒ디
　　　　　요년이 거저 동산데레 올라상 보라 족은 놈아

　　　　　아이고 저 느진덕 정하님 저거 베질 베질 오람쩌
　　　　　난장 몽구년 오건 오눌은 난장을 두두리나 무슨 숭실 내와사주.
　　　　　요년 ᄀ자 뭣 허였느냐?
소　무 : 기연게 아니고 물아옵 허벅 드는항에 굽터진 항에 물 ᄀ드기젠 ᄒ난 정심 늦었주게.
여　인 : 기영ᄒ다. 이 정심 영 내여놩 보라 거 속옷에나 아이 싼 오라시냐.
소　무 : 아이고 이거.
여　인 : 아이고 이게 게메, 내 꼭 기영 홀 줄 알았저 (맙시작 북치며)
　　　　　주잔덜랑 내여다가 천앙테우리 지왕테우리 인왕테우리
　　　　　일수장에 놀던 테우리 이소장광 삼수장에
　　　　　ᄉ소오소육소칠소팔소 구십수장에 놀던 테우리청 자갈장에
　　　　　자죽베기 아돌덜 우갈장에
　　　　　우둑베기 아돌덜이영 주잔으로 권권ᄒ자
　　　　　할로 영주산 어시싱은 단골머리
　　　　　테역 장오리여 물장오리
　　　　　ᄀ대왓 개여미 솟밧야개, 영림소로
　　　　　ᄃ리뒷 벵듸 놀던 테우리
　　　　　ᄃ리 뒷곳 돔배오름 자나오름 지르레기
　　　　　웃빠메기 알빠메기 높은 봉에
　　　　　다랑쉬 동지봉에 ᄒ두봉에 놀던
　　　　　도두봉에 놀던 테우리쳥
　　　　　사라봉에 베리봉에 웬당
　　　　　지전봉에 놀단 테우리쳥
　　　　　육소장에 바농 벵듸 놀던
　　　　　테우리쳥 많이 많이
　　　　　주잔으로 권권ᄒ자
　　　　　국도 아옵동이 밥도 아옵
　　　　　받아오던 정이 없는 정수남이
　　　　　정술 덱이 칠월 열나흘에 백중 대제일 받아오던
　　　　　이런 테우리쳥 많이 주잔이리다예.
소　무 : 야 몰덜 내 몰라.
여　무 : 몰덜 내몰라 어러어 … 러러러
　　　　　물내 몰랐저. 그 도 답지 말라. 도다으면 아니된다.
　　　　　씨 날때ᄭ지 요곡석 볼령 나갈땐 욕ᄒ다

　　　　　　좆으로 몽구년덜 요요요 놈으 주석 요 쇠방아 아돌 갯소아지 아돌들아
　　　　　　ᄒ다 너 우리 밭디 ᄆ쉬 들게 말아라이 막 후려 욕질을 홀댄말이여
　　　　　　욕질을 ᄒ는디.
소　　무 : 아 거부춘심ᄒ자
　　　　　　간 보난 이삼 ᄉ월 고사리왓디 ᄀ사리 나젱 ᄒ민
　　　　　　땅 무룩이 벌어지듯이 벌러점서라.
　　　　　　따라 간 보난 작박에 침질러서라.
소　　무 : 침 질렀저 두입 되였저 시입되였저.
여　　인 : 늬입 되였저 다섯닙 되였저 야 벨레기 들르게 되었저 초볼검질이.
소　　무 : 자 검질덜 메자 (김메는 노래한다)
　　　　　　아아야 어어여야
　　　　　　앞멩에랑 들어오라 뒷멩에랑 물러가라
　　　　　　동멩어로 서멍에로 서멍에로 동멍에여
　　　　　　얼러도 헤랑 얼러도 헤랑 얼러도 헤랑
　　　　　　(김메는 시늉한다) 야 검질 메였저 두불 메였저, 시불메였저.
여　　인 : 다시 거부춘심 가 보난 고고리가 부룩이 베였는디
　　　　　　헛따 땅나는디 ᄒ뭇 막개만씩 쇠뿔조로 덩덩시리로 흐린조로
　　　　　　강돌라리 터럭조 대국조로 ᄂ조로 나조로 헛갈안보난
　　　　　　ᄒ뭇 대양채 만씩 북채만씩.
소　　무 : 야 삿갓 벗언 놔도 ᄒ뭇 덱각허였저.
여　　무 : 자 놉 빌엉 비자.
　　　　　　저 비되 어떻게 비느냐 ᄒ며는
　　　　　　저 ᄃ리손당 큰 애기덜은 피농ᄉ나 조농ᄉ 질 때는
　　　　　　영 허리를 반굽혀서 요 독ᄆ립을 ᄒ하여서 지륵탁 지륵탁 지륵탁
　　　　　　중산촌쯤 가며는 요 앞성무니 이걸 ᄒ 허여가지고 조륵탁 조륵탁 조르록탁
소　　무 : 해각엔 오민 바짝 굽으로 복복 빈다.
여　　인 : 자, 우린 연해각이난 굽으로이 자 비자. (낫으로 베는 시늉한다)
소　　무 : 엇 조상도 나아돌 놈으ᄌ석 호미라도 ᄀ라주주마는.
여　　인 : 계메 말이주 그건 홀줄 알곡.
　　　　　　지륵탁 지륵탁 야 비였저.
　　　　　　몰리우라.
소　　무 : 묶으라.
여　　인 : 날 우첨직ᄒ다. 자 께 데우라

소　　무 : 데왔저 묶었저. (돗자리로 신칼요령을 감아 묶는다)
소　　무 : 일려 세와 보자.
여　　인 : 그거 동경국으로 세경국데레, 세경국으로 동경국데레
　　　　　 ᄒᆞ 조가 원체 잘 되여노니, 그거 ᄒᆞᆫ뭇 대양만씩 낭푼만썩 허여노난
　　　　　 그거 ᄒᆞᆫ못허영일려 세읍기가 힘 들엄직ᄒᆞ다.
　　　　　 동경국으로 세경국데레.
여인소무 : 어야차 어야차 (돗자리 묶임을 일레 세우다 뒤로 자빠진다)
　　　　　 아이고 이거 원 조도 영도 무거우카?
여　　인 : 이젠 세경국으로 동경국데레.
여인소무 : 어야차 어야차차차. 자, 일려세왓저. 쇠 데령ᄒᆞ라.
소　　무 : 감은 암쇠 대령허였저. 시꼈저.
　　　　　 (소무 등에 실어 묶고 몬다)
여　　인 : 어너러러 어어어.
소　　무 : 다왔저. 이거 부리라.
여　　인 : 부리자. 부렸저.
　　　　　 자 눌 눌자. 눌었저.
　　　　　 자 우리 경 말고 우선 조를 아산다. (이삭을 끊는 시늉하다)
소　　무 : 엇. 고고리도 막개만썩 잘 톨아사 ᄒᆞᆫ다. 냉기지 말앙.
여　　인 : ᄀᆞᆫ 것도 냉기지 말앙이.
소　　무 : 엇따 고고리도 영도 흙으카?
여　　인 : 엇따 고고리도 영도 흙으카?
소　　무 : 다섯낭 심으난 ᄒᆞ주먹썩.
여　　인 : 난 좀이 족으난산디 뒷낭 심으난 ᄒᆞᆫ 좀썩 허염쩌. 다 톨았저.
소　　무 : 또 다른 뭇 앗아내영 톨으라.
여　　인 : ᄀᆞᆫ이 톨으렌.
소　　무 : 셋년아. 요레 조뭇덜 이레 들러오곡ᄒᆞ라.
　　　　　 아이고 고고리도 낭도 잘 나오난 ᄒᆞᆫ 뭇 더 톨으렌. 이젠 다 톨았저.
여　　인 : 우리 경 ᄒᆞ디. 몰리우라.
소　　무 : 몰리왔저.
여　　인 : 옛날은 보리에서 밤이면 부인덜 내 팡팡내명 부엌에서 몰리와그엥에
　　　　　 발로 보비곡. ᄒᆞᆫ뭇 피방애 지는디
　　　　　 요새엔 좋은 베쌀에 요새 멕타기도 낳주마는
　　　　　 헤도 도깨 ᄒᆞᆫ 율이 멧썩만 대령ᄒᆞ고?

소　무 : 늣씩만 사주.
여　인 : 저 거시기 도깨질을 ᄒᆞ는디 해밴 사름덜은 도깨질을 영 흡내다.
　　　　 영 올리멍 어헤야 홍. (도깨질 흉내낸다)
소　무 : 정이 대정데렌 영 사둠서만.
여　인 : 정이 대정데렌 영
　　　　 에야홍응 ᄌᆞ직 ᄌᆞ직,
　　　　 도리손당데렌 강보민 이거 영 돌리멍
　　　　 에야호홍 에야호홍.
소　무 : 자 두두리라 바위로 삽서 (도래깨질함)
　　　　 어기야 홍아 어어야 홍아
　　　　 요동산아 어어야 홍아
　　　　 어야도 홍아 김도기여
　　　　 어야도 홍아 어야 호홍
　　　　 어야도 홍아 어야 호홍
　　　　 어야 홍아 어야 홍아
여인소무 : 다두드렸저 또 두드리라.
　　　　 어야 홍아 어야 홍아
　　　　 어야 홍아 어야 홍아
　　　　 어야 홍아 어야 홍아
여　인 : 야 이젠 불려산다. 경ᄒᆞ디 어떵허연 ᄇᆞ름 숨이 죽엄져.
　　　　 얼멩이 데령허영 홀 수 웃이 이젠 푸는체로 칠수뱃기 으시키여
　　　　 (체질시늉한다) 이제랑그에 ᄇᆞ름순이 내끈허연 죽어부난 푸는 체로 쳐사키여
　　　　 동경국으로 세경국데레 퍼산다(돗자리를 키 모양으로 잡아 푸는 시늉을 한다)
　　　　 퍼닥 자 이젠 세경국으로 동경국데레 퍼닥 퍼닥 퍼닥 퍼닥.
소　무 : 자 펏쩌.
여　인 : 자 우리 관관지기 되지기 홉지기 말지기 불러 들이라
　　　　 관관지기, 되지기, 홉지기, 말지기, 섬지기 ᄆᆞᆫ딱 헤여서
　　　　 우리 먹고 살을 사궤영 우선 담배 아져단 피운디영
　　　　 장앚다단 먹은 디영, 세금홀커영, 우선 아기덜 혹비홀 거, 신발 사 신을 거
　　　　 억만 사궤를 무어사는디 우선 홉지길 마련해서 자 홉으로.
소　무 : 홉으로 되레레.
여　인 : 홉으로 되레 되였저. (종지로 되어 보시기에 넣는 시늉한다)
　　　　 치르륵 치르륵. 되는 말데레.

소　무 : 이제 되로 말레레.
여　인 : 말레레 되였저.
소　무 : 말로 섬데레.
여　인 : 자 섬데레여 이젠 연양상고광데레 먹고 살을 사궤를 올려산다.
　　　　사궤를 올리는디.
소　무 : 대두지여.
여　인 : 그렇지.
소　무 : 소두지.
여　인 : ㅇ 대두지 소두지 안타 먹고 살을 사궤를 올려사는디.
소　무 : 누게직시.
여　인 : 이거 우선 서른 다섯 어머님 아바지 처가속 어린 애기덜
　　　　삼수춘에 오류춘에 칠팔 춘 가문 일족다 먹고 살을 사아궤
　　　　(합창)
　　　　또 서른 다섯 온 가족이 입성허여 입을게 사아궤여
　　　　(합창)
　　　　세금 홀거 아이덜 혹비 낼거 신발 사 줄거 양말 사 줄거 사탕 사 줄거 사아궤여
　　　　(합창)
　　　　이젠 서른 다섯 뎅기면서 다방에 강 차 혼잔 먹을거
　　　　빵집이 가서 빵 먹을 거 친구벗덜 앞이가서 식당에 가서 교재홀거영
　　　　또 이제 술째기 몰르게 밧앙뎅기당 비상용 쓸거여
　　　　또 이제 새각시칩이 술재기 양생이질 ᄒ레갈 사궤영
　　　　또 이제 미시거 이실것고.
소　무 : 저 신도의 앞질을 보젠 ᄒ난 굿ᄒ젱 ᄒ는 비용.
여　인 : ㅇㅇ. 구ᄒ는 비용 자 이것도 사궤, 우선 그 아방이나 어멍이나 아프민
　　　　주사놔 줄거 사궤, 탄약이영 허물덜 나민 궤약이영
　　　　담궤약이영 ᄆᆞᆺ 사다 줄 사궤, 애기덜 약방약 치료홀거 사궤
　　　　아기덜 침주곡 할망에 빌어주곡 푸다시허여주곡 뢰세혜여주곡 용ᄒ 사아궤요.
　　　　자 이제는 모기다리 가지다 먹은디도 사궤
　　　　제숙갈 해올 때 외상 돗다리 갓다 먹은 디도 사아궤
　　　　쇠궤기 아져다 먹은 디도 사아궤,
　　　　친구 벗돌ᄒ고 교제홀 때 허여 오던 술 먹은 값 사아궤
　　　　게끼 사먹은 사아궤 다방네지 ᄒ고 간차 사벅은 사아궤
　　　　영화관 구경 ᄒ 사아궤 몸모욕 ᄒ레 갈때 목간비 사아궤

정심 사먹은 사아궤, 차불렁뎅기는 사아궤, 아리랑 값 사아궤,
진달래 신탄진 살 사아궤, 자 ᄒᆞ다가도 막 남암쩌 거리노적 질노적 사아궤
육궤야 자 솔기 꾸미자 (북치며 창)
아아 어- 어에- 아어-
요솔기는 감남 천ᄌᆞ국서 솟아나 강남천ᄌᆞ국 미양 한가름 태천 머를
오리전꼴서 솟아나던 솔기 ᄂᆞ려온다 (합창) 이야요-
요솔기는 한만 국경선을 넘어 백두산을 넘어 두만강으로 헤야
ᄎᆞᆾ이ᄎᆞ 수수와당데레 ᄂᆞ려오는솔기 이야오-
ᄎᆞᆾ ᄂᆞ려사니 함경북도로 함경남도로 ᄂᆞ려사 평양도 모란봉의로
소꼭 소꼭 압록강 임진강 신의주로
헤야 청진 나지 거쳐 소곡소곡
제주와당데레 ᄂᆞ려오는 솔기
이예아어-
ᄎᆞ ᄎᆞ 이ᄎᆞ 이 솔기 ᄂᆞ려산다
황해도 구월봉으로 헤야
강안도 금강산 일만이천봉 거쳐 구만리 발전소로
춘천 세양강 ᄃᆞ리로 헤야
소곡 소곡 ᄂᆞ려오는 솔기
요솔기는 종곰 종곰 불러 ᄂᆞ려온다
경기도 서월 삼각산 인왕산 남원성산 남산일대로
먹을 년 나수읍저 한강줄기 ᄂᆞ려온다
종로 을지로 원효로 충청로 충무로 헤야
제주와당데레 ᄂᆞ려오는 솔기 이에오-
충청도 천안으로 충청계룡 충청도 계룡산으로 ᄂᆞ려온다
광주 무덩산 전라도 지리산 목포 유달산 삼악도로
경산도 태백산 부산항구 포구로헤야
산으론 할로 영주산 어스승 단골머리
모인골로 아냅내다 태역장오리 물장오리 ᄃᆞ리 뒷벵디로
영팀소 걸쳐 당오름으로 헤야
소곡 소곡 제주시 사라봉으로
도대 등대 알로 소곡 소곡
먹을 년 입을 년 나수우레
ᄂᆞ려오는 솔기

아에아오-
요술기는 어디서 소곡소곡
건입리 일내 일도 굴이내 이도
삼내 삼도 누려 용담 한데기
현용준이안티 먹을년 나수우저
입을 년 나수우저 헤야
소곡 소곡 신수 푸는 술기
이에야오-
이 술긴 꾸며 들여 서른다섯
명장수 복장수 오곡농수 풍성되고 공무원 직장생활
먹을년 입을년 나슬 술기로다. 그뿐만 아닙내다.
만강장서 상업에 흐랑머리
열량 천량 구만량 수수억만량
나수움저 헤야 서른다섯 사는 연양 상고당데레 요 술기
신수 푸는 술기
이에아오-
요술기야 꾸며들언 서른다섯 사는 동네에 오난 거리 노상에서 노인덜이야
백발 노장덜은 나산 엇다 그집이 먹을년 입을년 나선게 술기덜 꾸미여 드리는디
우리는 그자에 앉일 수 있느냐 백발노잘 덜은 아리랑 탕근 수만에 동곳덜 쓰멍
긴담배 조댓대 어린 아이덜안티 마 느네랑 요거 흐꼼 심어시라
저거 흐꼼이 선상사곡 중치랑 가운디 사곡
족은 사름이랑 뒤에 사고 어린아이랑 담뱃대 쥐고
자 어기야차 어기야차 어거이거 어기야차차차 …
소미는 술기 메여 들였소. 자 코걸이 벗기자 턱거리 벳기자
턱거리 벳졌저 코거리 벳졌저.

여　　인 : 턱거리 코거리 벳겼더니마는 서른다섯 먹고 살을 술기인데
이와같이 성심먹언 잘 허연 이 앞으로 좋겠읍내다.
모든게 만스망 일겠읍내다
(산판점한다)
영 흐멍 어지시던 술기 신나수와 있읍더니
연양 상고판으로 들어가 팔모야광주 입에 잔뜩물어
꼴리 둑닥 치며 먹은 년 입을 년 나습서 (장고치며 唱)
주잔덜랑 내여다가 세경테우리덜 주잔으로 권권ᄒ자

주잔덜 내여다가 태갈장에 얼룩배기 구갈장에 오독배기
많이 많이 주잔으로 권권하자
일소 이소 삼소 소오륙구십수장에 많이 많이 노던 태우리 안티
많이 열두 주잔이외다예
디려가며 세경놀이 세경 무지 치어있입내다.
떨어지고 낙누흔 위거을고 신거운 조상없이.
분부외다 서른다섯님아 세경 무지 치어 있읍는데
떨어지고 낙루흔 몽롱ᄒ고 떨어진 신전없이
아주 훨싹 서른 ᄋ덥 넛바디 허우덩싹 ᄒ멍 짖거져
서른 다섯 먹을년 나수와 주마허여 분부 문안이외다예.
분부문안은 였줍고 슬루와 드려가며
불법은 우주가 되여 있입내다
불법이랑 수신 요왕 용신님과 요왕대신님
묽고 묽은 신주선왕 대풀이레레 도올려드립네다예-

세경놀이 149

▶ 산신놀이

산신놀이

가. 개요

〈산신놀이〉(또는 사냥놀이)는 조상들이 살아 온 삶의 방식을 굿판에서 생생하게 보여주는 유감주술의 현장극이다. 제주의 중산간 마을은 본향당신으로 산신이 좌정한 곳이 많다. 산신을 당신으로 모시고 있는 마을의 당굿에서는 〈산신놀이〉를 한다. 또 집안에 '사냥을 하며 살던 조상'이 있을 경우, 이를 '산신일월'이라 하는데, 그 조상을 놀리는 굿이, 큰굿의 제차 속에 하나의 독립된 의례로서 끼어든다. 이 굿을 〈산신연맞이〉라고 하며, 이 굿의 제차 속에도 〈산신놀이〉(=사냥놀이)'가 '굿중 놀이'로 삽입된다.

〈산신놀이〉는 큰굿의 "조상놀림"이나 당굿을 통하여 생업의 풍요를 기원하는 동시에 조상의 노여움을 풀어주는 놀이굿으로 사냥하며 살던 조상들의 사냥법·분육법 등을 굿판에 모의적으로 재현함으로써 우마번성을 기원하고 조상을 원액을 푸는 〈놀이굿〉이다.

산신놀이는 큰굿에서 행하는 것과, 당굿(=당제)에서 행하는 것 해서 두가지가 있으며, 이 두 놀이굿은 대동소이하면서도 기능면에서 다소의 상이점들을 보여주고 있는 것이다.

산신을 조상으로 모신다는 것은 타지역으로 출가하여 신앙집단에서 일탈한 단골이 다른 마을에 가서 살면서 신앙적으로는 그들의 본향인 "조상-마을 -신"에 속해 있다고 믿는 경우, 평소에는 신앙집단에 귀속되어 있음을 잊고 살다가, 몸이 아프거나 불행한 일이 닥쳐 왔을 때, 그때야 비로소 이것은 모두 "제 조상을 잘 안 모신 탓"이라 생각하고, 집안에 산신을 청해들이는 굿을 하여, 산신

테우리 코스

산신놀이의 한 장면

(=조상)의 노여움을 풀고, 신을 놀려 모의적으로는 옛날의 당굿[137])을 행하는 것이 큰굿의 산신놀이인 반면에, 당굿에서의 산신놀이는 해마다 신을 맞이하여 신에게 마을의 안녕과 수확의 풍등을 기원하는 "신년과세제"라든가 집안에서 마을에서 부리는 우마를 단속하는 "백중마불림제"라는 주기적인 의례에서 행해지는 것이다. 따라서 산신놀이는 "조상놀림"이나 공동체 의례로서 굿을 실연하면서, 노여움으로 단골에게 병을 주고, 신앙집단을 일탈치 못하게 하는 당신 또는 조상신의 기능, 사냥의 풍등을 가져다 주는 생업신의 기능을 실제로 놀이판에 현현하여 주술적인 演劇效果를 달성하고 있다고 할 수 있겠다.

이와같이 "굿 중 굿"으로서의 산신놀이(또는 사냥놀이)는 '삶=노동=놀이' 라는 등식을 완성한 소박하면서도 귀중한 민중극 형식을 보여주고 있어, 그 미학적 가치 또한 간과해서는 안될 것이다. 따라서 이 글은 산신놀이에 나타난 연극적 특성을 살펴보려는 것이다.

---

137) 이 굿은 마을의 당굿에서 행해졌던 산신놀이이면서 동시에 그들의 조상신들을 굿판에 모셔들여 옛날의 생활을 실연하는 것이다

나. 연행방법

(1) 연희적 요소

(가) 주술(呪術)의 원리
사냥 나가기 전날 밤, 두 포수가 서로 엉켜 잠을 자는 것은 모의적으로 성행위를 연출하는 것이다. 이러한 발상은 "성행위=음양의 화합=다산"이라는 주술적 관념을 나타낸다. 포수들의 호칭도 "암포수-수포수", "늙은포수-젊은포수"로 한다.

(나) 놀이 공간의 확대
두 포수가 사냥터를 선정하는 대화를 보면, 한라산을 무대로 '동-서', 또는 '오름-곶'으로 역할을 분담한다. 그리고 그 활동 영역은 한라산을 전 무대로 한다. 이것은 사냥터를 가상적으로 설정한 것이며, 놀이의 공간을 확대한 것이다.

(다) 생활현장의 연극
굿판은 사냥터이며, 사냥터는 한라산이라는 것을 동시에 보여줌으로써 〈산신놀이〉는 놀이공간이 신들의 생활을 재현하는 놀이 공간이며, 한라산을 누비며 사냥하던 삶의 현장이다. 〈산신놀이〉는 신들을 놀리는 놀이굿이면서 조상 대대로 살아 온 삶의 방식, 사냥법을 모의적으로 실연하는 생활 현장극이다.

산신놀이

(라) 갈등의 해소

〈산신놀이〉에서 갈등은 배고픔이고 그 해결은 배고픔의 해결이다. 그러므로 놀이과정 속에 사냥법 · 분육 · 분배법 등 배고픔을 해결하는 관습이 표출된다.

(2) 놀이의 구성

산신놀이는 당굿의 막판에 따로 산신상(山神床)을 마련하고, 닭 한 마리를 끈을 꿰어 묶어 두고, 사냥꾼으로 분장한 포수(小巫) 두 사람은 막대기에 천으로 멜방을 만들어 묶은 총을 들고 나타난다. 이 총을 '마사기총' 이라 하는데 옛 조상들이 사냥할 때 쓰던 총이다.

(가) 산신제

① 두 포수가 서로 엉켜 붙어 잠을 잔다.
② 잠에서 깨어난 두 포수가 서로 지난 밤의 꿈이야기를 늘어 놓는다.
③ 그리하여 두 포수는 사냥터로 출발하기 전에 산신제를 지낸다.
④ 산신제를 마치고 포수들은 '마사기총' 을 둘러매고 사냥을 떠난다.

(나) 사냥놀이

⑤ 포수들은 사냥놀이를 본격적으로 시작한다. 개를 부르는 '머루머루머루' 하는 소리만 들리다가, 쫓기는 포수가 제장 근처에 드디어 나타났다가 재빨리 사라진다. 드디어 두 포수는 서로 만난다. 끌고 다니던 사냥감(닭)은 두 포수의 노획물이 된다.
⑥ 두 포수는 사냥감을 서로 자기가 잡았다고 다툰다.
⑦ 수심방이 끼여들어 중재에 나서서 재판관의 역할을 하는데 다투지 말고 분육하라 한다.

(다) 분육(分肉)

⑧ 분육한 고기는 우선, 산신대왕이 좋아하는 더운 피, 단 피는 뽑아 신에게 올리고, 마을의 어른들 순으로 단골 신앙민에 이르기까지 나누어 한 점씩 (이때 분육한 고기는 닭을 다 잡지 않고, 모이주머니만 잘게 썰어 쟁반에 놓는다) 차례차례 인정을 받으며 나누어 준다. 이것을 〈각반 分食〉이라 한다. 그리고 분육하다 남은 털이나 창자 찌꺼기들은 "산신군졸 나시(몫)"라 하여 제장 밖으로 캐우린다.

새미하로산당 산신놀이의 한 장면

산신놀이(1) — 새미하로산당 당굿

일시 : 1986년 2월 22일(음력 1월 14일)
장소 : 동회천 새미하로산당 당굿
출연 : 이정자, 김윤수, 정태진, 한생소

    산신놀이는 당굿의 막판에 따로 山神祭床을 마련하고, 닭 한마리(=사냥감으로 준비한 노루의 대용물)를 끈을 꿰어 묶어 두고, 사냥꾼으로 분장한 捕手(=小巫) 두 사람은 막대기에 천으로 멜방을 만들어 묶은 총을 들고 나타난다. 이 총을 '마사기총'이라 하는데 옛조상들이 사냥할 때 쓰던 총이다.
    두 포수가 서로 엉켜 붙어 잠을 잔다. 이 잠자는 모습은 성행위를 模擬的으로 연출하는 것으로, 굿판의 구경꾼들은 그러한 장면을 보고 웃으며 즐긴다. 잠에서 깨어난 두 포수가 서로 지난 밤의 꿈이야기를 늘어 놓는다.

포수1(한생소) : 자네 꿈 본 소식 어서?

포수2(정태진) : 나 봐서!

포수1 : 무슨 꿈 봤나?

포수2 : 붉아갈 때, 벌경헌 베로 두건 쓴 사름이영 행상을 매영 막 우트로 올라 뵈고.

포수1 : 나도 좋은 꿈을 봤네.

포수2 : 무슨 꿈을 봐서?

포수1 : 오널, 재수가 조으믄 좋으나, 말민 마나, 소망이 아니면, 니망이 이나, 영 헌 꿈을 봤네.

포수1 : 무신 꿈을 봐서?

포수 2 : 무슨 꿈이냐 허며는.

포수2 : 시집가는 거 봐서?

포수1 : 시집가는 것도 아니 보고, 저 우트로 영 핸 베려보난?

포수2 : 바려 보난?

포수1 : 새끼 밴 암툿 닮은 거.

포수2 : 암툿 닮을 거?

포수1 : 응.

포수2 : 아이구, 소망일었다 게믄.

포수 1 : 또 오루닮은 거.

포수1 : 또끄망 뒈벨라 노코. 해네.

포수2 : 뒈벨라 놔안?

포수1 : 응.

산신놀이의 한 장면

포수2 : 옷은 안 벗어서?
포수1 : 옷은 안 벗언, 우트레 벌겅케 핸 막 처돌암성게 우트레.
포수2 : 빌겅케, 게믄(그러면) 소망 아니면 니망이여.
포수 1 : 또 그런 꿈도 보고.
포수 2 : 무슨 꿈을 봐서.
포수 1 : 아, 동네에 영장을 났는디, 이?
포수 2 : 영장을 났는디,
포수 1 : 영장을 났는디 방장대 지프고,
포수 2 : 방장대 지프고,
포수 1 : 두건들 씌고 막 아이고 대고 허멍 막 그냥,
포수 2 : 아이고 대고 허고.
포수 1 : 행상들 행 저 으트레 올라가는 걸 봤는데,
포수 2 : 우트레?
포수 1 : 영장 꿈을 꾸면 제수가 좋넨 말은 내가 들어났주.
포수 2 : 그렇지, 게민 여ᄌ꿈을 꾸면 새물이지?
포수 1 : 새물이난, 저 한포수, 그래도 우리 산신제나 잘 지내야 홀 거 아니라?
포수 2 : 산신제? 경 ᄒ주.
포수 1 : 산신제 잘 드리고, 음복해영, 먹을 거 먹고 해영. 우리 가보주.
포수 2 : 경ᄒ주. (그리하여 두 포수는 사냥터로 출발하기 전에 山神祭를 지낸다)
포수 1 : 여봐라, 잔들 들여라.
수심방 : 산신님 전에 잘 제를 드려사 뒈여.
포수1 : 옳거니.
포수2 : 꿈도 좋은 꿈 봐시니, 제를 잘 드려야주 절도 잘허곡. (절을 한다)
수심방 : 물 호끔 데웁서 데와.
소　무 : (절하는 동작의 서툴움을 나무라며) 에구 늙엉 사능도 못허큰게.
포수2 : 사능? (웃음)
단골들 : (모두 웃는다) 병신인 생이여! 절하는 거 보난.
포수1 : (절을 한다) 절해보자
수심방 : 절 잘 해여.
포수 2 : 절?
단골들 : 절하는 것도 젊은 사람이 낫다. (일동 웃는다)
포수 2 : 양? 젊은 사람이 나사아? (화를 낸다)
포수 1 : 한포수 절을 잘 했는가?

포수 2 : 해서.

산신제를 마치고 포수들은 '마사기총'을 둘러매고 사냥 떠날 채비를 한다. 포수1은 닭을 끌고 먼저 나가고, 포수2는 뒤따라 반대쪽으로 떠나게 된다.

수심방 : 정포수, 한포수. (정, 한씨는 원래 역을 맡은 심방의 성씨) 시간이 상당히 급헌 것 같은디, 어느 지경으로 가젠 햄서 (갈 예정인가)? 한포수는 어느 지경으로 가젠(가려고)?
포수1 : 나는 어디로 가느냐 허면, 동남 어깨로 해서, 저 민오름으로, 새미오름으로 성제오름으로, 웃바매기(=지명)로, 알바매기로,
수심방 : 눈오름으로.
포수 1 : 눈오름 트멍에서 만나보카?
포수 2 : 난 어디로 가느냐?
포수 1 : 우리 저 소낭(=소나무)어깨로?
포수 2 : 아니라 저 배두른 동산에서 만나주.
포수1 : 배두른 동산?
포수 2 : 응.
포수1 : 배두른 동산이 어디더라마는? (어디드라) (여자의 몸을 말하는 줄을 알면서도 모르는 척 하고 찾는 시늉을 하면, 단골들 웃는다)
포수 2 : 엉?
포수 1 : 어디드라마는?
포수 2 : 한라산 이? 내려오다 보면 이? 가운데 동네게.
포수 1 : (건성으로 알았다는 듯이) 아 아, 가운뎃 동네?
포수 2 : 응.
포수 1 : 게민 글로 만나기로 허고, 한포수 댕기당 뭣 하나 눈에 보이거들랑 빨리 어떵 해 보자 이? (작별을 고한다)
포수2 : (인사를 하며) 응 나 감느니.
포수1 : 자 우리 청석더리(개이름), 흑석더리 거느리고, (개 부르는 소리) 머루. 머루머루머루머루. 백구. 백구백구백구 (계속해서 개이름을 부르며, 포수2의 반대쪽으로 멀어진다)

*이리하여 두 포수는 제 각기 반대 방향으로 길을 떠난다.

포수들은 사냥놀이를 본격적으로 시작한다. 포수1은 쫓기는 역을 맡고, 포수2는 쫓는 역이 된다. 쫓기는 역은 닭을 끌고 다닌다. 그러니까 사냥감인 노루의 역할과 포수의 역할을 동시에 실연

산신놀이의 한 장면

하는 것이다. 놀이의 공간은 祭場을 떠나 사방으로 확대되며, 단골들이 시야에 비친 모든 지역이 사냥터가 되며, 단골들은 포수들이 눈에 보일 때마다 사냥하려고 이리 뛰고 저리 뛰는 관경을 구경하며, 웃음을 터뜨린다. 포수들은 밭담을 넘기도 하고, 덤불 숲을 헤치며, 사냥감을 찾는다. 포수들이 눈에 보이지 않을 때에도 개를 부르는 소리, 휘파람 소리가 계속 들려온다. '머루머루머루~하는 소리만 들리다가, 쫓기는 포수가 제장 근처에 드디어 나타났다가 재빨리 사라진다.

포수2 : (반대쪽으로 길게 외친다) 정포수 - . 머루머루머루머루.
포수1 : (반대쪽에서 대답한다) 한포수- . 머루머루머루머루, 벅구벅구벅구벅구.
포수 1 : 한포수— 어 히— 머루 머루머루머루 호르르륵.
포수 2 : 머루머루머루.
포수 1 : 한포수— 머루머루머루 고오곡곡곡, 곡곡고고곡 어 와와와 곡곡곡, 어 오오오.
관   객 : 사냥꾼 군졸들이 왜 이렇게 많아.
포   수 : 머루머루머루. 벅구벅벅구벅구.
소   미 : 사냥꾼 군줄들이 이렇게 하. 뒤로 돌앗, 벅구 칙.

드디어 두 포수는 서로 만난다. 이때 쫓기던 포수와 쫓던 포수는 동시에 노루를 쫓던 포수가 되고, 쫓기던 포수가 끌고 다니던 사냥감은 두 포수의 노획물이 된다. 이제 두 포수는 닭(노루의 대용물)을 서로 자기가 잡았다고 다투며 제장에 나타난다. 두 포수는 사냥감을 서로 자기가 잡았다고 주장하는 것이다. 산신놀이의 갈등은 여기에 있다.

소무 1 : 생전 촛지 못허크라.
소무 2 : 콧낼 허명 뎅기지 안 행.
소무 1 : 칙칙.
소무 2 : 벅구벅구 저리 저리.
소무 1 : 잡았다.
포수 1 : 한포수, 한포수가 이거.
포수 2 : 나?
포수 1 : (개에게 물리는 시늉을 하며) 백구 칙 칙. 걸렸다, 잡았다. 한포수, 이거 어디서 뽠(보고)이렇게 했어 ?
포수 2 : 쏘았어! 쏘았어!
포수 1 : 일로 진짜? 진짜?
포수 2 : 어디로 보았냐고? 할로영산으로.
포수 1 : 하로영산(한라산)에서 봤어.
포수 2 : 물장오리(지명)로.
포수 1 : 물장오리서 봤어.
포수 2 : 태역장오리로.
포수 1 : 태역장오리서 봤어?
포수 2 : 여수동 삼동머리로. (웃는다)
포수 1 : 어허, 이리줘. 내가 맞췄지.
포수 2 : 내가 맞혔어.
포수 1 : 나가 맞췄어.
포수 2 : 나가 맞혔어.
포수 1 : 당신 어딜로 맞혔어?
포수 2 : 나, 입주둥이로 맞히니까 똥고냥으로 나완.
포수 1 : 어허, 그러니 틀려먹었어. 난 제라게 오목가슴으로 맞히니까 똥고망으로 나왔어.
포수 2 : 너 죽었나 살았나?
포수 1 : 한포수, 우리 쌉지 말고 화해합시다.
포수 2 : 응.

　　두 포수의 다툼에 수심방이 끼어들어 仲裁에 나선다. 이때 수심방은 싸움의 중재자로서, 두 사람의 갈등을 화해 시키는 裁判官의 역할을 하는 것이다.

수심방 : 한포수, 정포수. 우리 싸우지 말고, 좋게 화해 해 가지고, 분배합시다.

포수 1 : 분배 못하겠어요?

포수 2 : 강, 칼 가정 오라.

포수 1 : (모두) 분배합시다.

포수 2 : (닭이 죽은 걸 보며) 가부렀다.

수심방 : 저, 잽시, 잽시.

포수 2 : 잽시 가정 와.

수심방 : 정포수, 한포수,

포수 1, 2 : 어이.

수심방 : 사냥해 왔으니까.

포수 1 : 사냥해 왔으니까, 그렇지.

수심방 : 산신님 전, 설도 받고,

포수 1 : 혈도 받고.

수심방 : 올리고 해서.

포수 1 : 올리고 해서.

수심방 : 잘 분배 허시요.

포수 1 : 응, 그렇지.

포수 2 : 옳거니, 곧기만 허자. 곧기만 허자 이? 어느 것이 느실아시니? 우각을 떼카, 전각을 떼카? 벨라? 촘 안 끈어졈신게. (웃는다)

포수 1 : 이것이 느 실아신가?

소미 : 저디 저디 저디 여보세요 밥, 여기 한 그릇.

포수 2 : 여보세요?

소미 : 여보세요 독 잡는디.

포수 1 : 그만 행 줄라붐서. 피가 안 나는 독이네 이. 응 너미 끄성 뎅겨부난.

수심방 : 끊어불어.

포수 2 : 살 보난 이, 부인 회장네 독 닮아뵈다. 피 받아.

포수 1 : 응. 됐저. 사라 ᄒ나 아정 옵서. 물이영, 멀턱이영.

수심방 : 먹을 사람 엇다.

포수 1 : 먹을 사람 어서. 그냥 캐우려 불주. 이디 줄라불어.

수심방 : 자, 이거 사냥 해완.

포수 1 : 그렇지.

수심방 : 다 잡아가지고. 무을 이장, 구장이영.

포수 1, 2 : 응.

산신놀이 163

포수1 : 통장이여, 반장이여.
수심방 : 새마을 지도자여.
포수2 : 응.
수심방 : 회장이여, 총무여.
포수2 : 응.
수심방 : 조순들에 다 각반분식을 했저. 다 했으니까.
포수2 : 응.
수심방 : 이제는 산신 두에 군졸들, 군졸들을 잘 대접해서.
포수2 : 글아.
수심방 : 도진 시집시다.
포수 1, 2 : 그렇지.
수심방 : 자, 이거 무을 이장이여.
포수2 : 이장이여.
수심방 : 무을 지도자여,
포수2 : 지도자.
수심방 : 무을 통장이여,
포수2 : 통장.
수심방 : 반장이여.
포수2 : 반장이여.
수심방 : 부인회장이여,
포수2 : 부인 화장만 뿐이라, 부회장은 어서?
포수1 : 청년회장네영.
수심방 : 청년회장이여, 또 상단골 조순이여.
포수2 : 상단골 조손이여.
수심방 : 중단골 조손이여.
포수2 : 중단골 조순이여.
수심방 : 하단골 조순이여.
포수2 : 하단골 조순이여.
수심방 : 제민, 수안, 만민 단골 조순이여.
수심방 : 자 분배 했저.

　　이리하여 분육한 고기는 우선, 산신대왕이 좋아하는 더운 설, 단 설(더운피, 단 피)은 뽑아 신에게 올리고, 마을의 어른들 순으로 단골 신앙민에 이르기까지 나누어 한 점씩 (이때 분육한 고기는 닭을 다 잡지 않고, 모이주머니만 잘게 썰어 쟁반에 놓는다) 차례차례 인정을 받으며 나누어 준다. 이때 먹는 "분육한 고기"는 모든 병을 낫게 하고, 모든 액을 막아주는 신의 음식이다. 이것을 "각반 분식"이라 한다. 그리고 분육하다 남은 털이나 창자 찌꺼기들은 "산신군줄 나시(몫)"이라 하여 제장 밖으로 캐우린다.

포수 1 : 산신 놀이 했습네다. 동골동골 내놀려-
　　　　　(악무)

산신놀이(2)-선흘 당굿

일시 : 1984년 2월 15일(음력 1월 14일)
장소 : 선흘리 알선흘 본향당굿
출연 : 강신숙, 문순실, 고복자

(갈옷을 입고, 마사기총을 들고, 사냥꾼 차림, 준비하고 있다)

강포수 : 너, 도망가질레?

산신제

(산신상 앞에서 포수들 절을 한다)
강포수 : 성님이랑 갑서, 성님이랑 가 어이, 강포수.
문포수 : 왜?
강포수 : 자네가 김포순가?
문포수 : 어, 나가 김포수다.
강포수 : 나는 허포수여.

문포수 : 너가 허포수냐?
강포수 : 어. 오늘은.
문포수 : 응.
강포수 : 산천제 지났구나.
문포수 : 응 산천제 지냈저.
강포수 : 오널은 우리 어들로 가코?
문포수 : 어들로 가코.
강포수 : 대정꼴로 가카?
문포수 : 대정골로 가라, 나 정읫골로 가켜.
강포수 : 어, 정의꼴로? 게믄 나 대정꼴로 가크라.
문포수 : 우리 얼로강 만나코?
강포수 : 나? 나 뎅길 딘?
문포수 : 응.
강포수 : 대정골로 해아정 저 물장오리로 해영,
문포수 : 응.
강포수 : 테역장오리로 해영.
문포수 : 응.
강포수 : 웃바매기로 해영.
문포수 : 응. (갑자기 징을 친다)
강포수 : 누게라.
문포수 : 경 해영? 경허난.
강포수 : 알바매기로 해 아정, 저 우수영으로.
문포수 : 응.
강포수 : 좌수영으로.
문포수 : 응.
강포수 : 꿩아진동산으로.
문포수 : 응.
강포수 : 매아진동산으로.
문포수 : 응.
강포수 : 내 혼 바쿠 쭉 돌아아정?
문포수 : 응.
강포수 : 내 올테니 허포순 어들로 갔다 올 건고?
문포수 : 난, 정읫골로 해영?

강포수 : 오.
문포수 : 저, 남원리로 서구포로 해영.
강포수 : 오.
문포수 : 나도 할로산 오랑.
강포수 : 오.
문포수 : 물장오리, 테역장오리 돌고?
강포수 : 오.
문포수 : 또 웃바매기 알바매기로 해영.
강포수 : 그렇지.
문포수 : 웃선흘로 해영.
강포수 : 오.
문포수 : 알선흘레레 내려왕?
강포수 : 응.
문포수 : 우리 어떵해영 만나코?
강포수 : 어, 경해영.
문포수 : 응.
강포수 : 큰 지그리로 쭉 내려오고.
문포수 : 쭉 내려오랑 네커름에서?
강포수 : 알카름으로 내려 왕, 우리 네커름에서, 만나주.
문포수 : 응. 만나는 약속장소.
강포수 : 자네랑, 저 버드낭거리에서 만나주.
문포수 : 버드낭거리 알아요?
강포수 : 응. 나 알주.
문포수 : 어딨어?
강포수 : 이거 버드낭거리여.
문포수 : 아, 여기가 버드낭거리여.
강포수 : 그렇지, 게난 자네랑.
문포수 : 응.
강포수 : 저, 동쪽으로 히자. 날랑 서쪽으로 힐테니.
문포수 : 응. 우리 히여그네 우리 가보카?
강포수 : 응. 개밥도 잘 주고.
문포수 : 아, 우리 저, 검둥개도 키웁고.
강포수 : 응. 날랑 멍둥개도 키와 아정 아픽 가커매.

산신놀이 167

문포수 : 응. 머루 머루 머루머루머루.
강포수 : (반대방향으로 가며) 머루 머루 머루 머루머루 아이구, 저 어드레 가는 거여.
소미 : 저영 돌아 갈거라 저레. 절로 가야 홀 추레라.
강포수 : 글로 가나마나 갑서게. 산신놀일 안 해봐시냐. 어떵해시냐.
      (악무)
강포수 : 어이, 당아자난 디 뭐로 가? 뭐로?
마을 사람 : 엣날 그냥 해여나시난.
강포수 : 옛날 당앞아난 디 무신 필요가 있냐 말이여? 답답헌 일들 허잰 허네. 아, 그디 실은 알당에 가부렀는디, 거기 미신 어느 잡구신 미치레 가는 거여.
마을 사람 : 아니, 해난 대로만 헙서게.
강포수 : 씰데기 어신 일을 다 시기잰 허네.
마을 사람 2 : 거느림 만 허믄 돼주.
강포수 : 거느림만 헐 거난, 저레 가져갑서. 무신 씰데기 어시 당에 갈 말이우꽈?
머을 사람 2 : 어느 당동산은, 요딘디.
마을 사람 3 : 가름 돌 때지게.
문포수 : 허포수.
강포수 : 어. 당동산은 필요 엇수다.
마을 사람 2 : 게도 죽장 뎅겨낫저게. 요놈의 아덜아.
문포수 : 아니, 허포수, 어떵허연.
강포수 : 아니, 돌랜허여. 돌아납센 허여.
마을 사람 4 : 지금, 저 삼촌 애긴 거라.
강포수 : 돌아납센 허여. 독 아정.
마을 사람 5 : 독 아정 저레 감수게게.
강포수 : 독아정 돌아납센 골랜허니까.
문포수 : 허포수.
강포수 : 어.
문포수 : 우리 고싸 올라갔단,
강포수 : 어.
문포수 : 아니, 눈이 무드길 이만저만 무드질 안했어. 게난 우리 따시 내려와시니 따시 늬눈이반 둥개 불렁.
강포수 : 그렇지.
문포수 : 얼로 가겠어?
강포수 : 나 알목으로 해아정 돌테니까.

문포수 : 응.
강포수 : 자네랑 윗목으로 돌자.
문포수 : 윗목으로 돌아?
강포수 : 그렇지.
문포수 : 우리 그디 강 만나주.
강포수 : 오.
문포수 : 좋았어.
강포수 : 머루 머루머루머루.
문포수 : 머루 머루머루머루. (사냥감을 찾아 다닌다)
강포수 : 머어루, 머어-루 어디 강 곱아부러실 거라. (계속 헤매어 더닌다) 술 한잔허고, 그 안칩ㅎ고 혼점은 음북시키주게 경행 거기서 인정 아, 거 춤 고맙다곤. 경행 이젠 거기서 인정줘그네, 허는거주.
문선생 : 옛날 닭 잡앙 당 있는 데 가서 하는 것은 ?
강포수 : 옛날 당은 인제, 머룻, 아, 요거 하하하하 요거요거요거 요거, 머루머루머루 옳지. 윗목으로 돌라.
문선생 : 윗목으로 돌랜 햄저-.
강포수 : 윗목으로 돌라. 영 돌아와 영 영 형님, 형님이랑 고비 꺾엉 들어갑서.양, 형님, 너미 바짝 돌지마랑 형님 저영 돌아 가.
문포수 : (멀리서) 머루 머루
강포수 : 너무 바짝 쫓치지 말라.
문포수 : 허포수.
강포수 : 어.
문포수 : 거 왜 철수를 졸바로 못해 노았어.
강포수 : 머루 개 머루 개.
문포수 : 머어-루.
강포수 : 야, 순실아, 너무 바짝 따올리지 말라게.
문포수 : 예.
강포수 : 야, 형님 지친다. 너무 바짝허지 마라.
포수역 : 글로 올거라.
강포수 : 예, 글로 갈 거. 형님. 형님이랑 아까 새장터로 강 곱앙 이십서 예? (순실에게) 널랑 멀리 좇앙 영 돌앙 가.
문포수 : 오냐.
문선생 : 강포수 잘해? 강포순 사냥질 안해난 모냥이네.

산신놀이 169

강포수 : 워루 워루 워루.
문선생 : 야, 강포수 노루 한 마리 잡으믄 우리 와리깡 허자 이.
문포수 : 조았어. 조았어. 아. 지쳐. (사냥감을 계속 쫓는다. 시간이 꽤 지체된다)
강포수 : 머어루 (악무. 징소리 계속되고 멀리서) 머루 (징소리 계속 된다. 징소리 잠시 멎는다)
문포수 : (나타나며) 어어어어.
강포수 : 이거 나가 먼저 쏘았어.
문포수 : 나가 먼저.
강포수 : 나가 먼저 쏘았어.
문포수 : 아니 나가 먼저. (징소리 계속 된다)
강포수 : 내가 먼저 쏘았어.
문포수 : 아니 내가 먼저여.
문선생 : 내가 먼저 봤어.
강포수 : 내가 먼저 쏘았어.
문포수 : 내가 먼저여.
강포수 : 내가 먼저.
문포수 : 내가 먼저.
강포수 : 아니여 내가먼저 쏘왔어.
문포수 : 아, 내가. 어째.
강포수 : 넌, 뭐허나게? 비켜!
문포수 : 비켜.
강포수 : 내가 먼저 쏘았어. 어.
문포수 : 허포수.
강포수 : 어들로 쏘왔어?
문포수 : 어째서 당신이 먼저 쏘았어?
강포수 : 내? 내 총그뭇은 알아져.
문포수 : 어. 얼로 쏘왔어?
강포수 : 욜로 쏘왔어, 욜로.
문선생 : 똥고망으로 쏘왔네.
강포수 : 욜로.
문포수 : 허포수. 고만 셔보시오.
강포수 : 나 총들어가난 거 봐.
문포수 : 허포수, 아니, 당신말만 허지 말고, 응.
강포수 : 어.

문포수 : 나 말도 들어보시오.

강포수 : 어.

문포수 : 어짓게 밤의 나가 산신 잘 지냇거든.

강포수 : 나도.

문포수 : 꿈사리가 조완.

강포수 : 응.

문포수 : 오늘 정읫골로 선흘곳까지 내려오단 보난.

강포수 : 응.

문포수 : 백눈 우의 낭트멍에 노리광 사슴이 이섯어.

강포수 : 어.

문포수 : 그래서 나가 첫 총에 입으로 쏘와 가지고.

강포수 : 어들로 나왔어.

문포수 : 똥궁기로 나왔어. 똥궁기로 나왔어.

강포수 : 조쟁이로 나왔어?

문포수 : 어.

강포수 : 아녀.

문포수 : 어쩨서.

강포수 : 난, 조쟁이로 쏘우난,

문포수 : 어.

강포수 : 입구녕으로 나왔어.

문포수 : 입구녕으로 나왔어?

강포수 : 어.

문포수 : 총 몇번 쏘왔어?

강포수 : 나, 이거봐 다섯 번 쏘으난, 궁기가 널러졌어.

문포수 : 허포수, 난, 흔 궁기에 입으로 쏘와서 밑구녕으로 나왔는데.

강포수 : 똥구녕으로 쏘으난.

문포수 : 다 내꺼여.

강포수 : 아, 내꺼여.

문포수 : 아니, 아니.

강포수 : 아니, 나거여.

문포수 : 아, 나거.

강포수 : 아이구 나거.

강순안 : 아니 영 허지들 맙서. 아니, 의논 족족이.

문포수 : 당신은 누구여.
강순안 : 아이구 나도 강포수여.
문포수 : 당신은 누구여.
이포수 : 난 이포수여.
강포수 : 경헌디 우리.
문포수 : 응.
강포수 : 경 싸울 거 이서?
강순안 : 싸웁지 말고, 의논 족족이.
문포수 : 안 싸우믄.
한생소 : 큰심방안티 재판허랜 허여 누게 먼저 쏘와시니.
강포수 : 우리 이거 잡안.
문포수 : 응.
강포수 : 전각도 반,
문포수 : 응.
강포수 : 후각도 반,
문포수 : 응.
강포수 : 목도래기도 반,
문포수 : 응.
강포수 : 부피도 반(문포수 계속 웅하고 대답), 일룬도 반, 우리 똑같이 반씩 나누게.
문포수 : 호 알기는 오뉴월 십뿔 모양으로 잘 아네 거.
강포수 : 응, 우리 똑 같이 갈라 는 게 어떵ᄒᆞ는고?
문포수 : 아니, 허포수, 허포수.
강포수 : 응.
문포수 : 나, 노리각록 사슴 쏘을 적엔, 가죽도 사용허고,
강포수 : 어.
문포수 : 술쾌긴 불고기도 행 먹고,
강포수 : 어.
문포수 : 아, 배설은 이거 찌개라도 끌령 먹잰 해신디, 아니 안 허크라.
강포수 : 어이, 허포수. 자네 나하고 싸와 본들,
문포수 : 응.
강포수 : 누게 뭐 이기고 지고 헐 사름이 어서.
문포수 : 어서.
강포수 : 경허난,

문포수: 우리 징겸허연 가지는 사람이 가질락.
강포수: 쟁겸은 물애기가 허는 거고. 우리 큰큰헌 사름이 반씩 나누자.
문포수: 반씩 나놔?
강포수: 저디 칼.
문포수: 칼. 아, 우리 경해도 이 마을에 리장이 있을 거여. 우리 강, 의논을 해보카?
강포수: 아니, 의논해사, 반반 갈르는 게 나사.
문포수: 반 반 갈라.
강포수: 저 무시것고 검질 호나 아정 오라.
문포수: 욕심이 이만저만 아니라.
강포수: 자, 이거 우리 잡자.
문포수: 응. 야, 비서쟁이들아 이리 오라.
강순안: 뭐 비서쟁이 말이냐. 노리 잡아 온 사름들이 뭐.
문포수: 허포수 비서 강포수 비서 이리 와 빨리. 저디 강.
강포수: 흔뭇 확 빵 읍서게. 혼 뭇.
마을 사람: 저디강 뽑아게. 돌아 강.
문포수: 우리 이거 더운 설, 돈 설 빼여. 응 이거 사름 촛이는 생이여 이거 누게 사름 촛이는 생이라. 이거 어멍 어멍 불럼싱게. 독 어멍.
마을 사람: 영 헙서게 이걸랑 놨당 ᄎ즈ᄒ게 이레 영 길앙.
강포수: 것만 안 됩네다. 이레 줍서게.
문포수: 어떵 핸 산쟁이보다 더 잘 알잰 햄수가? 거.
고선생: 아, 노리 크다.
문선생: 큰 노리 잡았네.
강순안: 잘 심어 영.

산받음

수심방(고복자): 할마님… (멀리서 산받는 비념을 한다)
마을사람: 파들락 허민, 튄다. 그만 헙서게.
마을사람 2: 어디 올려?
강포수: 저 우티레 올려.
문포수: 독은 조지나 하영 잡아났네 거.
강포수: 이거 누게 심어 줘시믄. 와들랑허게 들럭키믄.
고복자: 저레 심어게.

강포수 : 들럭퀴카부댄. 잘도 끄섰네. 앞 가심에 가죽이 다.
문포수 : 어이구 징그러운 어른. 그 ᄂᆞ물팟드레 돋는 거.
소 미 : 나가 제라게 안 돌아서 이.
문포수 : 우리 갠 쇠고기 달련 멕이난 잘 돕다.
소 미 : 검은개.
문포수 : 예.
강포수 : 양, 아지망 이레 옵서. 이거 안트레 디밀랴붑서.
문포수 : 독털 ᄒᆞ나 안네쿠다. 집의 강 걸게.
마을 사람 1 : 지일 웃뜬 어른 가죽머리 드리고.
마을 사람 2 : 구경꾼은 무시거 줍네까?
문포수 : (닭모이주머니를 보며) 아따 그녀리 ᄌᆞ슥 거. 아이구 보리쏠에 양념치명 먹었져. 김밥 먹은 생이라, 퍼렁허게 나오는 거 보난. 아이구, 다리도 다 벗겨지고.
고광민 : 사냥을 가서 할락산에서 영감님이 ᄒᆞᆫ 마리를 잡아도.
노 인 : 잡을 거 아니우꽈.
고광민 : 요걸 행 딱 갈랑 준다는 거라 양.
노 인 : 예.
고선생 : 게민 언제 ᄒᆞᆫ 번 그 사람이 잡으면 갈라주고 양.
노 인 : 그 사람을 원 못봐도 예? 갈라줍니다. 내가 노리 잡으민 야, 가죽, 머린 이녘이 가집니다.
고선생 : 예.
노 인 : 고기는 당신네하고 나허고 똑 반뜩이 갈릅니다. 그 사람을 낭중에 못볼 사람이라도 갈라줍니다.
고선생 : 예.
노 인 : 지금도 그건 있습니다. 지금도. 우리가 노리코를 노레 사냥을 올 거 아니우꽈?
고선생 : 예.
노 인 : 코를 노아가지고 내놀 거 내놓는디 당신님이 대정 아니꽈게 대정인디 우리 둘이 만날 거 아니우꽈? 만나며는 가죽 머리는 내가 가집니다. 고기는 당신하고 나하고 똑 반뜩이 갈라줍니다.
고선생 : 언제 ᄒᆞᆫ번 ᄎᆞ앙 가야되쿠다 예.
노 인 : 지금도 사냥법원 옛법이 있넨 ᄒᆞᆸ니다. 견디, 요즈음은 보민, 총쟁이들 야, 총쟁이놈들은 봤자 그냥 아정 가붑니다.
문선생 : 육지서 온 놈들 예?
노 인 : 예. 육지 사람들 그냥 아정 가부러 ᄒᆞᆫ 번은 알바매기 코를 ᄒᆞ나 내가 놨댄 말이여 놨는디, 펭오허고 포수허고 서너이 간 우리 개업허난에 들었는디 노리댕이 이서. 노루 잡으

라 허니, 당신 어디요. 선흘이라 허니. 이레 노라고 말이여. 경핸 펭오고라 욕을 했어. 너 뭐냐고 말이여. 너도 그런 경우 아는 조식이 말이여. 경핸 글로 내가 빼 가지고, 잡아서. 잡안 그놈들 안주허고 가죽 머리허고 내 그냥 아정 내려왔주. 내려오다가 물땅크에서 노루 일루대게.

고선생 : 영감님 언제 제가 제주도 사냥에 대해서 알러 오겠습니다.
노　　인 : 양도전. 바로 여깁니다.
고선생 : 제주도 사냥법에 대해서, 사냥 도구 같은 거 예?
마을 사람 : 잘 압니다.
노　　인 : 노리 사냥은 잘 압니다. 가죽 머리는 코임재가 앚는거라.
마을 사람1 : 가죽 머리는 집의 가정와그네 고팡 구석에 걸엉, 다음 노리 잡을 때꼬지 ㄱ만이 두는 거.
마을사람 2 : 원칙은 있는데, 나가 몬저 잡았다, 너가 몬저 잡았다 이렇게 됐을 때, 갈른다 말이요
노　　인 : 개는 예? 나 개허고 당신 개하고 물 거 아니우꽈? 개 둘이 물 거 아니우꽈? 당신이 돌아 강 심으면, 당신이 가죽 머리 초지허는 거고, 내가 심으면 내가 초지헙니다. 개 무는 건, 개 둘이 무는 거는.
문선생 : 엣날 토종개 진돗개보단 더 독헌 개 있었댄 허는 디?
노　　인 : 예, 진돗갠 용 못씁니다. 노리를 물문 야, 그전 개들은 뼈따구가 바삭바삭 부서져붑니다.
마을 사람 : 엣날 개는 아주 토종 사람 모냥으로 요즘 개들과는 틀리거든요.
노인 : 그전 개들은 예? 어디 강 노룰 물 거 아니우꽈? 여기서 노루 다울령 강 저 산에 강물 거 아니우꽈? 임자 굿짝 데령 강 문 디 ㄱ리칩네다. (사냥에 대한 이야기는 계속 이어진다)
강포수 : 자, 우리 허포수.

사냥감의 분육

문포수 : 응.

강포수 : 우리 산에 강 노루 흐나 쏘왔는디,

문포수 : 쏘왔는디.

강포수 : 이거 우리만 먹을 수 없고,

문포수 : 허허 먹을 수가 없지.

강포수 : 우리 저 이거 선흘 강 우리 큰 상전 댁으로,

문포수 : 응.

강포수 : 우리 촛앙 가그네,

문포수 : 촛앙 가그네?

강포수 : 음북 시기주.

문포수 : 음복 시기고, 인정도 받고.

강포수 : 그렇지.

문포수 : 아이고 배다.

강포수 : 아, 이디 소곰?

문포수 : 노루도 하도 커노난 배영 못 가켜 자, 소금 좀 줘 소금. (테이프채록 부분적 불량)

강포수 : 자. 이리오자,

문포수 : 응, 감저게.

강포수 : 아이구, 상저님, 이거 오십디가?

문포수 : 아이고

강포수 : 먹을 충 아난 술 흔잔 대접허고,

문포수 : 경해도.

강포수 : 간이우다. 이거.

문포수 : 이거 간, 염통.

마을 사람 : 술 무사 헐엄수과?

강포수 : 염통, 이거, 술도 안 먹엄수가?

이장 : 안 먹어.

강포수 : 아무 것도 안 먹어 마씀?

문포수 : 아 허포수 옵서. 우리 딴 상전 집에 가게. 상전있수과?

강포수 : 우리 동네에 책음자로 있댄,

마을 사람 : 책음자. 상전이주.

문포수 : 응.

강포수 : 게난, 그 상전안티 술 흔잔 비와 드려.

문포수 : 응, 술 흔잔 비왐주.

마을 사람 : 거 잔이 족다.
문포수 : 우리 이거 사농갔다 온 거우다 예?
강포수 : 이거, 사농핸 노루ㅎ나 쏴 지관태. 상전님 촛안 왔수다.
상전1 : 양.
강포수 : 이거 잡챵 양, 이거 간썸이영, 욤통이영.
문포수 : 아이구.
강포수 : 북부기영, 다 이거 상전님 적시 행 와시매. 오, 이디도,
마을 사람 : 이디, 첨, 제라헌 상전님 와싱게.
상전 2 : 허허허
문포수 : (분육한 사냥감을 진 듯이) 아이구 배다. 아이구, 상전님 있수과.
강포수 : 아이고, 상전님, 이거 양, 우리 산에 올라가난 노루 ᄒ나 쏘와지길레, 오널 상전님 촛안 왔수다. 이거 ᄒ잔 받고,
마을 사람 : 어이, 일레 와.
문포수 : 이거 먹거들랑 예? 오장에 있는 벵도 싯쳐지고.
상전 3 : (잔을 받는다)
강포수 : 웅. (술잔을 보며) ᄀ득이라.
마을 사람 : 솜박허게, 이거 원.
문포수 : 그디 술 더 가정오라. 이거 죽음직 허다.
마을 사람 : 대폿잔으로 줍서.
강포수 : 양, 요거 간썸이영, 이거 욤통이영, 북부기영.
문포수 : 골라잡앙 먹읍서.
마을 사람 : 샘마이(천엽)영.
문포수 : 아이고 이젠 어디 가코?
강포수 : 이제 우리 가는 차비나 받앙 가사주.
문포수 : 차빈 받아사, 가당 택시 탕 가고.
강포수 : 아이고, 차비
문포수 : 우리 또 삼양 나가젠 허믄 예, 비서 데리고 택시 탕 가사 될 거난. (사냥감을 진 듯이) 아이고 배다.
마을 사람 : 이장 어디 가서?
강포수 : 아이고 우리 저, 동네, 이장 상저님이여.
문포수 : 상제님? 우리 사능갔다 왔수다.
이 장 : 고맙수다.
문포수 : 아이구, 고생헷던 굽서게.

마을 사람 : 저리 아자게, 무사 경 험이라.
이 　장 : 이 엄동설한에 가서 고생 많이 했습니다.
강포수 : 예, 예예.
문포수 : 아이고 고맙수다. 리장님. 하다 마을에 일 보멍 잘 되게 허곡.
강포수 : 응.
문포수 : 어떵 응응만 햄시.
강포수 : 오널 이거 잡수걸랑 올 금년 그자.
문포수 : 응.
강포수 : 갑자년.
문포수 : 응.
강포수 : 열두 돌 해 가운데.
문포수 : 열두 돌.
강포수 : 그자 불썬질 발라주게 허곡, 뎅기는 질 앞질 발라주게 허곡.
이 　장 : 예 감사합니다.
문포수 : 부자마을 되게허곡, 새마을 운동 잘 되게 허곡.
강포수 : 집안 그자 우환 다 막앙.
문포수 : 펜안허게 허곡.
강포수 : 펜안허게 해 주고.
문포수 : 아이고 또난 상제님신디 촛앙 가게.
강포수 : 응, 딴 상제님안티, 아이구, 상제님, 오십데가?
문포수 : 오십데가?
강포수 : 이거 막 어린 때, 나 저 보난에 머리영 호끔만 이성게 이젠 막 욕았구나게.
일 　동 : (웃음)
강포수 : 나 늙은 때 본 땐. 응. 아이구 이젠 많이 늙었구나. 우리 상제어른.
문포수 : 허포수, 우리 갈 땍에. 이?
강포수 : 거 저, 산에 가난 노루 하나 쏘아지길레.
문포수 : 응.
강포수 : 상전님 촛안 왔수다. 이거 올리 이거 음북허글랑 그자 집안 편안시겨주곡 허는 사업이라도 뎅기는 질, 불썬질 닦아주곡 그자. 몬 집안 일에도 불썬질 닦아드랜허연, 오늘 음북잔이우다. 예.
상전 4 : 고맙수다. 경해서 나가 술 혼잔 사먹엄서.
강포수 : 예, 잡수십서. 예.
문포수 : 아이고, 노리만 해도 뺀디 그것끄지 들르문 뺀 가집네까.

강포수 : 게난, 상저님, 이거 우리, 염통이영 북부기영,
문포수 : 허포수, 허포수. 우리 따난 상제님 촛앙 가게.
강포수 : 어, 아니, 차비 노순 받안?
문포수 : 차비 노수 받안.
강포수 : 응, 자, 아이고 상제님.
상전 5 : 아이고, 수고햄수다. 수고 많이 햄수다.
강포수 : 이거 양, 눈우의 산에 간.
문포수 : 눈 우의 갔다 왔수다.
강포수 : 노루 잡아지길레 상제님 촛앙 왔수다.
상전 6 : 예, 예, 아이고, 어떵허연 이 노리 잡아집데가게?
문포수 : 아이고 버쳔 야, 세 번이나 쉬언 왔수게.
상전 6 : 맞수다게. 경 해실 거우다. 아이고 참.
강포수 : 음북해여, 음북허건 자,
상전 6 : 고맙수다마는 술은 ᄒᆞ잔에 얼마 갑니까?
문포수 : 술값마씀. 건 ᄆᆞ음조은 어룬은.
상전 6 : 거 안주 값은 얼만지 모르쿠다 예. 난, 야, 이거 만원에치 오만원 내놨수다.
문포수 : 예. 예.
상전 6 : 생각해네 오만원 내놤시난에. 생각 많이 헙서 야.
문포수 : 예. 예.
상전 6 : 겐디 술 ᄒᆞ잔 먹으카 말카.
강포수 : 그걸 잡수십서.
문포수 : 가다그네 예?
소   미 : 안준 야. 눈 우의 팡팡 오는 백설 위에.
강포수 : 이걸 잡수앙, 그자 올 금년 열두돌.
상전 6 : 이거 노루고기 아니우꽈? 노루?
강포수 : 예, 예.
문포수 : 아이고 노루고기 마씀. 한라산에서 내리는 노리고기.
상전 6 : 맞수다.
강포수 : 뎅기는 길에 그자 몬 편안시겨주고.
상전 6 : 게나제나 고맙수다. 고맙수다.
강포수 : 불썬질 닦아주고.
상전 6 : 아이고, 고맙수다.
문포수 : 허포수.

강포수 : 응.
문포수 : 이 상전 가당 엎어지걸랑 우리 업어다 주주.
강포수 : 어이, 경허주.
상전 6 : 이거 호잔 먹엉강 안 되어. 호잔 더 먹어야쿠다.
문포수 : 호잔 더 먹어마씀.
일 동 : (웃음)
상전 6 : 예, 호잔 더 비웁서.
일 동 : (웃음)
강포수 : 이거 밑지켜.
문포수 : 밑지켜.
관객(문무병) : 아니 오만원 줬으니까 괜찮아.
문포수 : 아니 이거 오만원 줘동 두잔 먹어불민 우리.
강포수 : 어느 건 택시타고, 어느 건 또 술값허고?
문포수 : 우리 택시 타지 말앙 걸엉가사 됨직허다. 고만십서. 아이구, 고맙수다. 아이구 배다. 상전님, 이십데가?
강포수 : 전의 보난 어린어린해네.
상전 7 : 고맙다 이.
강포수 : 조쟁이 내무란 뎅겸성게, 이젠 막 욕았구나게.
상전 7 : 의논해영 살아가젠 허난 많이 고생했수다게.
문포수 : 우리 호번 왕 보난 아들 나성게.
상전 7 : 고맙수다.
강신숙 : 그땐 막 어려성게. 이젠 막 늙언.
문포수 : 늙어비연. 우리영 ㄱ찌 늙으는 생인게.
강신숙 : 우린 더 늙었지게. 흰머리가 검어졌는데 아니 늙을 수 있나?
문포수 : 맞아! 안주 먹읍서. 견디.
상전 7 : 늑는 사름은 야, 늑는 가람은 빨리 늑고 예, 외상갑을 물어야 쿠다. 원.
마을 사람 : 저디도 이서게.
상전 7 : 이거 원. 호 5천원쯤은 된 거우다.
문포수 : 이거 5천원 마씀. 아이구 배다. 아이구 배다.
강포수 : 아이고, 상제님.
문포수 : 상제님 옵디가.
강포수 : 우리 오늘 산에간 노루 ㅎ나 쏘와지길레 영 왔수다. 상제님 그자 이거 잡수건, 올 금년 뎅기는디 그자 다 집안 펜안허게 해주곡.

문포수 : 돈도 하영 벌고.
강포수 : 뎅기는 질에 불썬질 닦아주곡 허랜 핸 영 음북시겸수다. 혼잔 받읍서.
문포수 : 이레 아집서.
강포수 : 우린 추원 죽어지쿠다. 술도 아니먹어부난.
상전 8 : 게난 몬딱 경 해여그네 다시.
강포수 : 혼저 잔 받읍서게 확.
문포수 : 금고, 금고, 금고.
강포수 : 이거 어떵 산드레만 봠수가. 노루 다 잡아가부렀수다.
일 동 : (웃음)
상전 8 : 내리지도 안 헌 노루가 ᄒ나.
강포수 : 노루는 가다, 아니 노루는.
문포수 : 아이고, 그건 쌔기 꿰완 나둬났수게. 다음에 강 잡아오젠.
강포수 : 노루는, 노루 강 다 잡아와부난 엇수다. 이젠.
문포수 : 이거 받읍서, 어떵헙니까게. 눈 우의 갔다 온 걸. 아이고, 술, 술 이거 안주도 먹읍서.
강포수 : 안주도 자십서. 간썸이우다. 염통, 북부기.
문포수 : 노리 사슴이엔 헌 거 안 먹어봤주 야?
강포수 : 춤 맛조읍네다. 먹어봅서.
문포수 : 아이구, 둘이 먹당 누게 ᄒ나가 죽어도 몰를 정도로 맛좁네다.
강포수 : 우리 차비나.
문포수 : 차비나 호끔 돌립서.
강포수 : 노수나 이레 줍서 혼저 가저. 시간 엇수다.
문포수 : 아이 2천원 안 받으쿠다. 천원만 줍서게.
강포수 : 천원만 줍서. 확 행 가커메 양.
문포수 : 천원짜리 엇걸랑 벡원짜리라도 올려붑서.
여 인 : 어시난 그거 아니가게, 어신디 내랜허믄.
문포수 : 엇댄.
강포수 : 엇잰. 게믄 엇걸랑 저디.
문포수 : 어디?
강포수 : 노인 상전.
문포수 : 노인 상전. 술 가정 오라. 아이고 배다. 아이고 거, 사슴 ᄒ무리도 무겁다. 술 가정 와.
강포수 : 아이고, 상제님, 이거 저 오늘.
문포수 : 우리 사냥 갔다 왔수다.
강포수 : 사냥 간 노루 사슴 핸 왔습네다. 예,

노　　인 : 돈도 혼푼 읏는디.
문포수 : 아이고 돈은.
강포수 : 상제님 촛안 오셨수다. 예, 상제님 오늘 이거 잡수걸랑 그자, 올 금년 갑자년 그자 아픈 몸도 써억허게 나상 건강해영 오래오래 사시곡 양, 예, 거 오천원짜리랑 맙서.
문포수 : 아이구, 허포수, 할아버진 아덜들 안티 용돈 탕 뎅기는디.
강포수 : 자꾸 오천원짜리만 나오랑.
문포수 : 너미 염첵어시, 아이고 고맙수다.
노　　인 : 게난 술은 혼잔에 천원이라? 난 300원이믄 혼 병 사먹는디.
문포수 : 아이구, 할아버지, 사슴 염통은 예, 똔 난 것보다 더 쌉니께.
강포수 : 이거 저 염통, 북부기, 간술 다 해놨수다.
문포수 : 고맙수다. 어딜 기코 이젤랑.
강포수 : 이젠 가주.
문포수 : 가주 어디? 차비 하영 받았저.
강포수 : 엇, 그거.
문포수 : 우리 이장 사모님 안티도 가고, 아이구 배다. 상저님 어디 감수가?
강포수 : 이디, 제주대학교 고선생(고광민) 있저.
문포수 : 고선생 아들로.
강포수 : 먹어사 당고냉이질 잔 헌다.
문포수 : 아이구 배다.
강포수 : 술도 비와 안네라.
문포수 : 이걸 먹어사.
강포수 : 이거 먹어보민 맛조왕 자꾸 먹고픈다.
문포수 : 아니, 허포수. 사무실에 앚앙 졸룹지도 안허고.
강포수 : 그렇지.
문포수 : 어디 굿허는 장소도 가그네 사진도 고장나게 말고,
강포수 : 무사 술 안 먹엄싱고.
문포수 : 아니, 적시가 다 뚤릅니다. 거.
강포수 : 자, 이디 또 문선생 있저.
문선생 : 다섯 개만 노크라. 오만원.
문포수 : 하나. 둘, 셋, 넷,
강포수 : 어디 간 대축 범벅 많이 줏엇구나.
문포수 : 네 개만 올렸져.
강포수 : 좋다. 술 안네라. 그리 비와 안네불라.

문포수 : 거 손해여. 네 개만 받앙 술 혼잔 주민.
문선생 : 먹을 건 어른 들 다 먹어부난, 간 벡이 없네.
강포수 : 간 좋주. 간이 좋아 독간.
문포수 : 이거 먹엉.
문선생 : 장가도 가고.
강포수 : 장가도 가곡. 올리랑.
문포수 : 응, 학교도 잘 나가고.
강포수 : 허는 사업도 그자.
문포수 : 도락도 잃르게 말고. 아이고 배다.
고복자 : 비가 오람수다.
강포수 : 비가 오믄 왔지 뭐.
문포수 : 우리 사농 갔다 오는디, 지금 예?
강포수 : 자, 또 있저.
문포수 : 또 있저, 서월서 온 어른.
강포수 : 이걸 잡상 서울 가사.
문포수 : 응, 제주도 가난, 술 혼잔에.
마을 사람 : 말 폴아먹엉 살크라.
강포수 : 무사 마씀. 나 약장시 아니우꽈.
문포수 : 약을 푼들 혼 자리에 아장 십만원에치 이상 푸는디.
문선생 : 아이고 배다.
문포수 : 아이고 배다.
강포수 : 이건 또 선생님 안네야 한다.
문포수 : 또 왕 핼건디 소록도 일게 말앙.
강포수 : 굿허는 디마다 촛앙 연구 가고.
문포수 : 김선생.
김성례 : 이름이나 똑바로 올려요.
문포수 : 응, 나이는 멫술이고, 올렴수다.
문선생 : 노처녀, 올해는 시집가고.
문포수 : 응, 노처녀.
강포수 : 올해랑 시집도 가고, 연구도 잘 허고.
문포수 : 박사 학위도 따고. 좋다. 부재 되켜 아이고, 할마님 상전─
강포수 : 할마니, 아이구 할마님, 할마님, 할마님.
문포수 : 아이고 할마님, 할마님, 할마님 상전 애를 돌루민 양 동글도 다, 아이고 어떻읍니까? 할

산신놀이 183

마님 상전.
강포수 : 아이고 할마님 상저님. 받앙만.
문포수 : 할마님 상전 이거, 먹읍서.
할머니 : 안 먹어. 몬 찌그리 먹단거 안먹크라.
문포수 : 아이구, 아이구.
할머니 : 안 먹어.
강포수 : 미리 못 봔 햇수게, 애돈 거 다 풀어붑서.
문포수 : 할머니.
강포수 : 이제랑 분육해불라.
문선생 : 다 끝나신가.
고선생 : 다 끝났어,
강포수 : 야 복자야, 거느릴 거 거느려 불라.
문선생 : 속았수다.
고복자(수심방) : 삼천군뱅들 시군병이랑 준질루멍 천지왕군문으로 놀려―

            (악무)

김선생 : 이거 뭐라고 하는 거죠.
문순실 : 군졸 지사귐, 산신 뒤에, 거 포수 뒤에 군줄.
김선생 : 군졸 뭐
문순실 : 군병, 군병 지사귐. (수심방 고복자의 춤 계속된다)
김선생 : 고선생님 이거 뭐죠.
고선생 : 군병들,
김선생 : 군졸들 뭐.
고선생 : 사귀는 거.
김선생 : 아, 사귀는 거.
고복자 : (앉아서 북을 치며, '시군졸들 주잔들 드립니다' 하며 창을 한다) 많이 많이 열두 준잔입네다 이-
김선생 : 고선생님 끝났어요.
고선생 : 거의 끝난 겁니다. 이젠, 산받는 거, 개별적으로.

산신놀이(3) — 칠머리당 보존회

일시 : 1992년 6월 2일
장소 : 문예회관 잔디마당
출연 : 칠머리당 보존회
공연내용 : 연극의 원형찾기 『제주도 굿놀이 한마당』
           여섯 번째 공연 〈산신놀이〉
출연 : 한생소, 정태진, 강순안, 이정자

(마당에는 산신맞이 상을 차리고, 나무에 사냥감 노루 대신 장닭 한 마리가 매여 있다. 사냥꾼들은 밀짚모자에 마사기총을 들고 등장한다. 수심방 고복자 송낙쓰고 신칼을 들고 굿을 진행해 나간다)

수심방 : 산신놀이로 신군문 돌아보고,
　　　　　초군문 이군문 삼서도군문도 돌아보라—
　　　　　(악무)
　　　　　(대령상을 신자리 앞으로 갖다 놓는다)
　　　　　(감상기와 신칼을 들고 춤을 춘다. 군문을 여는 과정의 춤)
　　　　　산신놀이로 시군문 열렸수다.
　　　　　산신대왕, 산신벡관님
　　　　　어리목에 놀던 산신, 두리목에 놀던 산신님이랑
　　　　　오리정 신청궤로—
　　　　　(악무)
　　　　　(쌀을 담은 그릇의 쌀을 신칼로 캐우리며 춤을 춘다)

산신제를 지내는 장면

[산신제]

(사냥꾼 등장, 산신제를 지낸다)

포수 1(정태진) : 하하하 한포수, 일어낭 제를 지내영.
포수 2(한생소) : 제를 지내영.
포수 1 : 우리가 산에 올라강 사농을 해사 재수대통을 홀 거니까 경 허주.
포수 2 : 경호주.
포수 1 : 게믄 좀부터 자카.
포수 2 : 좀부터 자야주. (산신상 앞에서 잠을 잘 준비를 한다)
포수 1 : 코 골지 말앙 자.
포수 2 : 나 코 안 불어.
포수 1 : 난, 좀만 부찌민 코소리가 쿠르릉 쿠르릉 나주.
포수 2 : 크르릉 크르릉 (서로 가까이 발을 걸치다가 있다가 부부처럼 완전히 껴안고 잔다) 꼬꼬옥―
포수 1 : (일어나며) 어이, 한포수. 독우는 소리가 난다.
포수 2 : 일어낭 제를 지내주. 우리 꿈을 보난에.
포수 1 : 꿈은 잘 봐서?
포수 2 : 잘 봐서. 보난에 행상들르고 노란 두건 씌연에 우트레 올라가는 걸 봤주.
포수 1 : 아이 거 재수가 춤 조을 꿈이로구나. 나도 꿈을 봤네.
포수 2 : 오.

포수 1 : 난 무신 꿈을 봤느냐 허면는.

포수 2 : 무슨 꿈을 봐서?

포수 1 : 영장해네 막 영장 소리들 허멍 행상허연 산드레 올라가멍 상주들 아이구 대구 허멍 산 꾼들 심엉, 경허난 산에갈 땐 영장 굽을 꾸민 재수가 좋댄 핸게, 게난 우리 제나 잘 지내 영.

포수 2 : 경허주.

포수 1 : 게믄 올라가 보주. 이디 집사관은 어디?

포수 2 : 집사관들 없느냐, 여기 집사관들 없느냐? (소무가 나와 집사를 하고 포수 1, 2, 산신제를 지낸다)

　　　　(고장되게 팔을 벌려 절을 하면, 소무 작대기로 때린다)

포수 1 : 세 번은 해사는 거라. 세 번. (절을 하다, 포수 2에게 발을 걸치며 장난한다) 하하하, 절 해서.

포수 2 : 절을 허난? 난 줌도 자서. 경해시난에 서흐로 가크라.

포수 1 : 응?

포수 2 : 서쪽으로 가크라.

포수 1 : 동남어깨로?

포수 2 : 응.

포수 1 : 난 서남 어깨로 가크라. 자 우리 개를 불렁.

포수 2 : 좋아.

포수 1 : (개를 부른다) 어이, 머루머루머루.

포수 2 : (개를 부른다) 어이, 어려려 어려려.

포수 1 : 잘 먹엉 사농을 잘 허라. (먹이를 던져 준다)

포수 2 : 밥 멕였저.

포수 1 : 동남어깨로 가크라.

포수 2 : 응. 난 동남어깨로 가크라.

포수 1 : 난 서남어깨로 갔당 어딜로 만나잰?

포수 2 : 우리 아맹했자, 저 동남어깨로 서남어깨로 뎅기다그네 이 장소로 만나주.

포수 1 : 이 장소로? 경허영 되여 이 장소서 무신 걸 만나? 저 동남어께로 해영 싹 올라오당.

포수 2 : 물장오리로,

포수 1 : 붉은오름으로,

포수 2 : 그렇지.

포수 1 : 태역장오리로, 물장오리로 해서,

포수 2 : 응.

포수 1 : 검은오름꼬장 강, 따시 서남어깨로 해서,

포수 2 : 응.

산신놀이 187

포수 1 : 검은오름 귀퉁이로 해서,
포수 2 : 귀퉁으로.
포수 1 : 경행 우리 서로 만나기로 허게.
포수 2 : 오.

(악무 : 사냥을 하는 동안, 연물소리 계속된다)

(한 포수는 광목천을 묶은 닭을 끌고 다니고, 정 포수는 그 닭을 쫓는다. 사냥감과 사냥꾼의 쫓고 쫓기는 과정을 연출하며, 포수 1, 2의 사냥터는 한라산이다. 계속 요란한 연물소리 이어진다. 한참만에 두 포수, 서로 자기가 잡았다며 제장으로 들어온다)

포수 1 : 나가 몬저 마쳤어?
포수 2 : 나가 몬저 마쳤어.
포수 1 : 어들로 마쳤어.
포수 2 : 나 똑고냥으로 쏘난 율로 나왔주.
포수 1 : 똑고냥으로 쏘니까 율로 나왔어?
포수 2 : 응.
포수 1 : 난 오목가슴으로 쏘니까.
포수 2 : 오목가슴으로 쏘니까?
포수 1 : 응, 염통으로 나왔주.
포수 2 : 염통으로 나완? 정포수.
포수 1 : 응.
포수 2 : 게난에, 우리 쌉지 말고,
포수 1 : 왜 쌉지 안해 내가 마 하영 쏘왓는디.
포수 2 : 우리 쌉지 말고 지금 우리 저.
포수 1 : 조캐 허자.
포수 2 : 조캐 허주.
포수 1 : 삼촌 허자.
포수 2 : 삼촌 허고.
포수 1 : 의논허자.
포수 2 : 의논허고.
포수 1 : 그렇지.
포수 2 : 공론허고, 삼촌허고, 게난.

포수 1 : 화해허자, 화해 행 이거, 다 잡앙 분장허자.
포수 2 : 통장이영.
포수 1 : 응.
포수 2 : 반장이영.
포수 1 : 반장이영.
포수 2 : 이장이영.
포수 1 : 이장이영.
포수 1 : 다 분육들 허고.
포수 2 : 분육허고.
포수 1 : 그러면 우리 이 분육들 허고, 다, 의논허면서 허자.
포수 2 : 경허주.
포수 1 : 이 정탁이 아들아— 아, 이디 완 있구나게. (사냥감(닭)을 잡기 시작한다)
포수 3 : 이거, 저 본주에서 정성을 주욱 허난, 이거 사냥허레 구엄장, 신엄장, 동남어깨, 서남어깨, 테역장오리 물장오리로 어스승 단골머리로 이거 몇번 거부찮이 나산 산신에 기도 정성을 다 허난 이거 노리 더 큰 사슴 대각록 잡았구나, 자, 산우로 절허자— (사냥감을 잡았던 털가죽 들은 산신굴졸 몫이다. 이를 산신에 대접한다. 포수들은 이를 싸서 산 위에 가서 던진다)
포수 1 : 자, 가자.
포수 2 : 막댕이 지프고.
포수 1 : 상제신디 와야지, 이리 와야지.
포수 3 : 오, 상주집의 가야지 (이리저리 다니다 관객에게 가서) 오호, 상주집의서 하도 기도 정성을 잘 허난에 이거 대각록을 잡안, 많이 잡았어요. 나 따분에.
관 객 : 어, 그랬는가요, 어 포수들 재수 조았네요 이 포수들 이 큰 노리를 어디서 잡았는고?
포수 3 : 이거요.
관 객 : 장소를 말해 주세요.
포수 3 : 이거 구엄장, 신엄장, 저 동남어깨, 어스승 단골머리서 오백장군 영실에서 잡았어요.
관 객 : 오백장군? 그 끄지 올라갔는가?
포수 3 : 아, 그렇지요, 노릴 잡아서.
관 객 : 이 무을에 으뜸.
포수3 : 그렇지요.
관 객 : 으뜸은 두 개. 그 다음은 무을에 이장, 반장.
포수 3 : 그렇지요.
관 객 : 분육하다가 남은 거는 우리가 앗지요.
포수 3 : 아, 그렇지요. 우리 분육합시다.

산신놀이 189

옛날 한집이 사농터ᄒ던 이소장도 군줄도 돌아보자.
(한 쪽 구석으로 가서 산신군졸 몫으로 나둔 털가죽들을 칼로 잘라 사방에 던진다)
어, 동남어깨 군줄 주자.
어, 서남어깨 군줄 주자.
어, 신엄장 군줄주자.
물장요리 테역장오리여 군줄 주자.
어, 알로 느려 무자 기축년 애무하게 죽어간 영가들 많이 주자.
알로 누려 요왕군졸, 선왕군졸, 영감 참봉 사귀던 군졸들 어 많이 주자
주엇저, 그리 말고 수퍼사던 삼천시군병이랑 가죽 머리에 둘러보자.
나갈상 받아올리자.
(악무)
(포수들 분육한 고기를 꽂은 칼을 들고 춤을 춘다. 한참 춤을 추다 칼을 던져 점을 친다. 그리고 나서 신칼점을 친다)

김윤수 : (서우젯소리)
  어야 어어야 어야 두야 상사뒤여
  아아양 어허요 어허양 에해요
  청금산도 요왕이요 적금산도 요왕이요
  아아양 어허요 어허양 에해요
  산신대왕 산신벨캄 신산만산 굴미굴산에
  아아양 어허요 어허양 에해요
  오늘목에 놀던 산신 내일목에 놀던 산신
  아아양 어허요 어허양 에해요
  동남어깨 서남어깨 놀던 산신도 놀고가자
  아아양 어허요 어허양 에해요
  올금년은 임신년이 오월 유월 유월이라
  아아양 어허요 어허양 에해요
  산신놀이에 놀던 옥토 적토다리에 놀던 산신
  아아양 어허요 어허양 에해요
  허튼칼에 놀던 산신 안으로 혼자 놀던 산신
  아아양 어허요 어허양 에해요
  굴미굴산 놀던 산신 수성일월 놀고가자
  아아양 어허요 어허양 에해요
  다쳤구나 감겼구나 산신일월에 헛구나

아아양 어허요 어허양 에해요
(빠른 노래)
갯ᄀ들론 영감의 선왕
아아양 어허요 어허양 에해요
할로영산 놀던 선왕
아아양 어허요 어허양 에해요 …….

▶ 용놀이(갈룡머리)

용놀이(갈룡머리)

일시 : 1984년 6월 19일
장소 : 동복리 박인주씨 댁 신굿
출연 : 양창보, 이중춘, 고복자, 문성남, 강순인, 김영수
채록 : 문무병

가. 개요

　큰굿의 〈젯상계〉에서 '굿중 놀이' 로서 〈용놀이〉가 있다. 〈용놀이〉는 '천구아구대맹이' 라는 큰 뱀[大蛇]을 잡는 희극적인 놀이굿이며, 신성 공간인 굿청의 부정(不淨)을 말끔히 씻는 일종의 정화의례(淨化儀禮)이다. 이 〈용놀이〉를 다른 이름으로 〈갈룡머리〉 또는 〈아공이굿〉이라 하며, 큰굿의 〈젯상계〉에서 행해진다.[138]

　〈젯상계〉는 굿의 절정이랄 수 있는 〈시왕맞이〉와 〈삼시왕맞이(당주연맞이)〉에 들어가는 예비굿으로 이들 굿에 모셔들일 미참한 신들을 제차 정하여 모셔 놓고, 화려하고 웅장한 자리에서 신들을 향응 접대하고, 굿을 준비하는 과정을 보여준다. 〈젯상계〉의 제차를 보면 아래와 같다.

　① 풍류놀이→ ② 방애놀이→ ③ 전상놀림 → ④ 용놀이(갈룡머리)→ ⑤ 뱀장사놀이

　〈용놀이〉는 신들을 모시는 당클(선반에 매어놓은 祭壇)에 청룡·황룡 두 구렁이가 들어서 있다. 시각적 효과를 위해 양쪽 당클에 긴 광목 천을 바닥까지 늘어지게 드리워 놓은 것이다. 당클은 하늘이고, 바닥은 땅이라면, 구렁이가 머리는 하늘에, 꼬리는 땅에 드리워진 것이며, 이는 신성한 공간인 제장이 부정탄 것이다. 그러므로 심방은 이 두 구렁이를 술을 먹여 잠들게 하고, 잠이 든 뱀

---

138) 이 〈용놀이〉는 나주 금성산신과 같이, 하늘과 땅에 붙은 大蛇를 잡는 〈大蛇退治神話〉를 놀이굿으로, 좀처럼 큰굿에서도 볼 수 없는 굿이다. 이 굿은 1984년 6월 14일, 박인주(男巫, 62세)님의 댁에서 치뤄진 〈당주연맞이(신굿)〉의 〈젯상계〉에서 연행되었다. 심방집굿이라고 하는 신굿은 형식이나 내용이 어김없는 '차례 차례 제차례굿' 이라 하며, '두 이레 열 나흘굿' 이라고 한다. 〈젯상계〉는 간단히 하면, 〈시왕맞이〉를 하기 전에 미참한 신들을 제차 불러들이는 請神儀禮지만, 격식을 갖추어 하면, 〈대사퇴치신화〉를 의례화 한 〈용놀이〉가 '굿중굿' 으로 삽입되는 〈아공이굿(뱀굿)〉이 되는 것이다.

'천구아구 대맹이'를 신칼로 죽이고, 뱀의 골을 후벼 약으로 파는 뱀장사놀이를 한 뒤, 제장에서 뱀을 퇴치하여 치워버리는 순서로 진행된다.

뱀을 발견하면, 제 힘으로 뱀을 죽일 자신이 없다 하며 구경꾼과 의논하여 술을 먹이기로 한다. 청룡·황룡이 술을 먹고 잠들게 되면, 그때서야 자신만만하게 왕년에 중국에서 무술을 배우던 자랑을 하며 제장을 웃기고, 뱀 있는 데로 살며시 기어가서 신칼로 단숨에 뱀을 쳐 죽인다. 이때 신칼은 뱀을 물리치는 영웅의 신검이다.

뱀장사놀이는 사악한 뱀을 죽여 그 골을 후벼 파서, 인간의 생명을 살려내는 약으로 파는 데 극적 풍자가 있다. 이리하여 수심방은 이곳 저곳 약을 팔려 하지만 아무도 사지 않는다. 왜냐면 뱀골은 사신의 원한이며 죽음이며 병이기 때문이다. '사람을 죽이고 병을 고치는' 약이라는 뱀골은 '나쁜 전상'으로 제장 밖으로 청소해야 할 것이다. 따라서 심방은 본주의 인정을 받고서, 집안의 우환과 흉험을 가져오는 '나쁜 전상'을 밖으로 내놀리는 것으로 〈용놀이〉는 끝난다.

나. 용놀이의 구성

① 풍류놀이

〈오리정신청궤〉의 막판에 저승의 최고신 삼시왕[139]을 비롯한 모든 신들과 삼시왕의 이승 행차에 안내를 맡은 이승의 안내를 맡은 신인 감상관(=本鄕堂神)[140]과 각 고을의 당신, 신당군졸들이 모인 자리에서 가무오신하는 놀이굿이다. 이때 심방은 본향당신이 되어 "니나난니 난니야"하는 노래를 부르며 연물가락에 맞추어 춤을 추어 신들을 즐겁게 하면, 제장의 모든 구경꾼들도 따라서 노래하고 춤을 춘다.

② 방애놀이

굿을 준비하기 위하여, 술을 빚는 노동의 과정을 연출한다.

수심방이 얼굴에 밀가루를 발라 부스럼이 난 험한 모습으로 등장하면, 소무는 "소록이여!" 하며 외친다. '소록'은 惡, 病 또는 전상의 뜻이며,[141] 수심방의 얼굴에 난 부스럼으로 표출되는 것이

---

139) 인간의 저승은 '시왕'이지만, 심방의 저승은 '삼시왕'이다. 이곳은 巫祖 삼형제가 어머니를 살려낸 '삼천천제석궁'을 말한다.
140) '감상관'은 신의 안내역이며, 이것은 본향당신의 역할이다. 그러나 굿에서의 감상관은 '수심방'이다. 즉, 수심방이 본향당신의 역을 맡아 신을 청신하는 것이다. 본향당신이 신을 오리 밖까지 가서 맞이 해 오는 것을 〈오리정신청궤〉라 한다.
141) '소록'은 '전상'의 다른 표현일 것이다. '소록'에는 '상소록'과 '하소록'이 있으며, '상소록'은 좋은 전상, '하소록'은 나쁜 전상이라 생각하면 된다. 여기에서의 '소록'은 '나쁜 전상'이니, 나쁜 버릇, 악, 不淨, 邪, 病 따위를 말한다.

다. 이러한 '소록'을 없애기 위해 '뱀을 없애는 굿'을 해야 되며, 굿을 위한 제주를 마련해야 된다. 소무와 수심방에 의해 진행되는 대화는 굿하는 집에서 부지런히 움직이는 노동의 현장을 재현하고 있다. 떡과 가루를 가지고 그릇에 물과 섞어가며 게걸스럽게 만든 술을 가지고 본주의 집안 어른들에게 술을 먹이려 한다 (안 먹으려면 인정-돈-을 내어야 한다). 모든 집안 사람들이 안 먹으려 하면, 침까지 뱉어놓은 더러운 물(=잘 익은 술)을 수심방이 홀짝 홀짝 마셔버리면서, "영 ᄒᆞ멍 심방질 흡네께(이렇게 하면서 심방질을 하지요)" 하면, 일동 웃음을 터뜨린다.

③ 전상놀이

여기서는 장님거지가 등장하는 〈전상놀이〉가 아니다.[142] '전상'이 '전생의 업보'로서 '팔자', '직업', '버릇'이라면, 여기에서의 〈전상놀이〉는 '나쁜 전상'을 내놀리는 놀이다. 놀이의 진행은 고리동반(=떡 이름)을 수심방이 머리에서부터 얹고, '소록'이라 하면서 발끝까지 내려오는 장면을 연출하며, 이때 떡이 있는 곳은 병의 환부에 해당한다. 발끝까지 내려 온 떡을 밖으로 내어 놀리는 과정을 보여준 후, 제주 전지역의 심방의 이름을 부르며 "○○○도 내놀리자!" 하며 창을 한다.

④ 용놀이(갈룡머리)

용놀이는 신들을 모시는 당클(선반에 매어놓은 제단)에 청룡·황룡 두 구렁이가 들어서 있다. 시각적 효과를 위해 양쪽 당클에 긴 광목 천을 바닥까지 늘어지게 드리워 놓은 것이다. 당클은 하늘이고, 바닥은 땅이라면, 구렁이가 머리는 하늘에, 꼬리는 땅에 드리워진 것이며, 이는 신성한 공간인 제장이 부정탄 것이다. 그러므로 심방은 이 두 구렁이를 술을 먹여 잠들게 하고, 잠이 든 뱀 '천구아구 대맹이'를 신칼로 죽이고, 뱀의 골을 후벼 약으로 파는 뱀장사놀이를 한 뒤, 제장에서 뱀을 치워버리는 순서로 진행된다. 우선 심방의 사설 속에 '천구아구 대맹이'라는 용이 노는 길을 보면, 천지 간의 험악한 장소, 불길한 장소다. 이와 같이 용이 노는 곳은 구름이 많은 길, 궂은 바람이 휘몰아치는 길, 무조 삼형제를 유배한 길, 간질 간질 병을 옮기는 길, 뻘 많은 구렁텅이다. 따라서 용은 불길하고 사악한 존재 -악·병·사(邪)·살(煞)-전상을 뜻하는 악신이며, 바다로부터 밀려온 외세라 할 수 있겠다. 또 놀이의 내용을 보면, 심방은 용이 어디에 있나를 신칼로 점치고 나서 멀찍이서 엎드려 소무와 대화를 한다. 이렇게 하여 뱀을 발견하면, 제 힘으로 뱀을 죽일 자신이 없다 하며 구경꾼과 의논하여 술을 먹이기로 한다. 청룡·황룡이 술을 먹고 잠들게 되면, 그때서야 자신만만하게 왕년에 중국에서 무술을 배우던 자랑을 하며 제장을 웃기고, 뱀 있는 데로 살며시 기어가서 신칼로 단숨에 뱀을 쳐 죽인다. 이때 신칼은 대사를 퇴치한 영웅의 신검이 되어, 악신을 죽

---

142) 제주도 놀이굿에는 장님거지가 등장하는 〈전상놀이(삼공맞이)〉가 있다. 여기에서는 '전상을 내놀리는 굿'으로, 전자와 혼동을 피하기 위해서는 〈전상놀림굿〉이라 해야 할 것이다

이는 주력을 어김없이 보여 준다.

⑤ 뱀장사놀이

뱀장사놀이는 사악한 뱀을 죽여 그 골을 후벼 파서, 인간의 생명을 살려내는 약으로 파는 데 극적 풍자가 있다. 징그러움·무질서·병·악과 같은 무형의 것들을 뱀으로 설정, 주력을 가진 신칼로 죽일 때까지 술을 빚고, 뱀에게 술을 먹여 잠들게 하고 죽이는 과정에서 끝맺지 않고, 역설적으로 뱀의 골을 파는 장사를 함으로써, 뱀의 골은 생생력으로 환치되어 정력을 주는 약이 된다. 이리하여 수심방은 이곳 저곳 약을 팔려 하지만 아무도 사지 않는다. 왜냐면 뱀골은 사신의 원한이며 죽음이며 병이기 때문이다. '사람을 죽이고 병을 고치는' 약이라는 뱀골은 '나쁜 전상'으로 제장 밖으로 청소해야 할 것이다. 따라서 심방은 본주의 인정을 받고서, 집안의 우환과 흉험을 가져오는 '나쁜 전상'을 밖으로 내놀리는 것으로 용놀이는 끝난다.

용놀이(갈룡머리)

수심방 : 저 만정에……내여옵서 (신칼점)
　　　　　…감상관 압송ᄒ며 …제우레 가자.
　　　　(악무)
수심방 : 상안 놋다리-에이에 재완보난
　　　　제청 앞으로 신이 수퍼사는데
　　　　상안 앞에 금정옥술발 천앙낙해 둘러받으며,
　　　　오리정 전송처로 신메웁네다.
　　　　(악무)
수심방 : 어- 신메우난
　　　　안으로 제청 안안으로 각호 각당 만서당 연양당주
　　　　삼시왕 양공시로 신이수퍼사옵네다
　　　　놋초례 직함베실로 제초례로 일년먹고 천년사를
　　　　금강머들 쏠정미 둘러받으며 위 앚지고 좌 앚지레 가자-
　　　　(악무)
수심방 : 어, 좌정ᄒ니

초정성 초이전상
이정성 인의 좌전상
삼의 재정성 일안 전상은
선향발이 깊어 귀본상 귀가둘러 신의왈 인의법
양단어깨 둑져받으며 각호연당 안서당 각 일만팔천 신오 엄전님전에
등장 상불이여-
(악무)

주잔권잔

수심방 : 어—에이 삼주잔은 양 잔지 지다남은
저 만정에 나사민 말명두리 거느려 떠난 기신전님네
제잔디려 각서본향 신우나 떨어진 본향 한집님네
신이수퍼옵서- 본당에 군졸이나 신당의 군졸
주잔 들어 많이많이 권잔을 지넹겨 디려가며
울정 알정 주부신당의 연줄 걷어다
신의 아이 양단 어깨 감아 들여 맞으며
비개마을 노념허며 각호연당 안서당 여 초제 받으레 가자.

풍류놀이

(수심방은 송낙쓰고 고리동반 떡을 머리에 이고, "니나난니난니야" 하는 풍류노래를 부른다)

니나닌니 난니야   니나난니 난니야
니나난니 난니야   니나난니 난니야
니나난니 난니야   니나난니 난니야
니나난니 난니야   니나난니 난니야
니나난니 난니야   니나난니 난니야
니나난니 난니야   니나난니 난니야
니나난니 난니야   니나난니 난니야
니나난니 난니야   니나난니 난니야

니나난니 난니야 니나난니 난니야
니나난니 난니야 니나난니 난니야
니나난니 난니야 니나난니 난니야
니나난니 난니야 니나난니 난니야
(수건을 얼굴에 동여맨다. 당베를 묶고)
(신칼점을 한다)
니나난니 난니야 니나난니 난니야
니나난니 난니야 니나난니 난니야
니나난니 난니야 니나난니 난니야

방애놀이

수심방: 저레 모물ㅋ를 호끔 가정오라.
소 미: 모물ㄱ루 가정 오랜.
고복자: 아가겨, 아가겨, 아랫마을 유정승 ㄸ님 소록이여, 이것도 전상이여 이거 당주소록이여, 몸주소록이여, 신영당주소록이여.
소무(강치옥): 청소록이로구나.
소무(고복자): 청소록이여, 흑소록이여.
수심방(양창보): 소록이여.
소 무: 흑소록이여.
수심방: 소록이여, 당주소록, 불도소록이여.
소 무: 신당소록이여.
수심방: 소록이여.
소 무: 소록이여.
수심방: 소록은 먹젠흔다.
소 무: 본당소록이여.
수심방: 소록은 먹젠흔다.
소 무: 신당소록이여.
수심방: 옳지, 본당소록이여, 영가소록이여.
소 무: 영가소록이여.
수심방: 어, 술먹는 소록이여, 싸움흐는 소록이여.
이중춘: 심방 소록 잘못 건들어부난 나온 소록이라.

수심방: 경헌 소록이우꽈.

이중춘: 어.

수심방: 야, 경해도 잘 골암저. 소록은 먼젠흔다. 먹젠흐믄 굿을 해야 흔다. 굿을 허젠흐믄, 아이구, 애야, 좆이나 흔펭 저디강 좆이나 흔펭 해당 놔사 굿흐컬. 아니, 제주(祭酒)나. 제주나 흔펭 해사컬. 오라 우리 술 해여 놓게.

고복자: 술 해여 놓게.

수심방: 술 해여 놓게. 이집의 똘들은 다 시집가부런 도망가불고.

고복자: 아이고, 육지도 가불고.

수심방: 아이고, 큰 메누린 지 사누렌 가불곡.

고복자: 점방 조끗디 이서도, 셋메누린 시에 가불고.

수심방: 셋 메누린 친촉 살레 허난 가불고.

고복자: 말젯 메누린.

수심방: 말젯 메누린 집흐나 주난 그디간 거들거런 살아불고.

고복자: 족은 메누린 그자.

수심방: 족은 메누린 투닥을 거런 남편과 그자 꼴리 닥닥치멍 육지여 지주여 동망뎅기곡, 그자 메어치나 둘러치나 이집의 '쐬손 쉬설'의 정녜 팔재도.

이중춘: 예순 다섯은 어떵흐고?

수심방: 아니, 쐬손쉬설이 아니고 예순 쉬설이지 양? 춤 아이구, 경허곡 그자 허당 버치건 저 북촌이나 강.

김영수: 세손넷 앞에.

수심방: 에순넷이나 불러다 낭, ᄀ찌덜 어떵 협력허멍 일덜, 이거 술이나 해어 나솨컬.

고복자: 정든 날, 정든 시.

수심방: 그자 동네에 사난, 저 큰 메누리덜 심어 데령허라 셋메누리, 말젯 메누리년들 여기 심어들 오너라 애야, 저디 고팡에 안방에 강 베려보라. 거 조막단지에 거 흐린 좁쌀 말이나 시냐 어시냐. 거 앚당 물크라-.

소 무: 물 크라.

수심방: 물을 컨, 물 거려오라게.

소 무: 물.

수심방: 물 크라, 크라. 크라게 흔저들. 이거 버무려그네 독끈흐게 물이 빠져사주. 아이구, 아이구, 요새 새로난 메누리덜은 그 기계방애가 좋으난, 아이구, 그 엿날 메누리들은 굿 흐젠흐믄 그 굴묵낭방애에 메누리들 둘 러세왕 도웨남 방애에 니콜방애 오동동 지멍.

(노래한다)

이여이여 이여도방애

　　　　　　이여도 방애, 아이고, 얼마나 팔재가 조아사
　　　　　　오뉴월 방애 나 혼자 지엉
　　　　　　아이고, 아긴 허면 뭣헐거냐
　　　　　　아긴 허면 뭣허곡.
복　　자 : (노래한다)
　　　　　　이여이여　이여도ᄒ라
　　　　　　전승궂은　이내몸나난
수심방: 굴묵낭 방애, 그렇지
복　　자 : 가시오름　강당장칩의
　　　　　　니콜방애　새글럼서라
수심방 : 방애지여 지쿠가?
　　　　　　가시오름 강당장 칩의
　　　　　　쇠콜방애 새글럼서라
　　　　　　전승궂인 이내몸 가시난
　　　　　　ᄒᆞᆫ콜 두콜로 새골롸보컬
　　　　　　이여 이여 이여도 ᄒ라
　　　　　　여기 오랑 ᄀ찌 지여주자게.
문성남 : 아니, 복자 잘 지어. 그리 가게.
복　　자 : 양, 아이구 방애지는 지새광
소무들 : (웃음)
수심방 : 이여 이여도 ᄒ라
　　　　　　아이고, 이거 춤 잘도 뽀사졌저
　　　　　　하채로 치였저, ᄀᆞ는채로 치게
　　　　　　애야, 집에 오랑 저디 강 큰메누리야 저디강 물덜 페우라-
고복자 : 셋메누리도 혼저들 오라.
　　　　　　족은 메누리도 혼저들 오라-
수심방 : 혼저들 오라.
고복자 : 아이구, 아덜들은 다 직장 생활 허레 가불고.
수심방 : 오메기, 오메기 ᄒ게.
고복자 : 누게.
수심방 : 이 사람아 ᄀ찌 거, 사람이 그거 인정이 시며는 ᄀ찌 경해놓고,
소　　미 : 다, 행 먹어.
한생소 : 나. 인정이 별로 어시매.

소　　미 : 걸레 어디 가시?

강치순 : 말라게.

수심방 : 저리 가비여 이. 게도 거 쉐씸에도 인정이 싯주. 겜으로 이 집의에 사위들어그네 ᄀ찌오랑 그걸 ᄒ끔 아니 해주다니 못 뒌 이녀리 ᄌ식 허다그네, 경허멍, 물 꿰우라 이거 ᄀ를 버무리라.

한생소 : 범무렷져.

수심방 : 버무련 이거 막 젓었저. 찌라.

한생소 : 찌었져.

수심방 : 경핸 이거 막 오매길 맨드는디.

고복자 : 방애도 무꺼부난.

수심방 : 오매길 맨드는디? 떡 ᄒ나 주라게 오매기 맨들라, 오매기.

강순안 : 오매기 맨들안?

소　　미 : 배고픔도 ᄒ 지명에 어따 잘 햄수다게. ᄒ 사발 해 낭.

이중춘 : 아니, 그걸 먹어사 배가 찰 거라.

소　　미 : 게메 경허난 말이우다.

문성남 : 에이구 너무 크다.

고복자 : 이거, 다 먹어사.

이중춘 : 니 어서부난.

수심방 : (수심방 물그릇에 떡을 씹어 놓고 액, 액하며 침을 뱉는다. 침을 뱉아 익히는 게, 소위 술을 빚는 과정이다) 왝, 왝,

소무들 : (웃는다)

수심방 : 영, 솖게 물 웃쩡 잘 영 솖으라. 불 뜨근 안 된다. 와랑와랑허게.

김영수 : 이거 어떵 잘못 쪄 점샤?

수심방 : 에이, 이만이 이디 개춤 빠좌난 들어간.

소무들 : (웃는다)

수심방 : 야, 이거 솖으라 보글랑 보글랑허게 솖암져. 곤박 가져뎅기멍 건지난.

고복자 : 많이 솖아사주게.

수심방 : 솖았저. 솖안.

고복자 : 거 품서, 우알로 불 든 거난.

수심방 : 솖안, 아이구 잘 솖았저게. 우선 아방안티 식혜네 강 안네라. 모랑이 먹어보게.

문성남 : 니어서부난, 모랑헌거 잘 먹읍네다.

수심방 : 아방안티 잘 갖다 안네라.

본주(박인주) : 먹엇저 헌다게.

수심방 : 아니 맛 봅서게.
본　주 : 먹었저 헌다게.
수심방 : 맛 봅서게. (억지로 멕이려 한다)
본　주 : 먹엇저 헌다게.
수심방 : 어떵 핸 와시?
소　미 : 왔다 갔수다게. 어떵 안헙네다.
수심방 : 삼촌, 요거 하나 먹읍서.
정주병 : 오.
수심방 : 삼촌 요거 모랑헌 오매기 ᄒ나 먹읍서.
정주병 : 니 어선 씹을 수 엇주. 허허허.
수심방 : 이거 하나 먹읍서.
고복자 : 아니, 안네여. 삼촌, 경 허지 마랑 본주, 아니 메누리.
수심방 : 어느 거? 아니, 큰 메누리 이거 하나 먹어 에에, 요거 이제라그네 송안 소역레가그네 사위 이레 불르라.
한생소 : 아니, ᄀ만 있어. 저 큰 멩태나. 족은 멩태나 ᄀᇀ아.
수심방 : 이거 잘 쩌라. 잘 쪄사 술도 한다. 막걸리도 한다. 이거 누룩 버무리라.
고복자 : 버무리라.
수심방 : 누룩 버무령 이젠 항에 담으라. 항에 담으라- 요거.
이중춘 : 아따, 그거 지름이 비각ᄒ게 남싱게.
수심방 : 항에 담아라. ᄒ루 이틀 일뤠 뒈 가난, 보그레기 올라 오람져. 보름 뒈 가난 득근허게 굴라앚암저.
이중춘 : 야, 이디 또 박항쉰 좋아허주.
수심방 : 에이구, 얼마나 좋아허카부덴.
이중춘 : 소준 아니 먹어도 이? 청준 잘 먹나.
수심방 : 아이구, 그거 먹어 왕 코심 홍홍 허멍. 어이쿠.
이중춘 : 발도 바로 놩 또 앚주 이?
수심방 : 아이쿠, 첨. 뒈와진 말에. 재추 앚아놔그네 손 거닥거닥 허멍 경허곡, 요거 득끈ᄒ게 굴라앚았저. 이젠 우의 가 ᄌ청주가 이거 아주 지름이 디글디글 득끈ᄒ게
이중춘 : 아니, 우선 우으로 ᄒ 사발 거려뒈그네 이레.
수심방 : 우선 조상 대접ᄒ젠 허든 ᄌ순부터 몬저 맛을 봐산다.
고복자 : 맛 봐사컬.
수심방 : 우의로 ᄒ사발 거리라. 요것 ᄎᆷ 근사허다. 영 좋은 걸 억, 억,
이중춘 : 우선 앚당 안네여.

수심방 : 조상 대접을 잘허젠 허믄 주순부떠 몬저 맛을 봐사.
소 무 : 걸레덜, 걸레 아상 안네라.
소 무 : 상뻬라도 해네 닦으라. 걸레게.
수심방 : 이레 옵서. 양, 삼촌 이거 흔그릇 맛봅서. 삼촌 이거 먹엉 왕왕허멍 뎅깁서. 요거 봅서 요거 오끗.
김영수 : 저기 우트레 큰심방들 안네라.
수심방 : 손님들 대접허젠 허믄 큰심방부떠 ᄒᆞ나 맛 봐그네, 성님 어떵헙네까.
문성남 : 아니, 형님부터 몬저 헙서게.
소무들 : (웃음)
고복자 : 똘 앞의라도 줍서게.
강순안 : 난 너미 먹어부난 안 먹크라게.
수심방 : 그건 안 뒈고, 요 동네 어른들 이것 오랑 흔적씩 맛 봅서. 졑에 아진 어른부떠 양,
본 주 : 아니 열리 아지망143) 안네여게. 열릿 아지망 무신 말이사 굴을티. 술먹엉 무싱거엔야 홀지 열릿 아지망.
수심방 : 열릿 아지망? 요거
소무들 : (웃는다)
수심방 : 요걸, 이걸 어떵 ᄒᆞ민 조코?
김영수 : 저기 본주안티 갖다 줘.
수심방 : 본주안티?
본 주 : 본준 먹언 그리 넹긴 거라.
소 미 : 맛젯며느리나 큰메느리나 셋메누리나 줴게.
김영수 : 아, 그거 고선생이 먹어사 허여.
한생소 : 맞아, 제주대학교 이거 고선생.
수심방 : 경해연 이거 우으로 주청주 드렸저. 게민 이제랑 아래 막걸리랑 호끔 줄란 닦으라. 닦으라.
본 주 : 문선생은 안 먹을거라.
문무병 : 난 아까 먹었수다.
수심방 : 자, 고소리엔 앚졌저.
고광민 : 문선생님 호끔 멕여야 금년에 장개도 갈 건디.
김영수 : 맞아, 맞아.
문무병 : 난, 아까 먹었수다. 몰르게 먹언마씸.

---

143) 김명선

수심방 : 고소리술 닦으게,

이중춘 : 닦아봐게.

수심방 : 닦아가민, 혼솥만 닦으민, 그자 닦아불민 몇 뒈나 나는지 잘 알앙 야, 큰년아, 저디 솔썹이나 호끔, 아니 솔잎이나 들영 나두라.

이중춘 : 이디, 본주 황수가 소섬 굿을 잘 뎅기주게. 게난 소섬서 단골들이 하영 오는디 내 눕 어시 뎅기난.

수심방 : 아이고 큰일나주.

이중춘 : ᄒ고 또 본당 둘을 매 노난 이?

수심방 : 경ᄒ곡 요거 혼솥 닦아보게.

김영수 : 고소리도 잘 나왐져.

수심방 : (침을 뱉으며) 왁, 왁.

김영수 : 콘 아나왐신가. 코, 코.

수심방 : 내 넘은 사람 안 나오란 마씸. 부꺼불어도 그 사람들 뿔래허잰 해도 궂곡.

이중춘 : 술 닦은 거 이제랑 질라.

소 미 : 난 알아들언, 내 넘은 사람 안 오랐젠.

수심방 : 질엉, 이제랑은 ᄌ근ᄌ근 질엉 그자, 저 어른들, 요거 베려봅서. 영허영 심방질 홈네게.

(만든 술을 마신다)

소무들 : 거 다 먹어, 먹어,

이중춘 : 거 질지도 않허고.

수심방 : (걸직하게 빚은 술을 억지로 마신다.) 물 주라.

강순안 : 그디 물 호끔 가정오라. 복자야

수심방 : 어, 맛좋다.

김영수 : 큰 메느리가 먹으켄 헌 걸

이중춘 : 이거, 삼석 제비여, 대새움 제비여, 초감제 제비여 신맞이 제비여, 생계 제비여, 이제랑.

수심방 : 야, 이제랑 제주 봉하자.

우선, 정시 택일허레 갈 때 혼병 들렁 갈 거 ᄒ고 (신칼점),

것도 잘 허였구나. 기메코ᄉ 기무름 잔, 기메코ᄉ 제주 짓자 (신칼점)

것도 잘 허였저. 초감제 제주 짓자 (신칼점) 것도 잘 허였저.

초신맞이 제주짓자 (신칼점) 어따가라 잘 해였구나. 초상계 제주 잘

빌어보자 (신칼점) 것도 잘 빌었저. 군웅 제주짓자. (신칼점) 요른 판급이

어됐나. 경ᄒ고, 도올려 보세신감상 제주 짓자 (신칼점) 요건 호끔 떨어졌구나.

게메, 게메, 만상제외허자 (신칼점) 공계허자. 옳지 경해도 뒈엿구나.

관세위 제주 짓자. (신칼점) 아 것도 잘해였저. 초공, 이공, 삼공, 난수생 (신칼점)

요거 호끔 떨어진 것 닮다마는 (신칼점), 그자 무관아니우다. 많이 대우허자 (신칼점)
경허고 세경본꺼지 난수생 (신칼점) 제주 짓자. 불도연맞이 제주짓자. (신칼점)
떨어지였구나, 호끔은 미참은 허였구나. 많이 공개허난, 잘 뒈였저. 경허고,
초공맞이 제주짓자, 이공맞이 제주 짓자 (신칼점) 떨어지였구나. 많이 공개허자.
밤 늦어부난, 그자 후닥딱 해였수다 (신칼점) 그자 하다 숭보지 맙서 영허고 (신칼점),
그뿐 아니라 대시왕연맞이 오널 낮의 진시 초에 허잰허단 비오라부난 삼석만
울렸수다. (신칼점) 삼석울리는 제주 짓자. 어떵허난 시왕맞잇날 경, 정 햄직허다.
시왕맞잇날- (신칼점) 또 경 햄수다. 이런 일이 분명히 시카마씸 (신칼점) 멩심해사
조캔햄수다. 멩심들허랜. 원래 살의살썽 ᄒᆞ나이나 아니면 부뗭 조문이 오나.

박인주 : 이 쪽에 부뜰 게 아니고, 오늘 시왕연맞이 날인디, 웅허잰 ᄒᆞ디, 시비와가지고 웅허지
못허난 경 나온 거라.

수심방 : 물론입주게. 거싸 몰르는 일이우꽈? 경허난 ᄆᆞ을 안에 급흔 일 나젠해도
경도 헙네다. 경허난. 아무튼 시왕맞잇날 멩심들 해야사뒈고, 경허고 제오상계
제주 짓자 (신칼점) 떨어지였구나 (신칼점) 뭐가 떨어지였수가? 많이 대우허자.
대신맞이 본향 제주 짓자 (신칼점) 질었구나. 따시 재차 차사영맞이 제주짓자
(신칼점) 질었구나. 대액맥이 제주 짓자 (신칼점) 잘 뒈염저. 안으로 잉어
메살릴 때 제주짓자. (신칼점) 그뿐 아니라 연양당주 삼시왕 연맞이 제주짓자
(신칼점) 신공시 멩두대풀이 제주 짓자 (신칼점) 삼시왕 앞으로 대액맥이
제주짓자. (신칼점) 떨어지였구나 봉흥지 못해여 죄송합니다마는 안으로 잉어
메살려 옛 선생님전에 제주짓자. (신칼점) 시왕고분연질로 (신칼점) 제주짓자.
떨어지였구나 잘 위공을 못해였십네다. 하다 숭보지 맙서. 아니 공개ᄒᆞ고,
그뿐 아니라 양궁숙일 때 만 주당에 아니민 산신놀이 ᄒᆞᆯ 거우꽈?

본주(박인주) : 본향에.

수심방 : 본향연드리, 본향제주짓자 (신칼점), 잘 위공을 못허여 혼저 혼저 본향 제주는
봉허쿠다. 많이 공개허자. 양궁숙여 만주잔 삼천군병 각방 순례 때, (신칼점)
말쩨 당주코스 (신칼점) 막공시풀이꺼지(신칼점) 제주짓자. 막 뒈여가쿠다.

본　주 : 속았수다. 잘 해 줍서. 다 막아줍서. 잘 숭험꺼지 막아줍서.

수심방 : 말론 나 얼굴 못 봐부난.

전상놀이

수심방 : 전상이여―, 어으어, 만상이여, 신구산이 대전상이로구나

글ᄒ기도 전상이로구나. 활ᄒ기도 전상이로구나.
긴방ᄒ기도 전상이로구나. 눔헌 지집이 흠싸기, 노름ᄒ기, 싸흠ᄒ기 전상이로구나.
충성ᄒ다 ᄒ기도 전상이로구나. 신고리 대전상이 울러옵니다.
안동벽 새동벽 둘러받으며 전상연ᄃ리로 오리정 신나수자―

(악무)

(고리동반 들고 춤을 춘다)

수심방 : 새동벽이랑 신의 아이 거려 전대로 잉여 맞이며,
동굴동굴 놀판 굿ᄃ레 전상놀이로―

(악무)

본주(박인주) : 머리에 혹 났저.

수심방 : 아이구, 아이구, 아이구―

본　주 : 혹 났저게.

문성남 : 거 충 올랐잰 햄수다.

고복자 : 거 전상이여.

수심방 : 열이 남저.

문성남 : 저양, 이른 날 할망 애기 배영 당드레 가켄.

수심방 : 뭐, 어똥허고?

문성남 : 것도 전상이여.

수심방 : 서방얼엉 가라. 날 보고.

문성남 : 전상.

수심방 : 자꾸 내렴저, 요거 보라. 요디강 뭐가.

이중춘 : 그디 약이 이서얄 거지. 약.

수심방 : 약.

이중춘 : 이 어른 ᄀ라.

문성남 : 아니라, 나력이라, 거.

수심방 : 나력?

소　미 : 亽력이라.

문성남 : 거 양, 나력병은 조은 수가 있주게.

수심방 : 아이구, 아이구, 아이구.

문성남 : 아, 고만이 이서 봐게 찬역이 아주망 오라방 살 때, 나력을 잘 부쪄났주.

수심방 : 아이구, 아이구, 논두렁에 강 막 집진 못허난 집짓는 행실머리.

문성남 : 전상이라.

수심방 : 아이구, 경 골아가난.

문성남 : 어찌, 어떵해연 산지축항에.
수심방 : 뭐 내가 노가다질이냐. 아이구, 아이구.
문성남 : 노가다 해난 사람이로고나, 전상이여.
이중춘 : 만상이여.
수심방 : 아이구, 내렴저, 내렴저, 내렴저, 내렴저.
소 무 : 볼볼볼볼볼.
수심방 : 요거 보라. 손꼽대기꼬지 막 갔저. 어따가라.
이중춘 : 거 생남홀 거여. 그디. 노단ᄌ드렝이 거 본명두.
수심방 : 본맹두, 야, 이거 심방이로구나. 자꾸 내렴저. 옳지.
이중춘 : 노가단풍 주지멩왕 아까씨가 노단ᄌ드렝이, 웬ᄌ드렝이, 오목가심에 몬딱 부떠부난 아기씬낸대로 난 몰라부난 어떵 홀 거라.
소 미 : 건 늑막염이라.
문성남 : 전상이여.
수심방 : 간장염, 요거 자꾸 내려감저.
문성남 : 아, 노리개 빼우꽈.
수심방 : 저 어른안티 들으면 잘 골아줄거라.
문성남 : 그거 잘못 놀리다간.
수심방 : 경허민 경 골아줍서. 뭐여?
문성남 : 건 전상이여.
수심방 : 어, 내려감저, 허벅이여, 허벅 아니 허벅다리 춤. 요거 자꾸 내려감저. 요거 요거 무신거엔 헙네까.
문성남 : 번자귀.
수심방 : 번자귀, 옥자귀, 거 탁 끊어불믄, 도새기 발 뒐꺼라 이.
문성남 : 그렇지. (웃음)
수심방 : 탁 끊어불믄, 군 도새기발 뒐꺼라 (탁 끊는 시늉) 이 어른 아기지지 않허구가, 천태만이 여태만이우다. 아이구겨, 아이구 요거 자꾸 내렴저. 아지망 어디 붑다가. 나신디 뭐 백정놉이여?
고광민 : 오로 지름 발르랜 헙디다. 예.
문성남 : 오로 지름해영.
수심방 : 오로 지름해영. 반이랑 나게게.
문성남 : 전상이여.
수심방 : 오, 그건 들어졈저. 어이고 저, 야가기여.
문성남 : 전상이여.

수심방 : 둑지여, 폴이여.

문성남 : 전상이여.

수심방 : 웬착갈리레 넘어갔저.

문성남 : 건 늑막염이라.

수심방 : 어, 어떵허믄 걸리느니?

문성남 : 잘 안아부러도 뒈고.

수심방 : 내가 이? 아이구 요디 왔저, 노래기 뻬.

문성남 : 노래기 뻬, 누게 들리지 않했수가?

수심방 : 들렸주게. 으라 사람. 요 허벅이여, 자꾸 내려간다.

문성남 : 조은 약 서라.

수심방 : 조은 약, 조은 약이 뭐여? 좋은 약이지.

문성남 : 저 양,

수심방 : 아이구 아이구 이젠, 어, 니멩이여, 니멩이.

문성남 : 이멩이여,

수심방 : 느넹이 아, 임뎅이.

문성남 : 아니, 어디우꽈?

수심방 : 오,

문성남 : 아니, 아니, 만생이 어멍 들려서. 아니, 아니, 이디 양, 형님. 경 헐 집이 이서, 저 신흥이 굴으믄 애돌룹지마는 양? 한동 하르방, 힘어선, 방애 안 견. 전상이여.

수심방 : 어, 어, 노리완.

문성남 : 아이구, 아이구, 거 잘 뒀저 전상이여, 만상이여, 오목가심.

수심방 : 아이구 ᄀ심이여.

김영수 : 무슨 고심이여?

수심방 : 가심이엔 햇주. 무신 ᄀ심엔 햇나. 아이구 신냇빙 난. 니열이여, 좌열이여. 아이구 어떵 허민 조코, 호끔 내렴저.

김명선 : 저 심남저게 심남저게 허멍 돌랑돌랑 햄서.

수심방 : 섯돌섯돌 뒈감저, 오물오물오물 햄싱게.

문성남 : 무싱거, ᄆ 직아점수가?

이중춘 : 막 그디 오는 생이여, 막 그래 오는 생이라. 막 그디오는 생이라.

수심방 : 오물오물 햄저.

이중춘 : 막 그디 완.

수심방 : 내리왓저. 아랫배가 호끔 봉고록 햄저.
어-, 덕택이여, 옥덕이여, 우던이여 덕땍이여 아춤 두던이여.

이중춘 : 그디?

수심방 : 어떵홉네까. 확 글읍서 경험자들. 어떵ᄒ민 조코. 내려가비여? 아이고, 아이고 삼도전거리. (일동 웃음)

김여수 : 앗, 창보, 건 로타리라. 로타리.

김명선 : 삼도전거리에 왔젠 햄수게.

수심방 : 아구겨, 아구겨, 아구겨, 허어엉(운다) 내렴저, 요거 잡기는 키우켜.

소무 : 우트레 올르는 건 잡기 궂어도 알로 느리는 건 잡기 좋아.

수심방 : 야, 큰메누리야 저디강 자귀 가정 오라. 빨리 자귀 ᄒ나 가정와게 이거 끊어불게.

소무 : 자귀대신 몽둥이라도.

수심방 : 이거 옥자귀로 번자귀로 영 행 (탁하고 주먹으로 친다) 아, 이젠 주먹이여.

이중춘 : 거, 기술 하나 좋다 거.

소무 : ᄒᆞᆫ 주먹 박아 불민, 그만 행방불명 뒈불처리.

김영수 : 궁둥이 바락 차불민 어떵허잰.

소무 : 아이들 모양으로 궨투허영.

수심방 : 찬수다. 나영은 절대 못ᄒᆞ지. 나ᄒᆞ곤 돌음박질 행 떨어지난에.

이중춘 : 여자는 좋아.

소 무 : 야이영 궨투ᄒᆞᆸ서.

수심방 : 주먹, 주먹 뭣꼬?

이중춘 : 오른 주먹가? ᄒᆞᆫ 주먹가?

수심방 : ᄒᆞᆫ 주먹이여.

이중춘 : 빈 주먹가?

수심방 : 빈주먹이여.

이중춘 : 어이구.

수심방 : ᄋᆞᆫ 주먹이여, 이 속에 무신게 이시니?

이중춘 : 들어 봐?

수심방 : 확 글으라.

고복자 : 난 앎네까?

수심방 : 무사 몰르니? 눈으로 번쩍 본디 몰라?

문성남 : 벌써 발명, 해명이 있어. 다.

수심방 : 있어? 무신 거부떠 몬저 불러?

문성남 : 게난, 귀국전 행신디 양, 사름은 그 사람 빕니다.

수심방 : 그 사름 빌어?

문성남 : 응.

수심방 : 어명은 개똥이 몰똥이고, 밧명은 양창보고, 춤일름이고.
이중춘 : 밧명꼬지 갔구나.
수심방 : 아이구, 첨, 저 어른 홀찍허민 저디 가주게.
이중춘 : 직지일월로.
수심방 : 응. 맵시도 있고.
소　미 : 눈있고, 서늉이 있다.
수심방 : 옳지. 서늉. 서늉.
이중춘 : 모냥도 있고.
수심방 : 모냥도 있고. 서늉 서늉아, 서늉아, 눈고냥에 서늉아, 베리기도 싫다. 콧구냥에 서늉아, 내마치기도 싫다. 귓구냥에 서늉아, 듣기도 싫다. 입구냥에 서늉아 담기도 싫다. 똑고망에 서늉아, 푸기도 싫다. 그디 서늉아, ᄒ기도 싫다.
박인주 : 어이, 심방, 굿 잘못햄서. 이것이 이 대목 가민 어찌 그런고 허난, 눈등에 가난, 느도 보기싫고, 나도 보기싫고 콧등에 가난. 느 내염살에 나 내염살에 못살켜 허난.
수심방 : 못살캔, 니동에 가난.
박인주 : 니도에 가난 느도 해싹, 나도 해싹 어디간 이거 매 알동네 간 거엔 고불 디가 어선 그디 간 곱은 생이라. (일동 웃음)
김영수 : 아주 잘 곱져나싱게.
박인주 : 옳지.
김영수 : 아상 가.
수심방 : 느 팔재나 나 팔재나. 우리 이웃 동네난 ᄀ찌 살게 허멍.
박인주 : 알 동네 가난 놈 아니 보고 그자 그디서 놀아.
수심방 : 배또롱 배자씨는 난 이거 보내도 섭섭허난 오라 나영 살게 해네 알로 우티레 동기곡,
박인주 : 게난 ᄉ랑해져서.
수심방 : 경핸 우로 알러레 동기단 보난 ᄉ랑해비어서 경해도 펀쩍. 귀오개야 귀오개야 일어나라, 일어나라 이 집안에 데령청 원성 제ᄒ잰허난, 이 집안의 예순 다섯도 귀가 잔뜩 막고, 우선 이집의 예순 싯, 예순 늿설 큰메누리 서른 두솔 귀가 잔뜩 막안, 심방들 강 물줍서 허믄, 바압? 밥줍서 허민 쓰올? 쓸줍서 허민 무싱거 담배? 영 ᄒ멍.
박인주 : 가당 오당 막앙 뎅겨는 걸.
수심방 : 잔뜩 막앙 뎅경 들은채 만채 영허멍 귀가 잔뜩 막았구나. 느나 일어낭 얻어먹으멍 놀멍 살라. 야— (웃음) 일어나! 따찌! 놈이웨다. 놈이웨다. 일어나라, 일어나라. (청취불능)

용놀이(갈용머리)

하늘과 땅 사이 청구름 백구름 알대월산 번구름질이로구나.
악끈(작은) 가락질이여 한(큰)가락질이여,
청누이질이여, 백누이질이여,
오리 안 궂인 ᄇ름질이여, 간질ᄇ름질이여,
삼성제 적국보내기질이여, 악끈 펄 많은질이여
한 펄(뻘) 많은질이여……. 악끈 듬북질이여…….

수심방 : 하늘을 보게.
소무(고복자) : 하늘을 보난.
수심방: (엎드린 자세에선 손이 보이므로) 하늘을 보난, 물 가운데 손이고, 손 가운덴 물이여.
소 무 : 하늘을 보난.
수심방: (천정을 보며) 스레트 아래 낭(나무) 걸쳐졋저.
소 무 : 낭 아래?
수심방 : 낭 아래 베니다 햇져.(당클을 설명한다)
소 무 : 베니다 아래?
수심방: (광목 천이 늘어진 것을 보고) 베니다 아래, 그랑그랑 햇져.
김영수 : (웃는다) 그랑 그랑.
이중춘 : 좌우드레 돌아 보라게.
수심방 : 돌아봤저. 돌안 보난.
소 무 : 이거 예.
수심방: (놀리며) 청룡이여!
소 무 : 청룡이여!
수심방: 황룡이여!
소 무 : 황룡이여!
수심방 : 천구아구대맹이로구나. 돌안 보난 요놈의 거, 팅팅헌 게 맛 조켜.
소 무 : 술안주 행 먹어불캔. 게난 기술이 좋아야 되어.
수심방 : 원갓 뿔라야 살아나는 것이여.
소 무 : 기술을 부려봅서.
박인주 : 그전에는 무술 배와나지 않해서게.
소 무 : 무술, 무술, 중국가민 무술ᄒ는 거 안 봅데가?

박인주 : 깊은 산중에 강.

이중춘 : 강 봐, 어떤 것고.

수심방 : 게메,

이중춘 : 혼자만 감서.

수심방 : 성님이랑 ᄀ만이 아자십서 예. 나가 벌어당 안네커들랑 그만이만 더 술집서.

이중춘 : 누게영 감서.

수심방 : 어 참, ᄀ만이 앉자십서. 나 걸음에 따라오지 못허난, 노시, 나만.

소　무 : 벗행 가사주게.

이중춘 : 외아들이 혼차만 감서.

수심방 : 누게가 무신 두 아들이라? ᄀ만이 이십서 긑은 팔자끼리. 저 어른허고, 요디 가운디 아진 어른 ᄒ고. 영수ᄒ고, 나ᄒ고, 똑 닮아진 거 아니우꽈? 몬딱 웬둥이고. 베려보난.

김영수 : 무사 웬둥이라?

수심방 : 안 가크라. 응, 도둑질해도 나 혼자. 수갑을 차도 나 혼자. 요라 사람 펄 티우구정 안 해여. ᄀ만이 아자십서. 간 벌어다그네, 동이 닮아지면 틀림없이 안넬거고. 은이 닮아지면 내가 먹을 거고. 또 멜라질 때는 저 어른이 책임을 지게 ᄒ고, 성공ᄒ을 때는 내가 책임을 지게 ᄒ곡, 경해영,

소　무 : 경만 햄시민 질 조쿠다.

수심방 : 일본놈안티 가면 '가부시키'가 이서, 우리 한국엔 주식회사, 경허명 살아보는 게 어떵 허우꽈? 형님이 바른 말 해붓서 좋지 안허냐?

박인주 : 맞주. 맞주.

수심방 : 에이구. 에이구, 나 펜들엉, 지네집의 굿 왔댄 나펜 들어.

이중춘 : 게난 저 어른 다음은 누게라.

수심방 : 저 어른 다음엔, 이 어른 다음은? 이 어른 다음은 어떵 허는고?

김영수 : 무시거?

수심방 : 나 고싸 이우는 말은 합당헌 거 아닌가.

문성남 : 게난 저디 혼자 모소왕 못 가켄허는 말이라?

수심방 : 나?

문성남 : 응.

수심방 : 아니, ᄀ만이 앉아시민 나혼자 벌어당 안네켄 햄주. 경해도 조쿠과?

소　무 : 게난 게, 벗은 행 가사주.

수심방 : 그디 그 물줄이 따라진 생이라.

이중춘 : 따랐지.

수심방 : 게난 그대로만 알앙허믄 될 처리주게. 경허난 벌어당 나가.

이중춘 : 경허난 돈이랑 저 사람ᄒ고, 동이랑 저 사람 줘불자게.
문성남 : 경허난 똥이 닷말이거들랑 나가 먹쿠다. (일동 웃음, 돈을 먹겠다는 걸 똥을 먹겠다고 잘못 말함)
이중춘 : 거 츠렛말이라.
수심방 : 츠렛말했지. 내가 무신 그짓말 헌 게 아니라?
이중춘 : 똥이 닷말이면 여기가.
수심방 : 좀좀헙서 예. 절대 똥도 꿰지 말고. 똥 꿰여점직 허건 저 어른은 발 뒤치로 똑똑 막으멍 아자십서.
문성남 : 강 봅서. 강 보난 어떵 햄십디가. 그디.
수심방 : 에이그. (북소리 덩)
문성남 : 그게 좀 든 때 허고, 좀 안든 때가 틀려.
소미 : 게난 양 그것이.
수심방 : 강 바려보니까 삼두구미(三頭九尾)라.
문성남 : 삼두구미, 무쇠눈이 푸딱 허멍.
수심방 : 대가리가 싯ᄒ고, 꼴랭이는 아홉ᄒ고
문성남 : 아홉ᄒ고.
수심방 : 그게 삼두구미라.
문성남 : 눈이 좀이 든 땐, 눈이 ᄌ미룽ᄒ고.
수심방 : 요것이, 아이구.
문성남 : 좀 안들어 봐.
수심방 : 원래 이게 소리 좋아허여, 엣날 양창보 아방 살 때 모냥으로.
문성남 : 응.
수심방 : 영낙어시 조아했주. 곧 죽어도 술은 먹어시난.
문성남 : 건 오른 말.
수심방 : 곧 죽으면서도 술은 먹어시난.
이중춘 : 거시기 무신 노신이랑 먹었젠 ᄒ던
수심방 : 응, 좃껍데기 쥐약 30원이난, 싸고 안 싸고, 건 문제가 아니고
이중춘 : 아, 춤 잘ᄒ고.
수심방 : 잘 ᄒ주게. 경허난 요것이 술 중에서도 이상ᄒ 주주.
이중춘 : 그렇주.
수심방 : 요기 오며는 삼신산 불라초,
이중춘 : 응.
수심방 : 대정 가며는 베락주,
문성남 : 베락주.

용놀이(갈롱머리) 215

수심방 : 정의 가며는 요것이 먹는 술, 이상헌 술, 포도주.
문성남 : 불락주는 어서?
수심방 : 불락주, 춤. 베락주 동해 청룡머리, 서해 벡룡머리도- (악무) 쿵쿵 딱딱.
소 무 : 거 봅서. 아이구.
수심방 : 이거 이상 더 벌러지지 않홈도 다행이주게. 원갓 내가 뽈르기로소니, 굿을 매겨동 춤 잽히지 않허연 요샌 비개는 안 먹는 시절이라노난, 요거 끈끈헌 거, 마치 먹을 만 해연, 가죽은 좀 질기켜 마는 요거 끈끈헌 맛으로 좋다. 경해연, 확허게 술 안주 해부컬, 나가 동작이 너미 뽈르난 나가 살안 와시니, 어떵호코 양, 강 보카라? 잠시냐 아니 잠시냐 나 혼자 가기도, 이제는 진짜 모숩고. 우리 술이 차민, 놈의 배또롱꼬지 다 물어불 꺼고.
문성남 : 강 보난 양, 초저냑부떠 먹엉 잠십디다.
수심방 : 말 말라. 나만 가켜.
문성남 : 혼자만 갔당 뭐.
김영수 : 확 들러먹어불건디.
수심방 : 베루! (마시는 소리) 호륵. (설쉐) 땡, 아이구 누게 말직 아니라도 좆이영 팔당이지 풋들풋들 햄저.
일 동 : (웃는다) 좆이영?
수심방 : 탁, 아이쿠, 앗! 요놈의 것이 웬간 줌도 군능줌을 잘 자주게. 요것이 줌자도 웃허게 자주. 군능줌을 자주게. 어떵 ᄒ는고 하니 이놈의 것이 줌을 지프게 들 때는 양창보 눈이 시딱ᄒ게 벨라진 때 모냥으로 영 행 그게 눈크는 게 겁재는 겁재주마는게 영호곡 안 잘 때는 요놈의 것이 옹포가민 '독눈이' 엔 헌 사람이 잇주. 돌객이 고서방이라고 셕상난 바리질 못해연. (웃음) 아니 경해연, 영해연 우터 아주 간 멕여부난, 아이구 서촌 가면 줌팍만 허고, 동촌 오면 솔빡만인 허연 딱 벨라졌저. 요런 기휠 놓질소냐 (노래) 동해 청용머리, 서해 벡룡머리.
문성남 : 양, 양. 옛날 상상조지랭이 부려먹던.
수심방 : 옳지.
문성남 : 언월도 비수검 허영, 우룩탁 해 낭 강, 탁 잡아그네.
수심방 : 경 해사주게. 조지랭이 심어당 뭐 언월도? 비서창검? 그거 해여그네.
문성남 : 응.
수심방 : 혼 잰도 했는데 그만, 자 이제부떠.
박인주 : 재주를 배와야주게.
수심방 : 희롱해영, 이런 때, 재주를 배우나, 내가 중국 가며는 무술, 조지랭이 씌던 칼,
박인주 : 우으로 오는 놈, 알로 오는 놈덜 이?
수심방 : 옳지.

문성남 : 욮으로 오는 거?
수심방 : 욮으로 오는 건, (신칼로 치는 시늉) 탁 이쪽으로 웬쪽으로 오는 건, (신칼로 치는 시늉) 탁 앞으로 오는 건, 착, 뒤로 오는 건 착.
김영수 : 사방으로 오는 건, 감장돌아 봐? 하늘로 오는 건?
수심방 : 경호고, 알로 오는 건 탁호고, 우트로 오는 것 영호곡 사방팔방으로 오는 건 막. (신칼 휘두르며 한바퀴 돈다) (웃음)
문성남 : 그만허믄 되크라.
박인주 : 잘됐고
수심방 : (노래) 동해 청룡머리, 서해 벡룡머리도 드리라 (악무)
소 무 : 아이고, 나 고냉이 서늉 잘했저.
수심방 : 뭐?
소 무 : 아이고 나 고냉이 서늉 잘했저.
수심방 : 요거, 콱 볼라, 죽여.
문성남 : 야개기 이.
수심방 : 어떵 홉네까. 한양 보내부러. 죽영.
문성남 : 어, 나덜 착하다.
수심방 : 어, 나 아방 착호고. 정 그대 산.
문성남 : 야개기 볼랑 죽여게.
수심방 : 마리는 든든허우꽈?
소 무 : 든든허우다게.
문성남 : 새 마리라.
수심방 : (신칼로 내리치며, 발로 밟는다) 탁, 탁, 탁
문성남 : 엣, 죽었저.
수심방 : 이만 허민 충분허주. 요거 그냥 묻어불기도 아깝다.
문성남 : 골이나 냉 먹게.
소 무 : 골이나 내여그네.
김영수 : 골 내여그네 마흔 두 살 줘.
수심방 : 친찰을 해 봥, 요건 줄었저 줄어서. 멧 십년 동안 혼번 멕여보도 못허난, 요건 줄었저.
문성남 : 오십 팔 년 동안 못 먹어노난 양,
수심방 : 어, 오십 팔 년 동안 못 먹으난 줄었주게.
김영수 : 예순 다섯 살 멕여.
수심방 : 요건, 열엿샛날부터 오늘까지 먹으난 호끔 낫았저. 낫인 걸로. 낫인 걸로?
문성남 : 경호고 양.

수심방 : 저디 거 낭푼 좀 가정 오라.
문성남 : 골만 내 노믄, 다 먹을 사람은 하시난, 다 먹을 사람 천지만진디 뭐. 신홍이 머리 아픈 것도.
김영수 : 만병통치.
수심방 : 문선생님 저레 갑서. 피 튑니다. (웃는다) 피 튀어, 엉, 윽, 억, 엉.
김영수 : 야, 골 나왓저.
소 무 : 이 약을 풉서.
문성남 : 양, 공드레 막 흘첨수게 공게.
수심방 : 안도 허구대구 경허주. 흘친 건 나 먹을거난.
소 무 : 게난 양, 약을 풀아봅서.
문성남 : 너미 짚히 까노난 골 흘어부럼수게.

뱀장사놀이

(수심방은 뱀골을 넣은 그릇을 들고, 약을 팔 듯이)
수심방 : 자, 약사시오 약사시요!
　　　　이 약으로 말홀 것 긑으면, 임질 양질 다이도꾸 창병좋고,
　　　　(웃음)
문성남 : 각시 얻는디.
박인주 : 머리 아프는디.
수심방 : 또 이 약을 잡수시면, 흰머리가 검어지고, 검은 머리가 희어지고, 여든 ᄒᆞ나 나민 첫아기 낳고, 아흔 ᄒᆞ나 나면 손지 폴고, 백 ᄒᆞ나 나면은 아들 둘째 아들 낳고 ᄒᆞ는 약입니다. 경헌디 이 약을 못 잡수시민, 내가 약 지시 해놓고 가커매 걸랑 잘 들읍서. 무슨 약을 ᄒᆞ는고 ᄒᆞ니, 설사 나는 디는 생콩ᄀᆞ룰 냉수에 카 먹엉 냉돌방에 누워시민 좋고, 알암수광? 눈 아픈 데는 멍줄에 당줄에 비자나무 송진에 고추장에 멜젓에 담앙놔두민 멀어지나 까지나 멜라지나 ᄒᆞᆫ 끗이 좋고 ᄒᆞᆫ끗 나고, 신경통엔 춘흙부침이 좋고, 허리 아픈 데는 소낭 새꺼풀 지어사 좋고, 만신이 고통ᄒᆞ는 디는 (뱀골을 들어 보이며) 요것이 좋은 제초제 ᄒᆞᆫ 듯 만병통치우다. (웃음) 절대적으로 사름은 죽어도 병은 고치난.
박인주 : 사람은 죽어도 병은 고친덴 허는 거 봐.
수심방 : 틀림어시, 내 옛날 할망이 집에 불부떠가난 그디 가 카나마는 쥐 포신 잘해점저 ᄒᆞ는 사람 있젠 행게.
소 무 : 무신 보시마씀.

소　　무 : 쥐, 쥐.
수심방 : 집에 불은 부떳주 마는 쥐포신 잘해졈젠 행게. (웃음) 경허난, 틀림어시, 요 어른 얼굴을 보난에 틀림어시 죽으민 숨을 안쉴 팔자로구나. (웃음) 게난, 이거 먹읍서. 이 약을 먹으민, 죽어봅서. 숨을 부지런히 쉬여집니다. 어떵허쿠과? 먹쿠과, 안 먹쿠과?
소　　무 : 먹단 입에 먹어붑주.
수심방 : 이 아주망 말이우다게. 이 어른만이 아니라.
강순안 : 다리 아팡 오몽 못허는 어른 주라게.
소　　무 : 이거 부떠 먹으민 또 어떵 허는 줄 앎이우꽈?
수심방 : (경상도 사투리로) 이거를 잡수면, 마 마, 보이소 내말을 좀 들어 보이소. 다른 게 아니라, 이 거를 잡수면 마, 신이 통달하는기라. (웃음) 안 그렇나? 그렇제. 맞아 신홍이가 그렇다네. 이걸 잡수면 신이 통달하는기라요. 마, 도사 다 됐십니꺼? 소상,
손　　님 : 아무 것도 배운 거 없구요.
수심방 : 도사가 다 돼시면, 이디 앚아가지고 호번 제비나 풀어 보시오.
손　　님 : 제비 본은 풀줄 몰라요 나는.
수심방 : 그게 무신 도사라. (웃음)
소　　무 : 저기 뽄 존 단골도 나왕.
이중춘 : 큰 심방 뵈와, 큰 심방.
박인주 : 난, 아픈 디가 어서.
수심방 : 귀가 먹으면, 내일 모리.
박인주 : 아프민 무시거 약먹으민 뒈주.
수심방 : 에, 에.
박인주 : 앞뒤가 있주. 여기 귓바매기가 앞이주.
심　　방 : 복자 아주망 아픈 디 있수강?
문성남 : 신홍이 머리 아프고.
소　　무 : 나야 아픈 디 엇수다.
심　　방 : 건강허여?
김영수 : 복자 먹음직 허다. 복자 멕여.
소　　무 : 삼촌이나 먹읍서. 경행 술찝서 양.
문성남 : 신홍이 줴게.
수심방 : 이거 너 먹으라. 건강이 좋나게. 이거 먹으민 신이 통달헌다 안 했나?
여　　인 : 신 안 통달해도 좋수다.
김영수 : 거 신홍이 줴사매. 신홍이.
수심방 : (신홍에게) 이거 첨 느 머리 아픈 디 좋나. 충이 머리끄지 올라왔젠허난 이 약을 먹어사주

어떵 허느니.

박인주 : 심방, (약 팔자 말라는 말) 저레 강, 팔아.

수심방 : 약 안 사쿠가? 약은 외상이고 돈은 현금이우다 (웃음) 약은 외상이라도 돈은 현금이난. (웃음)

박인주 : 사람은 죽어도 또 약은 조은 약이주.

수심방 : 북경 훈 각 낭 멕이랜 마씸 경허민 막은 귀 터진 댄 햄수다.

손 님 : 순자야 밥들 먹자. 밥 있나.

수심방 : 에-요건 못 폴키여, 아맹 해여도 뭔가 노민 먹나. 이레들 아집서.

소 무 : 거 봅서, 조캔난 달루쩨. 훈맛더면 큰일날 뻔 해잖했수가? 누게 아무라도 가족이라도 영 아자도 아뭇소리 안햄수게.

수심방 : 에 에-동해 청룡머리, 서해 벡룡머리, 모진 갈룡머리를 각리각산 풀어- (악무) 에- 동해 청룡머리, 서해 벡룡머리 천둥 무으레 가자- (악무, 신칼점)

소 미 : 조상이 내려오누랜 조상이 나 아잤수다. 한 가운데로 내려 오누랜.

수심방 : 양, 본주 지관관님, 본주지관님, 뵈려봅서, 나 ᄒᆞ는거동을 보라하니 이젠, 허단허단 버치난, 훈 제썩 나누어시난, 저 큰 메누리 어디 강 굴채 하나 가정 오라.

문성남 : 지개ᄒᆞ곡, 골채 행 이거 치와 가불라.

소 미 : 누게 치와가랜 해사주게.

수심방 : 게민 어멍네 오랑 치와갑서 이거.

문성남 : 혼저 저디.

수심방 : 양, 이거 안 치워 가쿠과? 대주민. (웃음)

수심방 : 겜으로 저거ᄁᆞ지사, 이거ᄁᆞ지사 날ᄀᆞ라 치우렌 말 못ᄒᆞ지. 나도 1년이면 질에서 서너 번 조상앞의 엎더지는 놈이 이런 걸 치우민.

본주(박인주) : 바려도 썹지근 허네 이? 빙빙빙빙 감아진 게.

일본 할망 : (웃음)

수심방 : 경허난, 나 허는 거동을 보라 해연, 한간 대청에 나 누워시난.

이중춘 : 게구제고 저 사름도 구대 구대 이구삽팔 구대 독신인난게.

수심방 : 아이고, 독신은 이제 삼대ᄁᆞ지 내려왔주마는, 경허난이런거 치우민 나도 반반은 간 아들 하나 신 거, 경허난 어떵어떵 해연 나도 신세 모깠주제. (웃음) 경허난.

이중춘 : 이 집의서 평생 먹을 거 받아그네 가불라.

수심방 : 그렇지요, 경이나 ᄒᆞ민 이거 뭐, 사람이 거 뭐, 한국 사람은 우깨도리 ᄒᆞ며는 죽을 동 모르게 대드난,

이중춘 : 경 안허믄 옷을 벗어부나게.

수심방 : 예, 아니 거 질문해 봥. 징서나 받앙 경ᄒᆞ곡, 징서나 안 받으민,

문성남 : 심방, 심방.
수심방 : 예?
박인주 : 요새 걸름도 내젠허민 이?
수심방 : 예.
박인주 : 엣날은 밥만 멕여줘도 걸름도 내주고 햇주마는, 요샌 대각대각 삼시 멕여주고 술받아주고 담배사주고 해그네 품주곡 행.
수심방 : 게메 이렇게 물정 아는 집에 일 ᄒᆞ기가 좋아.
박인주 : 맞아게. (웃음)
이중춘 : 지금. 말 조은 디 장 고리메.
수심방 : 아이고.
이중춘 : 전부 현금으로.
수심방 : 그렇지. 이렇게 물정 아라그네 딱 현금으로 갓다주는 집의 일 ᄒᆞ기가 좋아.
박인주 : 맞아.
이중춘 : 게난 종이텁에 만주애미 기리지 말앙.
수심방 : 그렇지.
이중춘 : 현금으로.
수심방 : 현금으로, 경해영 앗다놔도 아멩해도 일구이언은 안 헐거란 말이여 걸름내도 돈은 준댄 허난, 그말이싸 반뜩 올른말이주.
박인주 : 이거 이, 지금은 치왕은 안 돼주게. 치울 대목이 있주게.
수심방 : ᄒᆞ고말고, 절대 보증 안 앗지민, 증서 안 받으민 안 돼주
박인주 : 우리거 또 먹은 연이여, 입을 연이여 행 입게될는지.
이중춘 : 잘 굴암싱게게. 먹을련 입을련 될 걸 잘 굴아부러.
수심방 : 에이, 아 시간 없당께, 확 치마, 치마.
박인주 : 아무 치마라도 노으라. 저디강 이리 앞으로 가정오라.
수싱방 : 어떵허쿠과? 큰메누리 그디강 옷 입으멍 나 말 들읍서.
박인주 : 이 구들레 왕 아지라.
문성남 : 이건 안 치와가고, 홈치 안트레?
수심방 : 응, 안트레 왕 아지민 좋나. 눔 줄 거 안주고 이녈 욕심만 채우믄 된다. 이거 춤 좋은 말이여.
박인주 : 아니, 인정이랑 걸고 게.
수심방 : 인정이랑 걸곡?
박인주 : 여기 돈 내 놔불라.
수심방 : 얼마나 내는고.

김영수 : 요즘 걸름 하루 내는 디 돈 언마닌고? 하루에.
메누리 : 만 오천원 아닌가?
이중춘 : 아니, 거시기 뭣고? 인정이 아니고, 일당 수고비로 받아불자게.
수심방 : 글쎄말이우다. 수비비지 나 무신 인정돌랜 안허난.
김영수 : 수고비로 오만원만 받아게.
수심방 : 흐루 추럭 대절비만?
김영수 : 어, 오만원.
수심방 : 흐룰 그자 지여 날르는 파지게 운임 갑이나.
소 미 : 2백만원.
이중춘 : 마농이? 만농 흐룰 매도 6천원이라.
수심방 : 그렇지게 (웃음) 젬으로 마농밧 매는 비야 안주랴 원.
이중춘 : 안 되지. 게난 심방이엔 말 듣곡, 게난 마농 흐는 멩 품으로?
수심방 : 그 두에 아진 어른 봅서. 썩은 비단 풀암직이.
이중춘 : 게난 그 비단에 넘어나지 말아그네 것도 종이텁에 만주애비 박지말앙 홈치 이제랑 현금 치기로.
수심방 : 양, 대주님 마씸? 본줏 어른, 이거 베려봅서, 뒤엣 할망신디라도 꾸엉 이레 아정옵서.
이중춘 : 저레 할망상드레 앚다 놔불어게. 할망상드레.
수심방 : 어떵 허쿠과? 양, 당주레 돌아가는 걸 따시 보쿠과?
이중춘 : 아니, 일단 안 주커들랑, 공시상드레 들여놔부나 게.
박인주 : (인정을 놓는다)
수심방 : 에이 그거믄 충분허다.
이중춘 : 어느 거 충분헌 말이라. 아 사람도 참 사람은 춤 순진한 사람이네. (웃음)
수심방 : 순허기로 소문나부렀수게.
이중춘 : 경허난 아방이 술을 잘 먹주게. 게난 순허지 말아, 이디 아자 봐 마농 흐룰 매도 육천원이라.
수심방 : 이것 또 놈의 후둘림에 넘어낭 난리나불 꺼 아닌가?
이중춘 : 아니, 후둘림이 아니고, 지도 경해연 돗제에 강 인정받는 심방인디게. (일동 웃음)
문순실 : 양, 이 삼춘 돗제에 왕 팔만원 받아그네. 팔만원 받아부런.
수심방 : 곧는 어른은? 놈의 드리둥기는디도 뒤로 간 먹언게. 뒤로 강 거짓 동겨둥 나안티 둥기난 게,
수심방 : 견디 야, 봅서, 족으우다, 족아.
김영수 : 거 봐, 족댄 햄서. 맞아, 맞아.
수심방 : 넉장이면 죽을 소자란 말이여, 예, 요시아문나, 대중이 곧는디 양?

본　주 : 오. 맞아.
수심방 : 난들, 어찌할 도리가 없다. 신홍이도 이레 이 천원만 가정오자. 큰메누리도 이레, 셋메누리도 이레.
김영수 : 족은 메누리영.
동　네 : 족은 메누린 할망 데리레 간 안와비였수게.
수심방 : 예, 할망데리레 가불고.
김영수 : 것도 이 천원 살아나고.
이중춘 : 게난 오천원 벢의 안 돼서.
수심방 : 이제 육천원 ᄒ고,
이중춘 : 어는 거 육천원, 오천 원. 게도, 만원은, ᄒ를 값은 주사주게.
수심방 : 이레 모진, 영 ᄒ레비가, 한한 늦언 누웠구나. 방안방안 구석구석 모다지던 일어나 모진 갈룡머리랑 안으로 바껏드레 실어 방송― (악무) 실어방송― 이 집안 안의 먹을련뭇 입을련뭇, 남전북답 너른 전지 나수와주고 살을련 반착 씨를 나수와주고 이 집안에 당주 삼시왕으로 신이 굽허상 어명촟아 삼멩두 서른요돕 궁전궁납ᄒ단 뭇 나수와주고 먹을련뭇 입을련뭇 나수와주고 천아거부 부재팔명 시겨옵던 이런 전상이로구나. 그뿐 아니라 안으로 칠성ᄀ찌 물어 들면 어주애 아강벽 입에 물어오던 바껏딜로 안트레 잉어매살립니다―

산받음

(악무. 상잔을 입에 물고 멩두메를 내면서 산을 받음)
신홍이, 이 집안 큰 아들 서른 아홉 (산을 던진다)
안으로 신이급허사옵는데 셋아들 (산을 던진다)
들여가며, 안으로 신이굽허 있습네다.

주잔권잔

주잔덜랑 내여다 저 만정에 나사민, 청소록이로구나. 벡소록이로구나,
남의 실명 흑소록이로구나, 1년못인 군사 하소록덜 불러주던 군졸랑
주잔으로 많이 많이 권잔을 들여가며 개잔개수해여 위올려 디립네다.
제청제추 이집안의 군웅의 일월 심진제왕 제석일월님전님

제돌아 점지헙서 (산을 던진다).
굿해엿수다.

본주들 : 고맙수다.
고광민 : 삼촌 속앗수다.

▶ 강태공서목시(首木手)놀이

강태공서목시(首木手)놀이

채록 : 1982년 임술년 11월 29일(음력 10월 14일)
공연장소 : 동복리 성주풀이
출연 : 박인주, 고복자 외
채록 · 정리 : 문무병

가. 개요

〈강태공서목시〉는 새집을 지었을 때 하는 〈성주풀이〉굿의 '굿중 놀이'로 삽입된 놀이굿이다. 새집을 지었을 때, 이 놀이굿은 강태공이라는 신범한 목수가 '영등산에 덕든 나무'를 베어다 새집을 지었기 때문에, 집이 단단하고, 집안에 복을 불러들인다는 유감주술이며, 모의적인 건축의례다.

연행방식은 강태공으로 분장한 소무가 숫돌, 먹, 쌀, 된장 등을 자루에 담아메고, 어깨에 도끼를 메고 기다린다. 수심방이 "강태공서목시!" 하고 두 번 부르면, 휘파람을 불고, 세 번 부르면 대답을 한다. 수심방은 강태공이 살아 있다고 기뻐하며 강태공을 청하면, 강태공이 문앞에 나타나고, 수심방은 무명천으로 목을 걸려 제장으로 끌어 들인다. 강태공은 비틀거리며 제장에 들어와 죽은 체 한다. 수심방은 "봄병아리는 꽁무니를 불면 죽은 놈도 살아나는 법"이라며 꽁무니에 입을 대고 불려고 하면 간지러워 벌떡 일어나 앉는다. 이때부터 수심방과 소무(강태공)의 문답을 통하여, 도끼를 안면과 뒷면으로 바꾸며, 목수의 연장을 나열한다. 즉, 도끼 하나로 모든 연장을 대신하는 신범한 목수임을 과시한다. 돌래떡으로 도끼날을 갈고 나무를 베러 가는데, 소무들도 악기를 들고 따르며 "영등산에 덕든 남 베자" 합창하며 집안 곳곳을 돌고, 강태공은 도끼로 찍는다. 세워진 모든 것이 '영등산의 덕든 나무'로 지어졌다는 것이다. 집안을 다 돌면, 대나무로 만든 성주대를 생깃지둥(큰방과 고팡과 마루방 사이의 기둥)에 놓아 도끼로 찍어 끊고, 잘게 깨어서 실제로 작은 모형의 집을 짓는다. 이 집이 바로 강태공이 지은 새집이다. 시루떡을 네 개 놓아 주춧돌로 삼고 거기에 대가지를 꽂아 기둥을 삼고, 대가지를 걸쳐 상마루, 대들보, 서까레 등을 삼고, 백지를 덮어 기와를 삼고, 이렇게 집을 지은 뒤 '쇠(천문)'를 띄워 점을 친다. 그리하여 새로 지은 건물이 배치나 상태를 제주에게 이른다.

나. 놀이의 구성

① 초감제
　　배포침→날과국 섬김→연유닦음→군문열림→산받아 분부사룀
② 새ᄃ림
③ 오리정신청궤
　　젯ᄃ리앉아 살려옴→산받음→본주 절시킴
④ 추물공연
⑤ 석살림
⑥ 성주눅임
⑦ 강태공 청함(강태공서목시놀이)
⑧ 쇠띄움
⑨ 지부쩜
⑩ 바라점하고 분부사룀
⑪ 성주풀이
⑫ 상단숙여 소지 사룀
⑬ 문전본풀이
⑭ 각도비념
⑮ 도진
　〈강태공서목시놀이〉는 ⑥ 석살림(성주눅임)에서부터 ⑨ 지부쩜까지 채록하였다.

석살림(성주눅임)

수심방: 성주 유(位)로 신 눅어갑니다. 석시러 신메웁니다.
　　　　(악무)
　　　　신메와 있습니다.
　　　　금년 해는 임술년 시절인데, 돌은 보난 만국 시월돌이온데
　　　　열사흘날, 시를 보난 오미간으로 천상천하 명산산천 대아받은
　　　　물초진 수도 할마님 굴막은 좌정헌 신도님 초감제
　　　　석시로 옵서옵서 청해여 있습네다.
　　　　시군문 열려 오리정 신청궤로 우 앚지고 좌 앚지고

우 벌여, 좌 벌여 신 벌여 있습네다.
뜨라져 마치 조은 금공처, 때미 조은 초아전 굿 모까 있습네다.
강태공서목시님은 조왜 조왜 열두 조왜
상조왜 허조왜 짐조왜 안조왜 고조왜 당조위전 공조왜 박조왜
정주윗전 거느려
해툰국 돌툰국 십이대국 주리 팔만국 놉네다.
그 뒤으로 대한민국 달라진 국 마은 안섬 대만 ㄱ을 놉네다.
퍼뜩허면 산으로 놀고, 퍼뜩허면 물도 넘어 놀고
첩첩산중 굴미굴산 아야산 노조방산,
이산 굼부리, 저산 굼부리, 해 아진 굴, 달 아진 굴
팔도명산에 노념홉네다.
영미국도 노념허고, 일본 주년국 땅도 노념허고
함경도라 벽도산[白頭山] 노념허고,
평안도라 모향산[묘향산], 황해도라 구월산 노념허고,
그 뒤우르 충청도 게룡산, 서월이라 삼각산,
절라도 지리산, 강안도 금강산, 송도 송악산
광주 무덩산[無等山], 전라도 무안 유달산 노념허고
산 넘어 물넘어 옵네다.
할로영주 어리목 어승셍이로, 테역장오리 물장오리로
성널곶으로, 드리 뒤꼿 압벵디로
우진제비 바농 우로 올르레비 그든 오름으로
둔지, 다랑쉬 첩첩산중 대정가민 대정곳,
정의 가민 에초곳 목안 오민 서늘곳
대촌마다 노념허고,
이산 저산 아흔아홉 굼부리마다 노념홉네다.
퍼뜩ㅎ민 저너미 산도 넘어듭네다. 물도 넘어 듭네다.
금년 임술년 만곡 시월 열사흘 날,
오미(午未) 간으로 제주절도 동문밧 나든 절
구좌읍 이 동복 비석거리 동녁 지둥문 엽골목
성은 김씨 문중집 일가방답 제족간
다 일루 신수퍼 제당 왔수다.
절간집ㄱ찌, 법당집, 신전집ㄱ찌 무었습네다.
일로 임봉주 대주대 쉬흔 아홉 조대 눌려옵던

짐해 짐씨 이 어룬덜 다 일로 시제로 모제로
제삼편으로 갈려오던 날제 우제 시오정난 만허고
풍우대적 흔 날 만허고, 대오방 수처지 흔 날 만허난
ᄌᆞ순덜 불원철리허고, 성의 성심으로 ᄌᆞ순덜이
성주님에 올리젠해도 그렇게도 못돼난
일가방답 제족간더레 세사에 모인 금전 메와
금진 주택을 사 이 집안을 문중집으로 전대전손
만대유전 헐 집 주손이 이 집안 문전 지켜고
토신도 지켜주 영 해연,
무자년 사삼사건 육대 때, 옛날 불근불 부쪄 환올려
무자 기축년에 성둘러 이 동복 설배ᄒᆞ던 짐씨 주당이
몬처 이집 해연 살단, 조은 금전 조은 환메어 성은 짐씨
동안 대주 쉬은 흔설, 이집 동안 대주 돼엿수다.
문중 가문이 다 일루, 옛 선조님네 옵서옵서 해영
삼멩일 기일제서 일로 시제집으로 출렷수다.
묘제 집으로 출렸수다.
이리ᄒᆞ난 성주님은 초감제에 청발헤여 있읍는데,
떨어진 열두 주왜님 오리정 신청궤로 옵서옵서
청해여 있습네다.
맛이 조은 금공서 설운 원정 올려 있읍는데
영급조코 수덕조은 강태공서목시 열두 연장 거느리고
노픈밧 놎인 밧 ᄎᆞᄎᆞ 이ᄎᆞ 신수퍼 오시는데
서늘곳으로 큰대곳으로 ᄎᆞᄎᆞ 이ᄎᆞ 내려온다.
정드르로 정문도로 내려온다. 그디우로 ᄎᆞᄎᆞ 이ᄎᆞ로
어들로 내려오나, 좌장으로 내려온다. ᄎᆞᄎᆞ
웅진이 방에로 들어온다. 웅진 오난 어디레 가코 해연
이 동복 이 골막 비석거리로
상메여 초미 연반석 둘러받으며 신부찌라.
(악무)

강태공 청함

수심방 : 초미 연반석 둘러받아 신부찌난

　　　　　어느 굼부리에사 들어신지 지픈 산중에 들어신디
　　　　　해 아진 곳, 돌 아진 곳, 아흔아옵 굼부리에 들었는지
　　　　　알질 못흘로다.
　　　　　그리말고 불러보라, 웨어보라, 우겨보라 영이 나는구나.
　　　　　그리말고 불러보자. (구경꾼에게) 이, 강태공서목시 말이우다.
관　객 : 웅.
수심방 : 원, 청해도 안 들어오고,
관　객 : (웃음)
수심방 : 군문을 잡안, 영 해 가난, 어디 지픈 산중에야 들었는지.
　　　　　해 그물에야 들었는지, 돌그물에야 들었는지,
　　　　　첩첩산중 아야산 노조방산에야 들었는지 알 수 없이난,
　　　　　이 산중에 들어강, 웨는 소리가 멀리갑네까.
　　　　　부르는 소리가 멀리 갑네까, 이렇게 우기는 소리가 멀리 갑네까?
관　객 : 우기는 소리가 멀리 가주.
수심방 : 우기는 소리가 그렇지, 그렇지. 맞수다. 불르는 건 지금이난 그렇주 엣날
　　　　　야외 굿을 가난, 이거 선출 허젠허난 상과 남을 허래 가도, 영허믄 이녁은
　　　　　애비 똘이 가도, "족은년아." 헌 건 멀리 못가고, "어디 가시니?" 영 해도
　　　　　멀리 못가고, 우긴 건 "우아-(부르고) 요오 (답하며)" 저착에서도 "우아-, 요오"
　　　　　영해연, 이것이 우기는 소리가 멀리 간단다.
　　　　　(창으로) 그리말고 놋인 골, 범낮인 골, 올라사며 노픈노픈 드레 쉐치기 드리자.
　　　　　북 아진 동산, 벵 아진 동산, 대영 아진 동산으로 노피덜 "문 더끄지 맙서"
　　　　　웨어보라 혼다, 불러보라, 우겨보라.
　　　　　강태공서목시- 요오. 아이고 어딘 간 곱져분거라 이거.
일　동 : (웃음)
수심방 : 아니 술이나 혼잔 오랜만이 안네고,
　　　　　아니 문중집 지여두랜 허연 성주풀이 허는디,
　　　　　성주 거느리멍 허는디, 아 봅서게. 이때도록 나간 아니 어드레 강
　　　　　어디 강 곱아부러신지.
일　동 : (웃음)
소무(한생소) : 아니, 강태공 하르방안티, 마중 갔다 완.
일　동 : (웃음)
수심방 : 야, 초펀 불러 인구답 읎나. 입모불견 돼엇고나.
　　　　　따시 재추 우겨보자. 강태공서목시-오오, 이거.

소　무 : 펀펀.
관　객 : 진짜 어디 가불엇저.
수심방 : 저 굴묵밧디 누게고 봉근이 성 술먹엉 오누랜 허난,
　　　　게난 누게 양철이가 울럼시냐? 게난, 단골님네 지금 싀상 사름들은
　　　　몰릅네다. 엣날은 고사릴 것끄레 가나, 양왜를 ᄒᆞ레가나, 마농을 캐레가나
　　　　엣날 풀묵을 먹을 시절에 우리 그 푸나물 송키허레 산중마다 뎅길 적에
　　　　영가 해네 새소리만 숭을 털어도 그날 혼을 빠가부렁 ᄒᆞ룰 저물앙 질 잃엉
　　　　헛께가, 이제 모든 걸 전부다 행 그땍에 경들 안했수가. 지금은 인총으로
　　　　사람으로 벌어지난 그 놈의 새가 어디야 간다. 그놈의 허깨가 어디야 간다
　　　　밤인 들민 어둑어 가민, 뭣고 시깻날이라도 당허연 궤기ㄱ 뜬거 구워가민,
　　　　올레고 어디고 몬딱 도깨비들이 엉기덩기 춤추던 놈의 도깨비들이 어디야 갔는지
　　　　야, 이젠 인발이 심해노난, 게난 이제 나는 사람은 구신을 눈으로 안 보난,
　　　　구신이 없다고. 겐 미신이라고.
　　　　이렇게 허나ᄒᆞ뒈, 거 동도래기산디, 남도로기산디.
소　무 : 내가 기원에 가도 아무런 얘기를 안 허더니, 아하. (웃음)
수심방 ; 이제 영해노난 이제 또 ᄒᆞ번 제 삼편 불러 봥 예? 요것이 원 허궁이 새 소리산디. 강태공
　　　　서목시-오오.
강태공 : 야아- (대답이 들린다)
일　동 : (웃음)
수심방 : 아이고. (창으로) 살았저, 살았저. 그리말고 초미 연반상 둘러받아 신부찌라. (악무)
수심방 : 초미연반상 둘어받아 신부찌난, 오리정으로 신수퍼 초편 이삼판 신나수라. (악무)
수심방 : 오리정으로 근당허여 이 마답으로 금마답으로 신수퍼 오난, 열두 불리연장 둘러 엉기
　　　　덩기 춤을 추는 듯 ᄒᆞ는구나. 석자오치 재우개 손수건 둘러 받아 춤을 추라. (악무)
수심방 : 강태공서목시 들릴 듯 들릴 듯 웅홀 듯 경홀듯허고 문전에 당해여도 아닌듯 초편 이편
　　　　재삼편으로 청허라. (악무)
수심방 : 감상기 압송ᄒᆞ고 문상 천만기 가정오라
　　　　제인정 제여 받아야 든다. ᄇᆞ름을 이 조순덜 벌어먹은 거
　　　　성주님 덕택에 벌어 씌고, 성주님 턱택으로 제 인정 제여 어서 바쪄
　　　　ᄒᆞ시는 구나. 돈으로 천냥, 은으로 만냥, 만국이 진동 데령허여
　　　　들여가며, 강태공도 제우정 손수건으로 청허라.
　　　　(악무)
　　　　(심방은 향불들고 춤을 추며 문으로 들어오는 강태공서목시를 석자오치 광목수건으로 목에 걸어 집안으로
　　　　끌어들인다. 제장에 들어오면 강태공서목시 죽은 시늉을 한다)

관　　객 : 인정 받앙 들어오라.
소　　미 : 인정 주었수게게.
수심방 : 게나제나 이거 강태공서목시 죽었구나. 야, 저디, 불 아져오라. 조롬을 불민 살아난다 게.
강태공 : 살았다. 살아나면 나무도 잘 핏기가 든직허는 볩이여. 살아났저.
관　　객 : 살아났저. 살아났저.
수심방 : 아이고 어들로 옴이요게.
강태공(고복자) : 내가 초기 부산으로 노조방산으로, 물장오리 테역장오리 어승생이로 아은아홉 골머리로,
수심방 : 그렇지.
강태공 : 이 산 굼부리, 저 산 굼부리로 뎅기단 보니 김씨 주당에 쉰 ᄒᆞ나가, 저 쉰 둘과 또 마흔, 스물 다섯 사는 주당에 그 주당에,
수심방 : 이거 그 주당이주. 이거 그 주당이 아니고 그 주당이여 이.
강태공 : 나 오막개 물 먹었어요. 오막개 물먹었어.
수심방 : 종달리 오막개. 알 것 ᄀᆞᆺ으다. 예. 그래서.
강태공 : ᄌᆞ순들이 불른다 하기에 이렇게 춫아왔어요.
수심방 : 그렇지요, 산중 산압에 놀고,
강태공 : 그렇지요.
수심방 : 언뜩허믄 강태공서목시 언뜩허믄 산넘어가고, 언뜩허믄 물넘어가고 해 아진 골, 돌 아진 골로, 해구머리, 돌구머리로 아니 뎅긴 디 없어요. 말 만금 대만금 고을로 산중마다, 폭포마다, 어개마다, 게나제나 철년굴 만년 개울을 그런디 골마다, 굴미굴산 아야산 노조방산 첩첩산중에 있는 산중마다 강태공서목신 몬딱 나무에다가 패 질러두고, 나무에다가 게다가 잃어나불카부댄 그렇게 해서 그 주위청들이 다 왔어요.
강태공 : 다 왔어요.
수심방 : 하이구. 열두 주위청 그 열두 주위리 연장들 다 가져오고 이, 게나제나 몸만 뎅겨도 뭘 헐 텐디, 거 지여 아지고, 안아 아지고 강태공서목시가 이ᄀᆞ찌 당도허난 이 캄캄 어둑운 춘하춘경.
강태공 : 비도 오곡.
수심방 : 심야삼경 지픈밤 날세 우센 시오장단ᄒᆞ고, ᄇᆞ름불어 풍우대적ᄒᆞ고 본은 필우 대오방 수 철린데 그런게 아니오.
강태공 : 예.
수심방 : 강태공서목시. 신의 성방 말도 들어보시오. 그전 옛날옛적.
강태공 : 예.

수심방: 우리 동복 설비ᄒᆞᆫ 디가 삼백 혼 지금 열두해 벢의 안 됐어요.
강태공: 예
수심방: 어제 그직엣 일이지요. 설비해서 이렇게 헌디, 아덜도 살곡 똘도 살곡
가속도 살고, 몬딱 손지방답 어시 다 살단 ᄆᆞ을인데,
무자년 사삼ᄉᆞ건 육섯돌 열아흐렌 뒈난, 열아흐렛 날은 늦은 풀 뷔여가듯
피로 낭자ᄒᆞ고 시내방천이 뒈고, 그날에 손지잃고 부모잃고,
할망은 하르방 잃고, 하르방은 할망 잃고,
냄펜은 가속잃고, 가속은 남편잃고,
아바진 어머니 잃고, 어머닌 아바지 잃고,
성은 아실 잃고 아신 성을 잃고, 다 이렇게 허면서 핸 살다가
무주 기축년에 와서 성둘러서 이제 다 이렇게 일천고생 다 햇지요
어째 이디 와 사느냐허면, 다른 ᄆᆞ을도 많이 있고 ᄒᆞ주마는
부모들 선조 땅이라 태순땅이고 먹던 물을 셍각해서
농ᄉᆞ농업 지어난 셍각, 바득바득 걸어난 셍각,
이디 살던 셍각으로 이거 술진 말 중보듯, 이 동복, 이 굴막을
따시 설비해가지고 이렇게 헌디 이거 짐씨 주당이요.
동복리선 좀 믿어놨지요. 이딘 명의따라 그래서 구신이 어디있냐 그래서
믿는 거 잘 알지요, 야소교나 천주교나 이제 해월교나 모든 걸 전부다 해서
이제
강태공: 잘 알아요. 신통허게.
수심방: 그렇지요.
강태공: 어떻게 그리 신통허게 그렇게 잘 알아요.
수심방: 그렇지요. 이러다가. 불쌍한 정녜,
강태공: ᄀᆞ를 말 다 골아부난 뭐
수심방: 이 집안 주손, ᄌᆞ순이 되지요.
강태공: 예.
수심방: 이 집안 대대 대대 대대 내려옴 내려옴 헌 게 쉰 아홉 인봉 조대요
쉰 아홉, 인봉조대니까니 옛 어룬덜, 옛 선조 어룬덜, 시게 멩질을
어떻게 다 ᄒᆞᆯ 수 있겠어요. 삼멩일 기일 제ᄉᆞ를 어떻게 다 ᄒᆞᆯ 수 있겠어요.
그러니 시월 나민 시제로 ᄒᆞ고, 삼월 나민 모제로 ᄒᆞ고, 이렇게해서 헌디
없는 집을 돈주어서 샀지요. 성은 이씨 불쌍한 이 정녜.
쉬혼 두 술, 주손 각시 되고 이러니까니, 어서 집없고 절 없거든. 임자없는
요즈음 말어신 청풍으로 집도 절도 없어서 불쌍헌 정녜. 청상 과수로

스물다섯 난 아들 ᄒᆞ나 믿고 믿어서 세상 아니 난 폭 쳐 가지고 살아가니 세상
춤말로 그렇지요 정절 수절 지켰다고 해서, 열려비나 충신비나
세와줄랴고 해도 그렇지도 못ᄒᆞ고 이러니까, 방답에서 의논의논 공론공론
해서 이집 그대로 이집을 문중집으로 물려주고, 따시 밧을 사도 문중 밧으로
게서 가족 공동묘지 전부 다 해서 엣 어룬덜 이때도록 살아 온 역사 비문도 해서
전부 다 세웁곡 모든 걸 전부다 해서 헌디, 이집이 어째 그런고 허난,
성주낙성 대풀이를 안허면, 믿는 사람이 사라불지 담노동
상성주, 중성주, 하성주 사진녹진 제오방 제토신 문전 터의 터신님네가
몬딱 그 때 냇ᄀᆞᆺ 두곳에 다 하늘옥황에 불근불 부찔 땍에 다 오라가 부렀죠.
그러니까 우리 내 ᄌᆞ순이 들어와야, 초상은 ᄌᆞ순이 ᄎᆞᆽ는 법,
ᄌᆞ순은 초상을 ᄎᆞᆽ는 법이니까, 이래서 이집의 터의 터신 오방신장 제오방
제토신 성주님들이 고자ᄁᆞ장 물 굶었어요.

강태공: 물 굶었댄.
수심방: 밥굶고, 물굶고.
강태공: 올레서.
수심방: 그렇지요. 이렌 공중에서 떠돌고, 어느제민 우장 썽 비 기들리당
나 ᄌᆞ순이 이집을 들어오랑 우리를 청해영 각 방으로 청제어 가민
누게 몸이 아플 거 아니요? 문전에서 막아주고, 어디 행로질도
문전에서 막아주고, 어디 물을 넘어가나 산을 넘어가나 외국을 가나
모든 걸 전보담도 문전 터의터신에서 막아주어야주, 곳딱허민 아프민
벵원장신더레 이원신더레 이사신더레 곳딱허민 심방신더레 어떻게
가겠어요. 이런 것 저런 것을 정서 정서 눈물지곡 한숨지곡 걱정질 일을
다 막아줍서 해가지고, 집의 불화변이 나나 도적적 칼이 들어도
문전 터의 터신이 세면은 못들어오는 거여.
강태공: 맞아요.
수심방: 이제 이레 개를 질라봐도 도적마치젠 허민, 춤 숭세난 것 같이
그날은 속솜해분다는 말이 있어요. 이러니까 터신에서 막아줄까 이래서
그래가지고 오늘 옥항에 뜬 성주님네 다 옵서옵서 해서 바래보시오
절간집 법당집 모냥으로 신주집 모냥으로, 지어놔서 일층 이층 제삼층으로
제단집으로 전부 다 무어놨죠. 바래보시오. 일로 이렇게 벡장으로 두리놓은
것 같이 벡장으로 청지왜로 두리 논 것 같이 동편 왕석 서편 금석으로
해 논 것 보시오. 춤말로 이렇게 해 가지고 모든 걸 전부다 해가니까
이거 이젠 젯방 됐지요.

강태공 : 예.
수심방 : 이젠 엣 조상들 전부 다 이젠 여기 점주홀 이젠 좌정처가 됐어요.
　　　　잘 알고 있어요?
강태곡 : 잘 알고 있어요.
수심방 : 그러니까니 이 강태공서목시를 어째서 청했는고 허난
　　　　이집 질 땐에 영미군 낭도 들어오고 일본 주년국 낭도 들어오고
　　　　우리 조선 팔도 명산의 낭도 들어오고,
　　　　어개엣 낭은 안 들멍 솔덕엔 낭은 안들멍,
　　　　어총엣 낭은 안들멍 비총엣 낭은 안들멍, 골총엣 낭은 안들멍
　　　　이낭에서 클 때, 천앙새는 울지 안허멍, 지왕새는 밥주리 욱은새여
　　　　공작새여 뭐여 다 울더니, 지 살던 집 다 끊어가간 오죽 울면서
　　　　똘라올거여. 겐 나무에 새가 이디 똘라오고, 어총에 비총에 다
　　　　언어먹을랴고 돌라온 게난 나무에 목신을 드리고. 혹에 나쁜넋
　　　　도 많이 들었죠. 집짓잰허민 혹없이 집을 져요.
강태공 : 맞아요.
수심방 : 또 집짓잰허든 돌없이 집을 질 수 있어요. 돌에는 석산,
　　　　그래서 모든 걸 드리기 위해서 가지고 강태공서목시를 지금 청흔 바요.
강태공 : 고맙소.
수심방 : 고맙소. 그래서 강태공서목시오.
강태공 : 예.
수심방 : 이 집이 돈을 주어 한 해에 보니까 예 정든 날 정든 시에 이 집을 지었어요.
강태공 : 입구상냥(立柱上樑)혼 날
수심방 : 그렇지요. 입구상냥했지요. 그러니까,
강태공 : 시간이 바빠요.
수심방 : 그렇지요. 여기서 산제 출리잰. 이 택일 받아오란 몬딱 무음먹고 뜻먹서
　　　　해 논 건 그자. 몬 이거.
강태공 : (웃으며) 이거야 바당에 나는 거요. 이거. 부뜨는 거요.
수심방 : 상퉁인 하나요 발은 으듭 개.
강태공 : 으듭개. 뭉개요. 이거.
수심방 : 뭉개. 그렇지요. 그러니까 하아 아이구 이거 거매로 올려난 거. 산 그네로.
강태공 : 예, 산 그네로.
수심방 : 이건 뭐요.
강태봉 : 이건 소곰.

수심방 : 아, 소곰. 그렇지요. 아니 강태공서목시만 먹으려고.
강태봉 : 먹다 남은 거요. 먹다 남은 거.
수심방 : 그렇지요. 이건 석섬 닷말 칠새오리 올려간 게 이것 뿐이요?
역시 먹기 마련 쓰기 마련이오. 그건 뭣이요?
강태봉 : 이건 저, 요새 나는 미원(味元)이요.
수심방 : 아. 미시거 영행 맛있게 먹는 거?
강태봉 : 예. 맛있는.
수심방 : 그렇지요. 맛있게 먹다 씨다 남은 이것도 열두 쉐아치 실렁간 거.
강태봉 : 먹다 남은 거요.
수심방 : 그렇지요. 아니 먹고 살 수 있어요. 그래 이건 뭐요? 이거 조짝흔 거?
강태공 : 몰라요.
수심방 : 강태공서목시 장난허진 안 됨직 헌 걸. 이걸로 장난허당 보민,
이건 뭐요? 큰 건? 이제락, 저제락.
강태공 : 작싼 물짓도 허고요.
수심방 : 아, 은섬이고 놋섬이고 이거 그렇지 그렇지 이거 놉삐엔도 ᄒ고
무수엔도 ᄒ고, 은섬이엔도 ᄒ고 놋섬이엔도 ᄒ고. 그런데 이거
어떻게 해서.
강태공 : 먹다 남은 거요. 하나벡의 안 남았어요.
수심방 : ᄒ나만? 겐 아홉쉐 ᄒ 바리아치 올라간 건디. 이거 따시 가정 가겠소?
강태공 : 안 가정 가겠소.
수심방 : 누군 만이 노면 가정가겠어요.
강태공 : 마늘이요, 마늘.
수심방 : 마늘? 아이구 이것도 ᄋᆞᆺ채 일곱채 반쉐아치 올라간 거 다 먹었구나.
거, 잘 먹었어요. 거 장이 석섬닷말 마늘에아치 올라간 거.
강태공 : 먹다 남은 거요.
수심방 : 하, 그렇지 열두 주잔. 거 소금이 그.
강태공 : 소금이영 다 들었어요.
수심방 : 벡 ᄋᆞᆺ 가맹이. 하이구, 이것도 먹다 씨다 남은 거요. 그렇지 아니 먹고.
강태공 : 예, 먹다 씨다 남은 거요.
수심방 : 그런데 언메 단메 녹의올라 당산메 석섬닷말 칠세오리아치.
강태공 : 건 먹다 남은 거요. 열두.
수심방 : 그렇지, 아니 먹고 홀 수가 없는 거요. 이거 은솟(銀釜) 놋솟(鍮釜) 다 들었어요?
강태공 : 예.

수심방 : 그렇지. 은숫가락, 놋숫가락 같이도, 은저술, 놋제술 그렇지. 이거 몬딱
　　　　　산중에 강 다 잃러불고. 거 가시덤벌 수덤벌 경해도 명칭은 ᄒᆞ나 가정왔구나.
강태공 : 예. ᄒᆞ나 가정 왔소,
수심방 : 삼성 웨성 돌래 벌변, 거 야매꽤 자매꽤.
강태공 : 거 다 먹다 남은 거요.
수심방 : 연주청에 모멀떡 어쨌소? 거 다 먹다 남직이.
강태공 : 다 먹다 남은 거요 그거.
수심방 : 그렇지, 그렇지. 거 일만 다불 올라갔소.
강태공 : 예, 거 다 먹다 남은 거요.
수심방 : 아, 일만 다불 올라가다 ᄒᆞᆫ 다불 남았다.
강태공 : ᄒᆞᆫ 다불 남았어요.
수심방 : 그렇지요 그리고 마농? 술잔 그 열두 주유청에,
　　　　　다 잃어불고 벌러불단 요거 ᄒᆞ나 남았다.
강태공 : 예.
수심방 : 부선없다. 콩ᄂᆞ물채. 이거 다 먹다 씨다 남았다.
　　　　　그 머리ᄀᆞ진 기제숙덜, 산제, 그저 삼동초에 엽초엔 헌 거,
　　　　　아, 거북선, 이순신 장군, 목포 저 해안 울돌목에 줄 걸어봔
　　　　　싸웁던 담배.
일　동 : (웃음)
수심방 : 아하, 그렇지요, 그러면 저레 던져불지요. 그것도 담배난
　　　　　알 거린 건 다박주, 다 먹었지요?
강태봉 : 예.
수심방 : 우 거린 건 줄병주 다먹었지요?
강태봉 : 예.
수심방 : 돌아닦근 한한주 다 먹었지요?
　　　　　이거, 소주 이거, 한일주니 먹다 씨다 남직이.
강태봉 : 예.
수심방 : 거, 산제도 지내고 아니 먹을 수 있어요. 근디, 이거 게나제나
　　　　　두 펭 남았구마는 이? 그런디 대벡미가 석섬닷말 칠세오리,
　　　　　소벡미가 석섬닷말 칠세오리,
　　　　　그 어떵허연 짐녕 웨불똥이만 ᄒᆞᆫ 거 ᄒᆞ나 노앙 이레 뒈쌌당 저레 뒈쌌당.
강태봉 : 의무적으로 보야요.
수심방 : 먹다 씨다 남직이로고나. 그러면 그 열두, 돈으로 삼천냥씩 다 올려난 거

강태공서목시놀이

강태봉 : 예.
수심방 : 그렇지요. 배고프면 떡사먹고, 술사먹고, 옷사입고, 그런디 그러면 열두 궤는 자, 대황기.
강태봉 : (도끼 한자루를 들었다 놓고, 들었다 놓고 하며) 대황기.
수심방 : 소황기.
강태봉 : 소황기여.
수심방 : 대끌, 소끌, 먹통, 먹칼, 먹돌, 고븐자, 등근자, 이거, 고만 있어요, 세여 가는디, 손자구, 번자구, 젠미리, 후미리 거 어때연 혼날로 두서 구신 밥허는디.
강태공 : 식은 좃이여, 논 좃이여 더운 좃이요.
수심방 : 뭔 좃이여? 식은 좃이여, 논 좃이여, 더운 좃이여 거 요라게 쓰는고만은. 식은 좃도 씨고, 더운 좃도 씨고.
강태봉 : 배운 도목수지요. 게니까 이거 호나로 연주문도 박고.
수심방 : 그렇지요. 서월 남대문도 짓고.
강태봉 : 예, 남대문도 짓고. 만연초소 다 짓고.
수심방 : 그렇지요. 호나로 산판도 다 짓고.
강태봉 : 예, 이거 호나로 다 내막을 다 짓지요.
수심방 : 임으로 나오라면 임으로 나오고, 점으로 나오면,
강태봉 : 점으로 나오고.

수심방 : 겐디, 식은 좆 더운 좆은 어딧어요?
강태봉 : 노는 좆이 씨는 좆이요.
일   동 : (웃음)
수심방 : 겐디 강태공서목신 아니 구경혼 디 없네요.
강태공 : 예.
수심방 : 거 뜬 소남밧으로 돈솔남밧으로,
강태공 : 돈솔남밧으로,
수심방 : 겐디 공알국에 구경 했소.
강태공 : 공알국도 허고,
수심방 : 어걸국에 구경했소.
강태공 : 어걸국도 허고, 옹기물통도 구경허고,
수심방 : 허허 알러레 내려간 원 이런 낸장, 아니 구경헌 데 없네 원.
관   객 : 장난도 잘치고.
수심방 : 원, 춤, 그럼 우리, 썰 글아가지고, 놀 글아 가지고.
강태공 : 예.
수심방 : 우리 정든 날 정든 시가 가까우니 놀 단속 해 봅시다.
강태공 : 예.
수심방 : 강태공서목시 춤 그 저울 서렵고 몰보래 오단 강태공서목시 팔ᄌ 수주 세상 난, 남녀구별법 몰르고, 나 팔ᄌ 나 수주고 몰르고, 청근 놀래 부르니 혼 수에 나 그만 질 잃언 그날 저냑 어둑었단 사흘 굶어죽었어요. 나 정말 혼 번 소리내고 몸 내와 보세요. 자, 체얌에 우리 새 씬돌로 해보카.
강태공 : 예. (돌래떡을 내어놓아 도끼를 간다)
수심방 : 어기야 두기야 어기야 어기야 에-
강태공 : 어기야 두기야 어기야 어기야 하하하
   (소리를 하며 시루떡을 도끼날 위에 문질러 갈다가 떡을 한 입 끊어 먹는다)
수심방 : 에- 어기야 대번에 끊어진다, 시르릉 시르릉.
강태공 : 프르르 탁.
수심방 : 그건 경상도라. (불미소리)경상도 불미야 동래울산 불미라
   푸르륵 탁,
강태공 : 푸르륵 탁, 푸르륵 탁.
수심방 : 어기야 두기야 어기야 어기야. (소리를 한다)
   들어가는 소리요 빼는 소리요 거 어떻게 그 잘 굴아보시오.
   푸닥탁 푸닥탁

관　객 : 갈라정 막 울르는 것만 막 햄저게.
강태공 : 이 모로 먹으면 저 모로 솟아나고, 저 모로 먹으면 이 모로 솟아나고
수심방 : 예. 알러레 가면 문선급제 장원급제 팔도 올라 도자원 (都壯元),
　　　　우리나라 부대통령 ᄀ옴, 국회의원 ᄀ옴, 경찰국장 ᄀ옴
강태봉 : 야, 혼저 삼촌이랑 굴아 갑서, 날랑 먹어 가잰허저.
수심방 : 우리 그러니깐 저 거시기 나주 희양산 씰로
　　　　(소리를 한다) 이놀 저놀 잘도나 굴아지라 어 에~
　　　　요놀 아, 저놀아 프르륵 프르륵.
강태봉 : 프르륵 탁, 지르륵 탁.
수심방 : 혼번 소리 내와보시오, 여보 자,
　　　　똘은 나민 정절부인, 숙절부인, 도대부인, 감부인, 정부인
　　　　그렇지 혼번 그래 보시오 놀감상을 잘 해보고
　　　　놀이 신전에 태울 만헌가 안헌가.
강태봉 : 머리턱이나 호나 해서.
소　미 : 아이구 나 머리털을 매 감시냐?
강태봉 : 엇다가라 놀이 벗었당도 그자.
일　동 : (웃음)
강태공 : 에, (창으로) 강태공서목시 정반에 놀씸네다.
　　　　얼무에 갑을동방으로 낭드레 강 정은 나며
　　　　경진서방으로 해저북방으로 낭드레 강 삼가나며 몰릅네다.
　　　　시왕 신칼 대반지 둘러받아 질빵우알르레 가자.
　　　　(악무)

영등산 덕든 나무 베기

수심방 : 남을 헨 질빵을 보난,
　　　　해저북방, 경진서방으로 바우 난다.
　　　　소리내며 멋내며 영등산 덕든 남 베레 가자.
　　　　영등산에 덕든 남 베자.
　　　　(수심방이 선창하면, 소무 일행은 줄을 지어 장고를 치며 집집마다 돌고, 강태공서목시는 집의 구석 구석
　　　　도끼로 찍어 처음 집을 짓는 작업을 한다)
소무들 : 영등산에 덕든 남 베자.

(장고 소리에 맞춰 노래가 끝날 때마다, 징을 세 번 친다)

수심방: 영등산에 덕든남 베자.
소무들: 영등신에 덕든남 베자. (계속 집안 구석구석을 돌며, 도끼로 찍어 새로 집을 짓는 작업을 한다)
………
수심방: 덕든 나무 무슨 나무다.
문선생: 덕이 든 나무?
수심방: 그렇지 이남 저남 다 내부러 뒹 우리가 고사를 지냈으니,
고사를 지내시난, 덕이 없는 나문.
무선생: 새가 붙는다.
김창우: 이건 뭐랜 협네까?
수심방: 성주 목벤[木布]디 제우제 손수건 성주목베 둘러받아.
(멀리서 '영등산에 덕든남 베자' 계속 이어진다)
………
(소리가 점점 가까워지면서 도끼를 든 강태공과 소무들 제장으로 들어온다)
소무들: 영등산에 덕든남 베자 (악무).
강태공: (제장에 들어 와) 낭 다 벴어요.
수심방: 여보시오, 강태공서목시. 아 나무 저 나무 다 벴지요?
강태공: 예.

성주대 꺾음

수심방: 그런디 잘 생각해 보시오. 어찌 그런 곤 허난, 이 집의 이 방답이요
웃귀 가목급사관[監牧官]집이우다. 궁궐안 대대마다 손손마다 다 물려줘부렀는디.
강태공: 아, 즈순 가지가지.
수심방: 잔 겟지[枝]도 그것 춤 영급허고.
강태공: 제라헌 나물 주었고만.
수심방: 그렇게 제라헌 나문 어째 그런고 허니, 이 나무 저 나무 다 베단 보니까니,
소 미: 할망 쏠 있수가? 이레 혼 사발 거립서.
수심방: 그게 청대고대 끝으곡, (이디, 이디, 여기, 여기) 그거 잘 들으시오
곡지 수릿 낭인디 곱을 디 어시난, 나모구신 석살구신 대낭구신 전부 다
이디 다 잡아들여, ㄱ을에 잡아들였어요.
강태공: 그딘 가젱허믄 몰 탕가고.

수심방 : 그렇지요. 그 낭 싱그믄 뒈돌아보고, 딱해서 먹씰 딱 노면 말이요
철년나무고 말년나무고 목수가 딱 먹씰만 노민, 주는 법이니까.

강태공 : 예.

수심방 : 물탕 강 보시오.

…… (5분 정도 테이프 중단)

수심방 : 야, 이 상 들르라.
자, 제 지냈저. 소리내고 목내서 쇠소리 반에 나물 베란다.
(노래) 영등산에 덕든남 베자.

소무들 : (노래) 영등산에 덕든남 베자.

수심방 : (노래) 영등산에 덕든남 베자.

소무들 : (노래) 영등산에 덕든남 베자.

수심방 : (노래) 영등산에 덕든남 베자.

소무들 : (노래) 영등산에 덕든남 베자.

(세번 창하고 강태공은 상깃기둥에 묶어놓은 성줏대를 도끼로 자른다)

수심방 : 에헤 참, 야, 이렇게도 이? 야, 신기허다.

관　객 : 신기ᄒ다 춤.

수심방 : (나무를 살피며) 아이구, 춤 곧다. 이거 그찻 낭 아닐세.
춤말로 곧은 낭일세. 자, 굴미굴산 아야산 노조방산 첩첩산중에서
자, 낭 벴저. 돌고망 뚤르라. 가지 걸어야 헌다.

소　미 : 가지 걸었저.

수심방 : 바지 걸었저. 이젠 돌고망 뚤라야 한다. 돌고망 뚤랐저.
자, 이거 솔기 꾸며들여야 헌다.

소　미 : 솔기 꾸며들이렌 햄시난, 저기 과일 깎는 칼 아상 오라

수심방 : 지레 큰 사름이랑 상가지 메곡,
족은 사름일랑 중가지 메곡, 아으들랑 담뱃대 들르곡,
자 소리내고 목내자. (노래)
아어~, (덩덩)
요 솔긴 보난, 어드서 솟아난 솔긴고 드럼.
이 산천, 저 산천, 굴미굴산 아야산 노조방산 첩첩산중에 (덩덩)
솟아난 이 낭이로고 영급조은 낭이여 (당당)

소미들 : (후렴) 아어~(당당당)

수심방 : (노래) 위를 베려보난 강솔남, 정솔남, 오리목, 벡저목 동지목
요거보라 가시낭 굴무기 조로기, 이 낭 뷔영 느려당

	이집지며는, 대대전손 만대유전 놀릴 낭 어서 내려오는 솔기로구나.(당당)
소미들 :	(후렴) 아어~(당당당)
수심방 :	(노래) 요거보라. 요 난 낭은 함경도라 벽도산[白頭山]에 난 낭,
	페양들어 모향산[妙香山]이 난 낭, 황해도라 구얼산서 요 난 낭,
	경기도라 북한산서 난 낭, 요 낭은 베려보난, 요건 보난
	서울이라 삼각산서 난 낭, 요건 보난 강원도 금강산,
	충청도 계룡산서 난 낭 베여 느려오는 솔기여 (당당)
소미들 :	(후렴) 아어~(당당당)
수심방 :	(노래) 절라도 지리산서 난 낭, 무안 목포 유달산
	요거보라 경성도[慶尙道] 태벽산[太白山], 송도 송악산
	광주 무등산, 요거 베려, 요거 우리 제주도
	할로영산에서 난 낭 내려온다. 으~(당당)
소미들 :	(후렴) 아어~(당당당)
수심방 ;	(노래) 대정 가민 대정 곳, 예촌가민 예촌 곳
	모관 오민 서늘곳이여, 굴미굴산 아야산 노조방산
	첩첩산중에서 어서 이 낭베여 느려오는 솔기여~(당당)
소미들 :	(후렴) 아어~
수심방 :	(노래) 이 낭 뷔여당 조은 터에 이집 ᄌ순덜
	집 지을 작정ᄒ고, 이제 부어가난 낭지기 왕 북청국해영
	이낭 베당 이집 지민, 이 ᄌ순덜 오관대작 나것이요
	문필부인 뒤창쉬난 예ᄌ문장 낳고,
	가난헌 ᄌ순 노적봉 또로 이시난, 부귀와 영화
	ᄒ실 나뮈로 서늘곳으로 ᄎᄎ이ᄎ 물러온 낭이여
	산넘어 영메고 주년국 땅 오신 나뮈로구나.
	요거보라, 서늘곳 돌토리남밧들로 요거보라
	큰대굴로 정뜨르로 좌장으로 원길로 비석거리
	동녘짝 성은 짐씨 쉰ᄒ나 사는 주당드레 솔기들어오는 소리여 (당당)
	어차차, 어기여차.
소미들 :	(후렴) 아어~ 어차차.
수심방 :	어차차, 공고리 치자.
소미들 :	공고리 치자.
수심방 :	야 낭 좋다. ᄎᆷ 좋다.
소 미 :	올복 ᄀ심.

수심방 : 올 복 ᄀ심. 청대고대 글으네. 야, 촘 좋다.
소 미 : 촘 좋다.
수심방 : 촘 좋다.
일 동 : (웃음)

집짓기

수심방 : 야, 또 터가 좋다. 옛날 이? 이디 옛날도 옛날도 이제 그 사립혹교
세와가지고 뭘행 홀 때에 촘 신도 폭남알도 좋고 좌청룡허니 우벡호허니
남주작ᄒ니 북청묵허니 오관대작 날 것이요, 문필부인 대문장날 것이요,
가난흔 노순 노적봉 상해시난 야, 기우오름 님의오름 이?
못뒐거 못살 위난 곧 이제 금방 뒐 거 앞으로는 섬으론 노적봉을 상해시난
아니도돼 춤 좋다.
소 무 : 촘 좋다.
강태공 : 두갓 베의 좀도 어서.
소 무 : 좋다좋다 해 가난, 봐림만, 멧개라.
수심방 : 집은 짓젠허민 터부터 몬처 보고, 그 담엔 뭐 허느냐 허면,
터 골르곡,
소 무 : 터골르곡, 그 다음엔.
수심방 : 요샌 기초를 논다.
소 무 : 기초를 놓아.
수심방 : 그렇지. 자, 말모 짜자.
강태공 : 말 모 짜자.
수심방 : 할망도 뭐엔 ᄀ릅서게.
일 동 : (웃음)
할 망 : 다 맞창 해부러. ᄀ운ᄀ운 부쪄 낭.
일 동 : 거운거운 부쪙. (웃음)
수심방 : 원체, 모든 게, 이건 맞뒤 잘 해비시민 그냥 부서질 생이구나.
참 좋다.
할 망 : 오늘도 그 말 곧당 웃었주.
수심방 : 야, 참 좋다. 자, 청기와도 부찌자.
소 미 : 벡돌집.

수심방 : 벡돌집 지선, 자, 청지왜 우에 풍경 돌렸단다.
소　미 : 사발 두 개, 인칙이 가지껭이들 어디 붉데가?
할　망 : 집도 뿔르게 짓엄저.

입주상량(立柱上樑)

수심방 : 어- 너른너른한 서른요숫살, 금년 해는 임술년
　　　　돌은 보난 만국시월 날은 보난 열사흘날 시는 보난 오미간으로
　　　　입구상냥을 허저 흡네다. 어 김순직이 입구상냥이요.(덩덩덩)
소무들 : 입구상냥이요.
수심방 : 김순직이 입구상냥이요. (당당당)
소무들 : 상냥이요.
수심방 : 김순직이 입구상냥이요.
소무들 : 상냥이요.
할　망 : 게나제나 누웡만 셔도 샹냥만 해서.
수심방 : 야, 왔다. 올해도 돈은 강 물어와 들게 돼었네. 박박 털멍 돈을 모안.
　　　　그러니, 춤 좋다.
할　망 : 아니, 김순직이가 박박 털주게.
일　동 : (웃음)

쇠띠움

(모형으로 만든 집을 지어 놓고, 그 속에 물그릇을 놓는다. 물그릇 위에 신칼을 걸쳐 놓고 그 위에 천문을 올려 놓는다)

수심방 : 자, 이집의 제욱진 세와도 갑을동방드레 휘여지며, 경진서방드레 휘여지며
　　　　벵오남방드레 휘여지며, 헤저북방드레 휘여지며, 자축인묘진사오미신유술해
　　　　방을 다 몰람서라. 자 낙양판 지남석 띄우레 가자.
　　　　(신칼을 옆으로 빼어 천문이 향한 방향을 보아 집이 휘어진 여부를 점친다)
　　　　에이, 집은 자 집이 영 자질어젼 호쏠 자와려 베다. 요만이만 돈구와도
　　　　막 조을 건디. 저 성님 아진 펜데레 조끔 집이 놀싹흐게 들어갔저. 경해도
　　　　조쿠다.

　　　　　　　(노래) 만수무강 소원성취 이집의서 일만석 일룬 전답이나 이집의
　　　　　　　성주를 발라주나 흡서. 스물다읏설(산판을 던져 점을 치고) 야 스물다읏 느이?
　　　　　　　이제 이 서른 읏솟만이 집 지으켜.
할　망: 아이구, 마.
소　미: 너미 늦어.
수심방: 성주를 어대 호였구나. 그리말고 성주에 그대로 맞이해영 "안네부러게, 이?"
소　미: 예.
수심방: 성주님 끄장 정해여 상성주 윗벌여 두고, 삼선향 못내여 왔구나.
　　　　　그리말고 성주님전 초잔 이잔 재삼잔 부어 아져, 성주님, 상성주
　　　　　중성주 하성주님에, 그리말고 초잔 이잔 재삼잔 올리라. 그리말고
　　　　　성주에 지부쪄 아뢰라. (악무)
　　　　　(오랫동안 요란한 박자가 울리다가, 덩덩 덩덩덩 하는 수류연물로 바뀐다)

바라점하고 분부사룀

소미들: (노래) 산넘어간다. 물넘어간다.
수심방: 자 산넘어 간다 (요령).
　　　　　엣날엣적 엣 생인 내운 법입네다 (요령).
　　　　　엣날도 심방이 성주풀이를 허고
　　　　　이렇게 심방이 내운 법이 아니나 엣 성인들 내운 법으로
　　　　　제아시난, 조순들이 후생의 본을 받아 성주낙성 대풀이
　　　　　부군 대잔치 올리는 법이웨다. (요령)
　　　　　엣날 엣적에 광대 논딘 뒷풀이 법이 있고,
　　　　　사람 죽으민 귀양풀이 ᄒ는 법, 잘 해불어사
　　　　　이석끗, 상석끗, 장수끈 업는 법이옵고
　　　　　야채 논 딘 가십센을 잘 허며는 전배독선해영 들어온댄 말이 있고
　　　　　그 법으로 큰굿 해서 뒤맞일 잘해야 큰밧 사고 족은밧 사고
　　　　　배 짓이면 연신맞이 잘 올리면 그 배 뎅기멍 저 바당에
　　　　　본파하는 법이 없고(요령) 야, 석절로 많은디 분배지시를 잘 허민,
　　　　　가분들이 의논조차 싸웁곡 두투고 등을 지는 법이 엇곡
　　　　　이러는 법으롭서, 야, 처 죽은 디는 무독자를 잘 드려부러야
　　　　　다시 살의살성을 안 졍 잘 칩는 법이고, 법지법이 마련해서

이렇게 있십네다. (요령)
집은 짓이면 성주낙성대풀이를 잘해야 집안에서 눈물 질 일,
한숨질 일, 걱정 될 일, 급훈 펜지, 급헌 소식 올 일이나, 적삼들러
칭원헐 일을 다 막아줍니다. (요령)
이 집안에 그전 전사에 짐씨 주당이 이집을 지었는디, 돈받안
풀아부난, 따시 재츠재츠 손벌림, 손벌림해서 이집을 들어왔습니다 (요령)
따시 재츠 들어오난 성주낙성을 몇십년 몇해 못했십네다. (요령)
금년 맞아 임술년, 돌은 보난 만국사월, 날은 보난 열사흘날,
시는 보난 방광 오시로(요령)성주님을 상도삼남 무변대우 명산산천
놀던 성주님을 청호고, 일만일천 삼만기덕 주문천신 만주벡관 각고명신
하등명신 제대신님네를 청허였습네다 (요령)
성주님 청해연 나쁜 낭 다 걷우고, 조은 낭으로 이집 성주를 메였수다.
이레오랑, 성주 군웅도 군웅이요, 몸주 군웅도 군웅이웨다. (요령)
이 집안에 성주군웅을 놀라하는구나. (요령)
앞판 좌판을 다 설러두고, 성주아미 성주군웅을 놀라 하는구나.

성주풀이

수심방: (노래) 성주로구나 성주로구나
　　　　　이 집의 성주가 뉘일러냐
　　　　　경상도라 안동 땅에
　　　　　이 집을 짓어 솔씨를 받아
　　　　　절충단을 지었으니 (요령)
소무들: 잘한다.
수심방: 아들은 나면 팔도도자원이요
　　　　　똘은 나면은 열녀부인,
　　　　　이 집은 짓어 말년성주 무었더니
　　　　　(노래는 길게 계속되었으나, 시끄러운 잡음과 장단소리 때문에 노랫말을 자세히 들을 수 없었다)
　　　　　군웅일월은 일월에 놀고
　　　　　철년도 살고, 말년도 살아
　　　　　……
소무들: 나미아미 탐불아.

강태공서목시(首木手)놀이 (2)

일시 : 1992년 12월 1일(11월 8일)
장소 : 제주시 연평동(가시나물) 고광민 씨댁 〈성주풀이〉
출연 : 이중춘, 문순실, 김영수

석살림

(악기는 수륙 연물이다. 바라를 던져 점을 친다)

(바라점을 친 뒤 계속 신칼점을 한다)

소　미 : (노래) 어, 넋사로다.
　　　　아아 아아양 어허야 에해요.

수심방 : (사설) 야, 오늘 조상들이 성주낙성 호불연 대잔치로
　　　　금바랑 전지로 옥바랑 전지로 신느려 하감ᄒ셨구나 (요령)
　　　　(노래) 오널 오널로 일천간장들 다 풀려 놀자
　　　　어제 오널 오널은 오널이라 (요령)
　　　　오널 오널 오널은 오널이라 (요령)
　　　　날도 좋고 오널이라 (요령)
　　　　돌은 보난 오널이라 (요령)
　　　　기일장상은 오널이라 (요령)
　　　　ᄇ름산도 놀고 가자 (요령)
　　　　구름산도 놀고 쉬자 (요령)
　　　　이내 몸이 처녀이오니 (요령)
　　　　일곱착을 섬겼수다 굿이로구나 (요령)
　　　　신전님의 호사로구나 (요령)
　　　　명사십리 헤당화야 (요령)
　　　　꼿진다고나 설워마라 (요령)

혼 벡년 일절 춘삼월이 뒈고 (요령)
입은 뒈어 화산이 뒈고 (요령)
꼿은 피어 청산이 뒈고 (요령)
청산만산이 제몸자랑을사 ᄒ 건마는 (요령)
우리 인셍들은 혼번 낳고 혼번 가면 (요령)
돌아환셍 없는 건 홀로인데 (요령)
낭도 늘거 고목이 뒈면 (요령)
앚던 새도 아니 앚고, (요령)
사름도 늘거 벡발이 뒈면, (요령)
오던 임도 아니온다 (요령)
만경창파에 놀고나 가자. (요령)
(사설) 야, 일월삼신 제왕제석이로구나 (요령)
이제, 신세타령을 햇던들 어느 누구가 알아주리. (요령)
야, 묽고묽은 일월조상들이영, 이거 큰굿ᄒ잰 해여도 (요령)
빚지멍 눌치멍 이집 짓어 노난 (요령)
저 고광민 선생 돈 어시난 홀 수 어시 성주낙성만 허난, (요령)
그냥 성주풀이만 해도 안 될 일이고, (요령)
부모ᄀᆞᆺ이 ᄌᆞ식ᄀᆞᆺ이 성제간ᄀᆞᆺ이허난 (요령)
일월조상님덜토 이거 굿허는 목에 조상님덜 위햄수다. (요령)

군웅본풀이

구신은 본을 풀면 신나락만나락ᄒᆞ는 법이요.
셍인은 본을 풀면 벡년지 원수라 칼썬ᄃᆞ리를 놓는 법이 올씸네다. (요령)
(노래)
셍겨가시난 굿이로구나
셍겨드리자 호사로구나
군웅하르바님은 천왕제석
군웅할망은 지왕제석,
군웅아방은 낙수게남,
군웅어멍은 서수게남,
아덜이사 낳난 삼성제 난다.

(사설)
자, 큰아들은 동의요왕을 추질허고,
셋아덜은 서의요왕을 추질허고,
족은아들은 전성팔재가 그르치난
대공단에 고칼디려 머리 삭발을 허고
줄줄흘러라 하늘골룬 굴송낙에 지애골른 굴장삼에
호패골룬 두루막에 한산모시 바지저고리에
금바랑 옥바랑 주지바랑을 둘러 잡았구나 (요령)
(노래)
강남더레 가면 황제군웅이여, 일본더레 가면 소저군웅
우리나라 대홍대비 서대비,
물아래는 수신군웅, 물위에는 요왕군웅
인물좋게 뵈기는 연앙탁상 군웅으로 (요령)
밤도 영청 놀던 군웅, 낮도 영청 놀던 조상 (요령)
군웅조상님네 못히고 다친 간장이랑
설설이나 풀려놉서. (요령)
(요령)
옛날 이 고칩의는 여기 행원서 부재팔명돼고
고칩의 웃대 선대 부모조상들 글좋고 활좋고 인물좋고 허난 (요령)
야, 우리나라 양반의 후세롭서 옛날 고씨 할으바님은
행원서 거부재로 살아근 물벡수 쉐벡수 부려근
저 한모살서 흘르민 (요령) 수영목으로 해여근 행원 지픈개꼬지
지픈개꼬지 물모쉬 쉐무쉬 흘러근 지픈개 든물깍에 물멕이레 가고
ᄒᆞ를날은 지픈개 든물깍에 물멕이레 오라시난
인필각 용살장이 올랐더라. (요령)
야, 이거 필아곡절헌 물건이로구나.
인필각 용살장을 줏어네, ᄆᆞ쉬들 물멕여네 산드레 올련 간
테역단풍 원아지지 청결터에 간 울안보난,
야, 용살장이 들었구나. (요령)
그 하르방은 그거 아산 노념놀이 허단,
일락은 서산에 해는 떨어지민, 저 ᄆᆞ쉬들 다 애와두엉
아상 집드레 오민 할망신디 욕들어지카부댄
오당 올레에 집밧디강 찔러두엉

다시 또 뒷날은 쉐무쉬보레 올라 갈 때 그걸 아상 강
쉐무쉬들 다 풀어노아뒁 테역단풍 원하지지 청결터로 강
노념놀일 헤였더라. (요령)
영하는고 정허는 것이 연삼년이 넘어가난, 고팩의 할망은
실연광증을 주었구나. 실연실어증을 주었구나.
우리를 알겠느냐. 우린 서울 허정성의 아들인데
제주 고장이 야, 구경헐만허댄 해연 제주 산천을 들어오단
모진 광풍이 제여네 은필각 용살장에 올랐구나. (요령)
산으로 가거들랑 산신으로 위협ᄒ고,
요왕으로 가거들랑 해신으로 위협ᄒ영 백지 훈장 지받제 ᄒ며는
물도 벡수여 쉐도 벡수여, 고대광실 노픈 집,
남단북답 너른밧을 나수와주마 해연 부재팔명 시겨 옵던
(노래)
묽고 묽은 일월조상, 소제라 난건 삼형제라
은필각 용살장에 놀던 조상 (신칼점)
간장간장 못힌 간장을 풀려 줍서.
이 ᄌ순들 굿을 허잰 허여도 체감홀 돈 어시난에
초초 이ᄎ이 연삼년이 넘어가면 빚진돈 다 갚아불민
조상 새로둘렁 우망적선 ᄒ겠십네다. (신칼점)
꼭 경 허랜헴서. ᄒ랜.
(사설)
야, 충무산이 불 앞의도 장자공파는 안터레 휘는 법입니다.
이번 전도 부친 참에 그자, 호끔 더 해네 굿도 ᄒ고 질도 치민 조쿠다마는
요샌 저 고광민 선생 십원이 아쉬울 때난 홀수어시 성주만 누럽수다.
성주 누려지건, ᄄᆞ 심방 긑으민 성주만 내령 가주마는
경도 못허고 허난, 조상들 간장 풀럼시매 경 알아근
마흔 ᄒ설 뎅기는 질 불싼질을 붉은 질을 닦아줍서 (요령)
(노래)
이 조상이 산신일월 산신벡관
아방국은 구엄장님, 어멍국은 신엄장님,
ᄃᆞ리 알은 송씨 하르방 산신대왕
지달피 보선 지달피 감티 (요령), 마사총에 늬눈이반둥개 거느리고
오를목 ᄂᆞ릴목에 놀던 조상, 더운설 ᄃᆞᆫ설 동지녹설 받아옵던

산신일월 조상도 못힌 간장을 다 풀려 놉서 (요령)

(사설)

바농가는 디 씰 아니가멍, 어느 손은 물민 손가락은 물민 아니 아픔네까?
야, 마은훈 술 웨진웨편으로 발이 벋던 묽고묽은 조상덜이로구나.
이 홍칩이도 엣날로부떠 위염나고 멩금나난, 글조코 활조아
우리나라 어전의 간 통정대부 베실을 받고, 가산대부 베실을 받던

(노래)

홍선달은 홍부일월[紅牌日月] (요령),
갑술 방에 무과해여 글로간에 조찬디려
어수애 비수애 상도래기 놀매옷에
벌련듯개 연가매 옥실에 놀던 조상 (요령)
홍부일월 조상님도 못힌 간장 다 풀러 놉서.
볼래낭개 조상은 신주 선앙이여
홍부덕환 몸을 받던 선왕님도
못힌 간장 다 풀려 놉서 (신칼점)

(사설)

행원심방 곧는 말사 나가 잘 듣주.
무시거 허는 양 조상들이 잘 풀어 점서 이.
조상님도 나 죽어불민 누게가 이 불휘공을 알앙 거니립네까?
일천간장을 다 풀려놉서(요령)

성주풀이

(노래)

성주일월, 성주일월,
일게 성주가 어딜런고.
경상도라 안동땅에 이 영원이 솔씨를 받아
대평 소평에다 심었더니, 이 솔이 점점 자라나
수양목은 반쳐두고 어느 목은 모관목 낙락장송이 뒈엿구나.
강태공이서목시 대산에 간 대목내고, 소산에 간 소목내고
영주산에 화목을 내여, 상간도리 늬도리, 한포 두포 내어단
앞집의 성주는 초가(草家) 성주여.

뒷집의 성주는 와가(瓦家) 성주여.
이집의 지신님네도 간장간장을 다풀려 놉서(신칼점하고 절을 한다)
(사설)
성주님은 유소씹네다.
옛날 유소씨 셍인님은
성주 아바지는 천궁대왕이요, 성주 어머니는 옥지부인이고
성주 부인은 귀하씹네다.
성주님이 탄셍허난, 푼처 대서가 곧는 말이
멩도 부죽호고, 복도 부족헐 듯허여
열다섯 십오세를 넹기지못호켄 허난 (요령)
성주님 호를 지우뒈 '안신국'이라 지왔구나. (요령)
펜안 안자, 몸신자, 나라국 자 안신국이라 호를 지으니
성주님은 이십 스물을 곱게 잘 넘깁데다. (요령)
이십 스물을 넘어사난, 성주님이 우리 인간에 탄셍허여
뭔 공덕을 허코? 셍인들이 다 아나 만민공덕을 다 해여부니
성주님이 홀 건 어시난, 옥항상제에 등장을 드난
옥항상제에서 솔씨를 닷말닷뒈 칠새오리를 내여줍다.
이걸 아산 어딜가코? 해동국을 느려샀더라.
해동국을 느려사 안동땅에 오란 솔씨를 뿌렸구나. (요령)
성주님 스물 요돕살에 장개는 가난,
아덜 다섯, 뚤 다섯 열 오누이가 탄셍을 허난
예순 일곱은 나난 성주님이, 이제랑 해동국을 느려사주.
해동국을 느려사 안동땅에 느려사고
대산에 강 대목을 내고 소산에 강 소목을 내고
영주산의 화목을 내연, 항간도리 내도리 대왕포를 무언
성주님은 상성주에 지국허난
아덜 다섯은
동방택신 성주신, 서방택신 성주신,
남방택신 성주신, 북방택신 성주신,
중앙택신 성주신으로 들어삽데다. (요령)
뚤 다섯은 성주일월 군웅으로 들어샀구나. (요령)
이 난시 본관을 알아사 굿홀 때 성주푸리가 어떤 거고
굿홀 때 굿이 어떤 것이다는 것을 아는 법입네다.

(노래)
　　성주님은 성주대왕 성주아덜 다섯을 낳았구나.
　　동방택신 성주신이라근 목성으로 도우시고
(사설)
　　야, 서방택신 성주신이라근 금성으로 도우시고
　　남방택신 성주신은 화성으로 도우시고
　　북방택신 성주신은 수성으로 도우시고
　　중앙택신 성주신은 토성으로 도ᄒᆞ니까
　　오행은 육갑이 금목수화토가 나왔십네다. (요령)

수심방: 고선생님 들었지예? 이 말은 아니 들어봐실 꺼라.
고선생: 저 우리 문선생 잘 들어사주게.
문순실: 굿 ᄒᆞ번 가믄 양, ᄒᆞ나 외우고, 요 나중엣 말은 이디왕 써 먹었수다.
수심방: 야, 성주님은 지국성을 다 좌정을 ᄒᆞ니,
　　성주일월 조상님네라근
　　못힌 간장을 풀려그네, 앞노적도 제겨줍서, 밧노적도 제겨줍서.
　　거리공덕 질공덕 제겨줍서. (요령)
　　쉐랑 낳거들랑 황소가 뒈고,
　　독이랑 낳거들랑 영게가 뒈고,
　　ᄆᆞᆯ랑 낳거들랑 영마가 뒈고,
　　돗이랑 낳거든 토신이 뒈어근,
　　아들은 나컨 나라 충신이여, ᄄᆞᆯ랑 나컨 열녀 충신을 시겨줍서. (요령)
　　만대유전을 시겨줍서 백대전손을 시겨줍센허연
　　오널 성주님을 청허여근 상성주에 성주님을 위 앚지고
　　성주아덜 다섯은 오방신장 각항지방에 다 위앚지고
　　이른ᄋᆞ덥 제토신을 위앚지저,
　　성주낙성 호불연 대잔치로
(노래)
　　못혔구나, 감겼구나. (요령, 신칼점)
　　일천 간장이랑 설설이나 풀려줍서.
　　이집 짓잰허난 저싀ᄀᆞ티 문직이ᄀᆞ티 요라제편 눈에 펜식 뒈엿수다.
　　ᄒᆞ다 건들어 뎅기지 마라 이-
　　고맙십네다.

서우젯소리

수심방 : 일월조상이라근 서우제 닻감기로
　　　　　 일천간장 다 풀려놓자
　　　　　 어향어혀 어향어여 어야뒤야 상사뒤야
　　　　　 아아 아하아야 어허양 어허요
　　　　　 뒷바당엔 선소리로 너른 바당은 닻감기로
　　　　　 아아 아하아야 어허양 어허요
　　　　　 네밀 아기는 줄 픈대로 진정목엔 대촌당으로
　　　　　 아아 아하아야 어허양 어허요
　　　　　 떴구나 떴구나야 칠산바당에 조기선 떴네
　　　　　 아아 아하아야 어허양 어허요
　　　　　 산은 가며는 산신이 놀고 물론 가며는 요왕선앙에 논다.
　　　　　 아아 아하아야 어허양 어허요
　　　　　 놉게 뜬 건 청일산이여, 놋게 뜬 건 벡일산이여
　　　　　 아아 아하아야 어허양 어허요
　　　　　 상도래기 놀메옷에 벌련듯개에 놀던 일월
　　　　　 아아 아하아야 어허양 어허요
　　　　　 인필각은 용살장에 잉아옵던 조상도 옵서
　　　　　 아아 아하아야 어허양 어허요
　　　　　 산신일월도 놀고 쉽서, 산신벡관도 놀고 쉽서
　　　　　 아아 아하아야 어허양 어허요
　　　　　 진웨펜으로 놀아옵던 완매 넉매 조상배 신주선앙이여
　　　　　 아아 아하아야 어허양 어허요
　　　　　 송동지영감 몸을 받은 홍부덕환 선앙이여
　　　　　 아아 아하아야 어허양 어허요
　　　　　 동의요왕은 청요와이요, 서의요왕은 벡요왕이여
　　　　　 아아 아하아야 어허양 어허요
　　　　　 남의요왕은 적요왕이요, 북의요왕은 흑요왕이여
　　　　　 아아 아하아야 어허양 어허요
　　　　　 (조금 빠르게)
　　　　　 천변만개 요왕에 놀자 아하

아아 아하아야 어허양 어허요
청금산에 요왕에 놀자 아하
아아 아하아야 어허양 어허요
벡금산에 요왕에 놀자
아아 아하아야 어허양 어허요
적개산에 요왕에 놀자
아아 아하아야 어허양 어허요
산으론 산신이여 물로는 선앙이여
아아 아하아야 어허양 어허요
할로영산은 장군 선왕 어허
아아 아하아야 어허양 어허요
선흘곶은 애기씨 선앙
아아 아하아야 어허양 어허요
뙈미곶은 도령 선앙
아아 아하아야 어허양 어허요
대정곶은 영감 선왕
아아 아하아야 어허양 어허요
한동곶은 의탁 선앙
아아 아하아야 어허양 어허요
산천마다 골골마다
아아 아하아야 어허양 어허요
엄존헌 선앙들이 놀고가십서
아아 아하아야 어허양 어허요
마흔훈설 신도업 벌염수다.
아아 아하아야 어허양 어허요
조상님네 못힌 걸랑
아아 아하아야 어허양 어허요
삼천 고에 못힌 걸랑
아아 아하아야 어허양 어허요
설설이나 풀려 놀자 (신칼점)
아아 아하아야 어허양 어허요
고맙십네다

주잔권잔

소 미 : 고맙십네다 햄싱게, 일어상 절허라.
      (식구들 절을 한다)
수심방 : 주잔덜랑 내여다가 저 만정에 나사민
      일월 두에 임신덜, 선앙군줄덜, 요왕군줄덜
      영감 참봉 야체 금채 놀던 임신덜,
      할로영산 태역장오리 물장오리, 꿩앚아준지, 매앚아준지, 성널오름이여
      두리압벵디여, 성판악이여, 삼천당이여 교래리동산 놀던 임신들이영,
      마흔 훈설 차 탕 뎅기멍 이 산천 올락내력 홀 때에
      ᄆᆞ음씨가 조타 훈잔 술에 감겨진 임신들,
      영감 참봉 야채 금채 옥채 놀던 임신덜,
      엣날 한자작이 난리 때, 오대현이 난리 때, 강오벽이 난리 때
      짐통정 난리 땍에, ᄉᆞ삼ᄉᆞ껀에, 육이오 ᄉᆞ변에
      얼어 벗어 굶어 추워ᄒᆞ던 임신,
      동설룡, 서설룡, 남설룡, 북설룡 거미용신 대용신 굴태옥신
      요런 하군줄덜
      마흔 훈설 집짓어가난 성주 누려근 먹저씌저 ᄒᆞ던 임신들
      칠성ᄀᆞ찌 터신ᄀᆞ찌 산지기ᄀᆞ찌 물지기ᄀᆞ찌
      본당귿이 신당귿이 영혼귿이덜 해여근
      나 누웡 나만 거시라 영허는 이러헌 임신덜
      꿈에선몽 남개일몽 비몽사몽 불러주던 임신덜
      동방 놀던 임신, 서방 남방 북방
      자축인묘진사오미신유술해 방 놀던 임신들이영
      강태공서목시 두이 주위주위 천달친 주위 고조위 박조위 허조위
      이조위 청덜 열두 구열이 연장에 대톱 젠미리 후미리 고분자귀 번자귀
      대끌, 소끌, 먹통에 놀던 임신들 많이 주잔덜 권권 디립네다.
      (바깥으로 나와서) 넉난 때에, 감겨진 임신, 혼날 때에 감겨진 임신
      이런 임신들이영, 주왁놀랜 때 감겨진 임신덜, 주잔덜 내여주거들랑
      몸기 총기는 재물 번자귀라, 감기고 뭇힌 임신들라근
      많이 먹고 많이 씌고 가 사방드레 벌어집서.

공시풀이

수심방 : (제상 앞에 앉아 장고를 치고, 소무 제상에 술을 따른다)

    개잔협네다. 개수협네다.
    삼선향 삼주잔 위두퇴 디려가며,
    일문전 하늘님도 느립소서.
    성주지신 느립서. 오방신장 느립서.
    각항지방 제오방 제토신 느립서.
    이른 오둡 제토신도 느립소서.
    이 무을지관님 느립소서.
    선대부모 조상 다 행원서 나았수다.
    행원지관 한집님은 웃당 한집님은 나주 목사님 나주판관
    기민들어 절제서 궁전요왕대부인님,
    엿날 옛적에 주거물곳 반자남 상가지가 무에질 때.
    흔 깍데긴 떨떠르난 오천명 저진 중이 무에지고,
    흔 깍데긴 떨떠르난 칠천명 족은 사람 무에질 때,
    행원무을 청처니동산이여, 느려산 영기신령 지펐구나.
    마흔 오둡 박씨 상단궐로, 강씨 상단궐로, 고씨 상단궐로 불러당
    지새무을 웃머리 구룸베낭 알로 천궁좌정허난,
    섯돌그물 개탁호고, 정월 초하루 벡매단속호고,
    정월 초이틀, 초사흘 과세열명받고, 정월 열나흘날 물부림대제일 받아
    정월 보름날은 황제궁문 열려 벡지 혼장 지혼장을 바찌고
    칠월 열나흘날 백중제를 받고,
    팔월 보름날은 추석제를 받고, 시월보름 날은 안쳇곡석 채와그네
    툳아다가 남방애엔 찧고 돌방애엔 굴아근 삼성웨성 돌래월변 지어근
    중의또대서님전 시권제삼문을 밧제호곡,
    섯돌 열나흘날 물부림데제일을 받던 행원지관 한집님,
    나주목사 나주판관 기민들어 절제석, 궁전요왕대부인님
    상당은 칠머리 큰도안전 큰도부인, 남당하르바님 남당할마님이영
    중의또 대서님은
    아방국은 강원도, 어멍국은 철산서 솟아난 중의대서
    가는 선도 초지, 오는 선도 초지, 일만 줍수 어물어장

수중지중 요왕님 ᄎ지흡던 알당 지관한집님도 ᄂ립소서
상청 일월 중선 거느령 ᄂ립소서
이 ᄌ순덜 선대 할마님 서화리 발이벋던 할마님
상서화리 천저님은 할로영산 동알리에 솟아난 천제님입네다.
백주님은 서월 서천 개는대왓 벡몰래왓서 솟아난 임정국의 ᄄ님애기
금상한집님은 나야동츨 인아장땅에서 솟아나던 금상한집님 ᄂ립소서.
짐네가도 메와옵던 노주 월정 한집님 신산국은 삼대왕 ᄌ부금노태웃도
적선복은 시도령 시질로에서 서당할마님은
황토고을 황토부인 ᄄ님애기 ᄂ립서소
김녕지관한집 큰도안전 큰도부인, 안성세기 밧성세기 내외천제 동네복
ᄇ름웃도 소공주 마누라님, 궤누기 일곱초 태ᄌ님 ᄂ립소서.
각서본향 한집 립소서.
성군칠성 터의 터신 님은
아방국은 장나라 장설룡의 대감,
어멍국은 송나라 송설룡의 부인,
강남은 목골산 미영산상은 대천 한가름 너븐 팡아래
소피굴리서 솟아나던 성군칠성 터의 터신 ᄂ립소서.
이 ᄌ순 마흔훈 설 동문밧디서 오란
이집 이터 산에 성주무었수다.
터신님아 하다 산 설로, 죽은 설로
동술력 서술력 꿩사농 매사농 주치사농 뎅기지 말곡
ᄌ순덜 눈에 펜식허지 맙서. 칠성한집님도 ᄂ립소서.
서른 ᄋᆞᆺ도 남군입네다.
웃당 일뤠또 알당 ᄋᆞ드렛도 한집
아기나청 상무을, 업개나청 중무을, 봉병방은 매병방
일괄록은 이계성 펜안바당 ᄀ무니청 위구품서.
상방울, 중방울, 하방울, 간장 간장 간장
못힌간장 풀려옵던 신당한집 ᄂ립소서 이
상청 가민 상무을, 중청 가민 중무을, 하청 가민 하무을
감이 어신 망혼님네, 혼이 어신 망혼님, 일신역 삼혼신 망혼님네
살단살단 저성간 영혼덜 마흔훈설 새집짓언 성주 ᄂ렴수다.
영혼님네 울북 울정 소리 간음을 허고, 연변상낼 간음을 허영
좌우접상더레 ᄂ립소서 이-

마흔 호나 혼적혼적 금전도 일게허곡 초복초복 뒈게해영
영혼님네 간장덜 풀리고, 저싱사남해여그네 보내쿠다.
저싱질을 어주릿질 비주룻질 눈부역 한탈남 가시덤불 얼럭딜럭 질이로다.
눈부역 질을 다깡 금부도사 놀쎈 칼놀랑은 연꼿으로 화하시고
한탄주육 끓는 물라근 감로수로 변허고,
한빙주육 얼음물라근 온천수로 변하고,
풍대주육 거쎈브름일랑 연화봉에 변해여
세계세계 극락세계 나무아미타불 열대왕의 열지옥을 넘어사근
정광여래 대원으로, 약사여래 대원으로, 성덕천불 대원으로
아미타불 대원으로, 지장보살 대원으로,
대세지보살 대원으로, 관세음보살 대원으로,
노산불 대원으로, 약광보살 대원으로,
서카모니불 대원으로, 열대왕에 열주육을
손에 사줄 클르고, 발에 발대 끌르고, 목에 큰칼을 걷웁건
저싱드레 선배청 후배청 간 질로 지나지를 부찌쿠다.
마흔혼설 신체건강 시켜근 몸펜안 시깁서.
이집 메누리 서른 오돕설도 몸펜안 시기곡
열두솔 열쉬설 펜안허게 호고, 글장원 활장원 시겨주곡
예순둘도 펜안허게 허여근, 영혼덜이 웃둘러근
삼천위패 못힌 걸라근 설설이 풀려그네 이 주순덜 소원성추 시겨줍센 해연
성주누리멍덜 영혼 옵서옵서 해여근 술 혼잔썩 디렵수다
성조성편 웨조웨편 양사돈 육마을 지사돈 육마을 영혼님네덜 느립소서
마흔호나 고조부 하르바님 할마님, 징조부 하르바님 할마님
당진부모 하르바님 할마님도, 하늘フ튼 아바지-
관디청 눈물이여 서산도 フ뜬 양지드레 주융아반 연주지듯 솟아그네
예순둘 살도록 일천고셍 다해영, 아기덜 메누리덜 신디 주웨군줄 짓게
지픈 스랑 두언 저청개 고혼뒈연 저싱간 마흔 호나 아바지도
술은 석어근 시내방천뒈고, 뼈는 석어 진토뒈고 이
우리나라 영웅열사 삼정싱육관서도 혼번 낭 혼번 가는 질이우다.
억장フ튼 이 열 종이장곹이 초복초복 제겨논 건
저싱법은 이수농장법이로다. 주년알 춤쓸フ튼 법이로구나.
큰아들에 큰메누리 이 손지덜. 살았을 때 애돌룬 일이영
칭원헌 일이영, 섭섭헌 일 풀려근 저싱드레 지고동락헤영 이십서

시삼년만 넘으민 열시왕 청허영 어둑은 가심 올려그네
열대왕에 열주육을 연해영 세계세계 왕생극락더레 에-
지장보살 질인도 ᄒ는 대로 왕생국락 시겨 안네쿠다.
설운 누님네영, 설운 동생 어차허난 죽어진 아시영 신공시레 ᄂ립소서
조상부모 시왕 박씨 할마님,
고씨 부모, ᄌᆷ씨 부모님네영 신공시레 ᄂ립소서.
이모님네 신장님네 신공시레 ᄂ립소서.
웨진편 ᄒ대 두 대 스물 다섯 대 ᄂ려옵던 조상님네
신촌은 금물당 ᄌᆷ씨 할마님,
엿개 막부통정 문씨영감, 도련드른 금ㄱ을 조만호 조성방
원당무룬 불근작지 감이 노파 위엄낳던 열룬이 그등애 멩오안전 멩오부인
오래모살은 박씨하르바님, 진친밧 쉐죽은밧 ᄌᆷ씨 하르바님.
월정 진개미 박씨 할마님, 골막은 이유머들 천아웁던 대천겁 저울린 조상님네
웨진 진ㄱ로 웃대 하르바님네 성제우다. 신공시레 ᄂ립소서.
선진머리 웨진하르바님네, 논밧거리 웨진 하르바님네,
동서화리 ᄌᆷ씨 하르바님네 웨할마님네, 손당은 널할마님네
신공시레 ᄂ립소서.
초신질은 이신질 삼신질을 발롸주던 이씨 부모조상
강씨 선성, 이씨선성, 신공시레 ᄂ립소서.
태손 부모조상덜 ᄂ립소서.
김씨 조캐 몸을 받은 조상덜 신공시레 ᄂ립소서
옛날 제주시 조씨 대선생님네, 네퐷굴 ᄌᆷ씨 지도의 선생님네
옥선이 누님네영 신공시레 ᄂ립서.
벨도가도 고씨 선생님네영. ᄌᆷ씨선생님네영
만권이 성님네영 강씨 성님네영 성오성제덜이영
신숙이 설운 조캐들이영, 군농이 성네영 신공시레 ᄂ립소서.
또 삼양도 가민 이원신네영, 양씨부모조상, ᄌᆷ씨부모조상,
인숙이 성님네영, 신공시레 ᄂ립소서.
신촌도 가민, 안씨 선성, 정씨 선성네영
……… (이하 생략)

엣날선성 곽곽선성 주육선성 이승풀이 덕환덕진
ᄂ저나저 입춘춘경 화산주육 메고월일석 굴려오던 어진선생 ᄂ립서

천문선성 덕환이 상잔선생 덕진이 신칼선성 시왕대반지
요량선성 홍글저대 북선성은 조막손이
장귀선생 멩철광대, 대양선성 와랭이
느저왕나저왕 입춘춘경 화산주육
어진 선생님네랑 신공시더레 다 느립서 이-
어진 선성님네, 상반은 놀고 갑네다.
하반은 먹고 씌고 가는 법입네다.
초궁전의 군졸덜, 이공전의 군졸덜, 삼공전의 군졸덜
시왕에 뜨른 영기 몽기에 처서멩기 뚤룬 군졸들
기들른이 창들른이덜, 피리단자 옥단자 들른 이들이영
본당군졸, 신당군졸덜 처서님 뒤에 행이바쁜 처서
질이 바쁜 처서관장님덜이영 성주님 뒤에덜
낭에 목신이여, 토의 토신이여 터이터신에 군졸덜이영,
동설룡 서설룡 남설룡 북설룡 거미용신 대용신
질태목신 하군줄덜이영, 선앙군졸 요왕군졸들
영감 참봉 야채 금채 옥채에 놀던 임신들
마흔 ᄋᆞ설 박물관에 옛날 것들 몬딱 줏워다 노난에
이디 똘아오던 이런 임신들이영,
철연골총에 말연 골총에 와미허산 놀던 임신들이영
어느 때랑 공시내령 먹저 씌저 ᄒᆞ던 임신들이영
이 좌우 울상에 무ᄌᆞ년 ᄉᆞ삼ᄉᆞ건에 총칼에 울칼에 대창에 죽창에
얼어 벗어 굶어 죽어가던 임신들, 차탄 올랐닥 ᄂᆞ렸닥
술ᄒᆞᆫ잔 먹엉 올랐닥 ᄂᆞ렸닥 ᄒᆞᆯ 때에 광기보멍 진 이런 임신들
갑자을축병인정묘무진기사,
경오신미임신계유갑술을해,
병자정축무인기묘경진신사,
임오계미갑신을유병술정해,
무자기축경인신묘임진계사,
갑오을미병신정유무술기해,
경자신축임인계묘갑진을사,
병오정미무신기유경술신해,
임자계축갑인을묘병진정사
무오기미경신신유임술계해 일에 가든 임신들라근

강태공서목시(首木手)놀이 263

시군문 안터레 다 웅헙서 이-
신공시 연ᄃ리 웅허난 초정성 받읍서
강남서 들어오던 대천역,
일본서 들어오던 소천역,
우리나라 대중역 굴류잡았수다.
일상생기 에중천 삼화절친 수웨팔경 제여
신공소 굴류잡았수다.
금줄 안 홍줄을 메고, 홍줄 안 금줄을 메고,
숙썹으로 ᄃ릴 놓아 예천강
알자린 영혼자리 황음석, 웃자린 서체기체 기초석
우둘른 건 인물은 족지펭풍 연앙탁상 받읍서
성주ᄃ리 받읍서, 성줏기도 받읍서
만도래기 섭썽궤낭 주년꼿도 받읍서.
성주시리 받읍서. 몸주시리 받읍서.
백시리도 받읍서. 백돌래도 받읍서.
삼성이 웨성이여 돌래여 월변이여, 아냑개여, 자냑개여
가지답도 일만 달 무적도 일만 달,
포릿포릿 콩나물채, 칠산바당 조기셍성 받읍서.
댕유지여 소유지요 멩씰이여 곳감이여
비ᄌ여 대추여 받읍서. ᄀ레전실 받읍서
저싱돈은 헌패지전, 이싱돈은 원지와 이 정성도 받읍서.
철년천보답 말연만보답, 고리올라 안동벽은 신동벽은
하늘ᄀ룬 강멩지나 지애ᄀ룬 도련지나 옥문물라 공소지
중추명당 원의 안전 신의 공소 받읍서.
넉메물석 받읍서, 황애물석 받읍서. 이도 정성 받읍서
초잔은 청감주, 이쳇잔은 줄병주, 제삼잔은 고함탁주
우 거린 건 줄병주, 알ᄌ린 건 다박주 돌아다끈 한한주는
구성대에 구성잔, 질이넘는 비와디렸수다.
은잔에랑 은꼿을 피웁고, 놋잔에랑 놋꼿을 피와근
소원성추 시겨줍서.
좀이 올른 연벤상, 임이 올라 ᄌ변상, 삼의 올른 삼선향
울령도는 ᄌ금상 가지넘출 떨어다가
ᄉ ᆨ 발ᄀ진 주웅아반 백단숫불 건드렁이 피와들러

이도 정성, 촛대 ᄒ쌍 불을 피연
이 ᄌ순들 열손 합장해여 은진무룹 제비꿀려
축원공신 말씀을 신의 성방이 대신으로
전조단발 신연벡무 은진무룩 제비꿀려
노단손 발을 들고, 웬손 등을 돌아
ᄋᆞᆺ부천 열두 가마쉐 신전님 전에 드럼수다.
이도 정성 어느 건들 허젠ᄒ민 공이 아니들멍
어느 건들 허젠ᄒ민 지가 아니 듭네까
공든답을 제겨줍서, 지든답을 발롸줍서.
천살 지살 인살 관재살 수중살 노중살 화덕살 엄한 일라근
올해에 넹겨줍서, 올섬에 넹겨줍서.
멩이단단 부죽헌 ᄌ순이랑 천아살 멩을 주고
복이부족헌 ᄌ순이랑 지애살 복을 주어,
동으로 오는 궂인일 서으로들 막읍서.
서으로 오는 궂인일 남으로들 막읍서.
남으로들 오는 궂인일랑 북으로들 막읍서.
북으로들 오는 궂은 일들이랑 천상드레 막아근
화덕진군 막아줍서, 도덕진군 막아줍서.
질하전 대양알 질알롭서 발벋어 울고 굽을 일 막아근
안노적을 제집서 밧노적을 제집서.
거미노적 제겨줍서 질노적을 제겨 줍서.
동창에도 일천석, 서창에도 일천석,
남창에도 일천석, 북창에도 일천석.
굶은이랑 밥을 주게ᄒ고, 벗인이랑 옷을 주게 허영
이 ᄌ순들 지픈 물에 ᄃ릴 노앙 월천공덕을 못홀망정
삼도전 거리에 원도 심어근 행인공덕을 못헐망정
병든이에 약을 주어근 활인공덕을 못헐망정
이 ᄌ순덜 지성이면 감천, 활연이면 공덕,
은장지덕은 옥장지 대엔 말이 잇십네다.
큰 낭 덕은 어서도 큰 어룬의 덕이사 어십네까
소원성추시겨 입신양명 시겨줍서.
날로 나려 돌로 ᄃ려, 월역이여, 시력이여
앗진동 밧진동 우알로 금동첩첩이랑 다 제겨줍서 이-

산받음

초감제 연ᄃ리로 옵서 청허난
원은 들며는 사례를 허고,
기는 들며는 도래를 ᄒ는 법입네다.
연변상 삼선향 연법상 지ᄃ퉈 디려가며
(신칼을 둥고 주문)
오널 성주를 ᄂ리고
큰굿허는 목에 조상덜 간장을 풀럼수다.
영혼들이영 실턴가심을 다 풀려근
집짓엉 삼년보고, 배짓엉 삼년보고
이서허여근 장서해여근 삼년보는 법 아닙네까.
오널 성주님 청해여근 상성주에 위앚지고 오방신장을 위앚지고
이른요돕 제토신을 각항지방 다 위벌이고 신벌여근
이 ᄌ순 성주낙성 올려근 이 앞으로 큰 걱정어시
무사태평을 시겨준다 ᄒ건, 영급조은 일월삼형제에서 웨상잔 ᄒ나만
똑기 막음을 주고, 걱정이 뒌다 영허건 천개를 위올립서
알겠십네다. ᄌ순이 어신난 이것만 아니난 이삼년만 기다리민
빚 다 가파두고 허영 조상들신디 거짓말 아니해근
새로 둘러근 우로적선허겠십네다 (산판점)
영등산 허튼걸음을 시겨근,
신의 성방 아자난 자리 사난 자리에 (산판점)
솟아날 일이나, 솟아날 일은 엇어도 일고 여둡 아홉둘 잘 넹겨주건 (산판점)
펜안해여, 이 ᄌ순이 (산판점)
영허난 분부도 설뢌수다. 영허난, 조상님네 좋게 생각해여 줍서
공을 들여 공든 답이 무너집네까. 있당 액도 잘 막고 허크매
처사님 수레법망에 잡힐 일, 차 탕 뎅기멍
노픈동산 놎인 굴헝에 뎅기는 질이영,
천살이여 지살이여 인살이여 광질살이여 수중살이여 노중살이여
막아준다 허건 울고굽을 일이나 막아준다 허건 (산판점)
시왕대반지로도 차사님 응협서 (신칼점)

본　주 : 고맙수다.

고선생 : 알았수다.
　　　　　거짓말 허지말아 이-, 오늘로부터 딱 무음먹어.
　　　　　절대적으로 해당뒈크라.
　　　　　상단 불법에 우올릅네다. 상단불법이라근
　　　　　제청드레 도올려 들어가멍,
　　　　　강태공서목시 불러다 아멩국 신도래석신 국에 제토신을 제허영
　　　　　정든 날 정든 시 입구상량허겠십네다.
　　　　　신의 성방은 송낙벗어 안주사고 장삼벗어 술사고, 입구인사하며
　　　　　신공시 위알로 굽어신청 하전이웨다 이-
고선생 : 삼촌 속았수다.
수심방 : 굿했수다덜.
문선생 : 속았수다.
문순실 : 문선생님, 강태공서목시 헐 때 잘 뜨라뎅깁서 양.

강태공 서목시 청함

수심방 : (악무) 성주 낙성은
　　　　　날은 어느 날, 돌은 어느 돌, 수명장제는 올금년 임신년
　　　　　동짓돌 초 ㅇ드렛날 진시 하감으로
　　　　　이 ᄌᆞ순들의 부모 조상땅은 북제주군 구좌읍은 행원입네다마는 ᄒᆞ뒈
　　　　　시방 현재 이 땅을 산 대 닦어 대무언 장안 울성 금성 토성을 둘런
　　　　　올금년 입ᄉᆞ월은 스무 요드렛 날 입구상량허니 성주님을 청허영
　　　　　성주님을 위앚지고, 오방신장을 위 앚지고,
　　　　　각항지방, 제오방 제토신을 위앚지저
　　　　　초감제 연두리 신을 메와 신수푸난
　　　　　천아 신공스 올렸십네다. 조은 점스는 받았십네다.
　　　　　정든 날은 정든 시가 근당허난,
　　　　　강태공이서목시 열두 구열의 연장을 거느리고
　　　　　열두 주위청 거느령, 굴미굴산 노조방산 아야산 신산골 도올라
　　　　　무듬남을 뷔여다 무듬산을 몰라지난
　　　　　강태공서목시를 불러다가 정든 날 정든 시 입구상량허저 ᄒᆞ시는데
　　　　　(사설조로)

야, 이 강태공서목시 어젠가 그직옛날 ᄇ름들언 , 어디 간 죽어신디
살아신디. (강태공을 부른다)
어- 어주리 비주리 눈부역 강탈남 강태공 서목수- 으읏.

수심방 : 아이구 편편이여.

소미(문순실) : 편편. 오늘 날 ᄄᆞ뜻해부난 어디 낭 강알에 앉아분 셍이여.

수심방 : 낭 강알에 아잔 어디 간 넋 자부는 셍인게. 야, 초편불러 대답 엇고,
노픈동산 올라사고, 북 뚜드는 동산으로, 대양두드는 동산으로,
설쉐두드는 동산으로 올라상, (부른다)
어이, 어주리 비주리 눈부역 강탈남 강태공 서목시-어엇
야, 이거 만도로기 소리남다. 이건 춘양제 소리여.
경해도 삼시번은 불러봐사 확실허게 아는 거난 이?
삼시번을 불러보저. 강태공 서목수-으

강태공(김영수) : (밖에서) 왜 불러!

수심방 : 옳지. 야 이거 신범한 목시여.
(노래) 강태공서목시, 굴미굴산 노조방산 아야산 신산곳을 올라사난
여기저기 국이 근당허는구나.
줌이 올른 연벤상, 입이 올른 ᄌᆞ벤상, 잔이 올른 삼선향 둘러받아
강태공서목시 오리정 신청궤로-
(악무, 심방은 향불과 신칼을 들고 춤을 춘다.)
연벤상 삼선향으로 오리정 신청궤 신부쩌난,
석자오치 목걸리 타당 강태공 서목시 걸려올리라-
(악무, 광목천을 양손에 들고 춤을 춘다)
(강태공이 제장 안으로 들어오면, 광목천을 목에 걸어 잡아온다)

수심방 : 강태공서목시 막은 창에 간 이서.

소 무 : 심으레 가는 사람은 재고, 돈는 사람은 배부난.
(도끼 한자루 들고, 강태공은 들어오자마자 죽은 시늉을 한다)

수심방 : 강태공서목시 죽엇저.

소 무 : 죽엇저.

수심방 : 봄빙애기 조롬불민 살아난 댄 허여라.

강태공(김영수) : 아니, 도망가단 보난 막은창에 도망가 전.

일 동 : (웃음)

소 미 : 도망가는 사름은 늦고, 심으레 가는 사름은 뺄르고.

수심방 : 강태공서목시 보시오.

강태공 : 왜불러.

수심방 : 이 고씨 대주 마흔혼술이.

강태공 : 그렇지.

수심방 : 입스월 스무 으드렛날 상량을 허잰허는디, 아, 시간은 다 뒈고, 당신은 어디 뎅기다 이제사 왔어.

강태공 : 아, 내가 그런 것이 아니고.

수심방 : 응.

강태공 : 서양 각국으로,

수심방 : 그렇지.

강태공 : 동양삼국으로,

수심방 : 그렇지.

강태공 : 일본 주년국으로, 중국으로, 대만으로 내가 안 다닌 디가 없지요.

수심방 : 그렇지.

강태공 : 그러다가 서월 삼각산으로,

수심방 : 서울운 가면 삼각산은 이, 함경도는 구월산으로, 강원도는 금강산으로 충청도는 계룡산으로,

강태공 : 충청도는 계룡산이고.

수심방 : 또 경상도는 지리산으로,

강태공 : 목표 유달산으로 그렇지.

수심방 : 전라도는 유달산으로, 할로영산으로,

강태공 : 그렇지.

수심방 : 테역장오리로,

강태공 : 물장오리로 그렇지.

수심방 : 꿩앚아존디로,

강태공 : 그렇지.

수심방 : 매앚아존디로,

강태공 : 그렇지.

수심방 : 성널오름으로, 드리압벵디로,

강태공 : 그렇지.

수심방 : 교래릿동산으로,

강태공 : 그렇지.

수심방 : 성판앞으로 또 삼굼부리로,

강태공 : 옳거니.

수심방 : 삼천당으로.
소미(순실) : 게고제고 잘 돌아먹었네.
수심방 : 잘 돌아뎅겨싱게. 야, 서늘곳으로,
강태공 : 서늘곳으로,
수심방 : 대정곳으로,
강태공 : 내가 안 다닌 곳이 없지요.
수심방 : 게도 일본 강 집을 짓을 때는 이, 후지산으로,
강태공 : 후지산으로,
수심방 ; 고야산으로,
강테공 : 그렇지.
수심방 : 신기산으로, 이꼬마로, 소장야마로,
강태공 : 그렇지.
수심방 : 하꼬지가와로, 게고제고 안 다닌 데가 없지게.
강태공 : 그렇지요.
문순실 : 겐디 열동산은 안 가났지 양?
강태공 : 엉?
문순실 : 열동산에.
강태공 : 열동산에? 썹동산엔 갔다완.
문순실 : 열동산에, 열동산에.
강태공 : 썹동산엔 갔다완.
수심방 : 또 중국은 가면, 니올라, 나올라, 쌍올라. 거 아니 뎅긴 디 없구나.
강태공 : 그렇지.
수심방 : 당신 그디 여기 저 서른 으둡술이 큰 무음씨가 착해여.
　　　　게난 산천제를 잘 지내 가지고 곧은 낭만 뷔영오랜 허니,
　　　　그 출령 온 그 제물 거 뭐요.
강태공 : (도끼를 옆에 두고, 망탱이에 가지고 온 제물을 하나하나 꺼내어 보인다)
　　　　이것이, 대벡미도 석섬닷말 칠새오리.
수심방 : 대벡미도 석섬닷말 칠새오리요.
강태공 : 소벡미도 석섬닷말 칠새오리.
수심방 : 소벡미도 석섬닷말 칠새오리. 당신 멀 먹고 살았소?
강태공 : 아, 이거, 아직도 남았소.
수심방 : 남았소?
강태공 : 아, 이거 먹다쎠다 남은 거, 짐녕가문 외불둑이[144].

수심방 : 김녕 외불둑이? 맞지. 아, 당신 뭐 먹고 살았소?

강태공 : 아, 그런 것이 아니고, 부름을 먹고, 구름을 타고, 소피일식을 하고,

수심방 : 소피철리를 ᄒ고,

강태공 : 송피칠국을 ᄒ고. 이거 이거.

수심방 : 허허 첨 이건 뭐요?

강태공 : 이거 이거 이것 보시오.

수심방 : 건 대벡미.

강태공 : 이것 보시오, 이거.

수심방 : 건 뭐요, 소금.

강태공 : 소금.

수심방 : 아 소금은 옛날 저 종달리 소금밧, 땅에서는 잘 뒈고, 이젠 나룩밧서 만들아젼 디, 이거 어디 가서 구해왔오. 소금도 일만동이를 해 왔봐야는디.

강태공 : 이거 .

수심방 : 이거는 된장.

강태공 : 된장.

수심방 : 게나제나 된장도 지난달 거시기 저 큰아덜 어릴 때 똥쌍 똥병댕이만헌 거 담아놓고, 원 지레도 커야 그것도 크게 담아놓주게.

강태공 : 이거 미역이요.

수심방 : 아 메역도 일만단이요, 이건 뭐요?

강태공 : 이거요, 이거, 하 이거 하이구.

수심방 : 우럭 생선이요.

강태공 : 우럭생선, 오토미 생선이요.

수심방 : 오토미 생선.

문순실 : 고광민 선생님 행원 앞바당에서 강 큰도고리 낚아온 거. 큰도고리 강.

수심방 : 이건 뭐요 이건.

강태공 : 언메 돈메요. 녹의단메.

수심방 : 언메요 단메요 서천올라 녹이올른 당산메요. 이건 뭐요?

강태공 : 은수저 놋수저요.

수심방 : 어, 은수저, 놋수저. 이건 뭐요?

강태공 : 벡돌래 벡시리.

수심방 : 벡돌래 벡시리? 은잔 놋잔이요.

---

144) 고환이 하나인 사람

강태공 : 놋잔이요. (소주를 들어 보인다)
수심방 : 이건 조수지. 이건 뭐요.
강태공 : (담배를 꺼내 보이며) 삼동초요.
수심방 : 삼동초, 이동초,
강태공 : 이동초
수심방 : 일동초, 솔, 파꼬다, 또 뭐요.
강태공 : 팔팔이요.
수심방 : 팔팔 그렇지. (천원짜리 지폐) 이건뭐요? 왕내노수.
강태공 : 왕내노수요,
수심방 : (망탱이를 가리키며) 숭내맹탱이들, 숭래맹태요.
        열두 구애연장을 내놔 보시오.
강태공 : (도끼를 보이며)구애렌장 여소.
수심방 : 대황기요.
강태공 : (도끼를 반대쪽으로 돌려 놓으며)
수심방 : 소황기요.
강태공 : (도끼를 다시 반대쪽으로 돌리며, 계속 반복한다)
수심방 : 대톱, 소톱.
강태공 : 대톱, 소톱.
수심방 : 젠미리, 후미리.
강태공 : 젠미리, 후미리.
수심방 : 오분자귀, 번자귀.

강태공서목시놀이

강태공 : 오분자귀, 번자귀.
수심방 : 대끌, 소끌, 먹통.
강태공 : (부지런히 도끼를 뒤집으며) 대끌, 소끌, 먹통.
수심방 : 왜, ᄒᆞ날 놓고 이리저리 허는 거요?
강태공 : 이거 팔모라 혼 거요. ᄒᆞ나로 가지고 팔모로 쓰고.
수심방 : 그야말로 신범한 목시라.
강태공 : 서월 가믄 동대문 서대문.
수심방 : 요새 목시덜은 못허고 망치로만 다 허는디, 강태공서목신 요거 ᄒᆞ나만 들르며는.
강태공 : 그렇지요.
수심방 : 동대문도 짓고.
강태공 : 동대문도 짓고.
수심방 : 서대문도 짓고, 남대문도 짓고.
강태공 : 덕수궁.
수심방 : 종묘, 덕수궁, 창경원.
강태공 : 경복궁.
수심방 : 경복궁으로.
강태공 : 또시 제주도로 오면 관덕청.
수심방 : 제주도로 오면 관덕청으로.
강태공 : 정읫고을.
수심방 : 정읫고을, 대정고을, 첨 게나제나 신범한 목수로고
이디, 이름이 고광민이요.
강태공 : 광민이. 나도 와다꾸시도 좀 알아요. 허허.
수심방 : 와다꾸시 음. 겐디 ᄒᆞ번 중국말을 해 보시오, 중국말은 리알싼스 오류치빠 구십
일분말은 이찌니산시 고록꾸시찌구주 또 우리말을 하나둘셋넷다서요덜
또시 미국 코큰말은 완투쓰리포파이브씩스 나인텐 핫따 잘하긴 춤 잘한다.
강태공 : (그릇을 들며) 겐디 이거 무슨 물이요.
수심방 : 건 썰물이요. 썰물이요.
강태공 : 썹물? 썹물이 아니고 쓰을 물이요.
수심방 : 씬돌물이요. 이거. 엣날 종달리 오막개 물을 먹어사 새가 드는디.
거 저 공고새 썰로.
강태공 : 공고새 썰로.
(강태공 돌래떡을 가지고 도끼 날을 간다)
에- 어으어, 어으어, 어으어

어으어, 어으어, 어으어.
수심방 : (같이) 에- 어으어, 어으어,
강태공 : (떡을 한입 끊어 먹는다) 팔모 아강주.
수심방 : 건 뭐허는거요?
강태공 : (먹는다)
수심방 : 그렇지, 이모로 써도나고, 저모로 써도나고, 팔모 아강주(八角夜光珠)로 써도나고.
강태공 : (다시 도끼를 간다)
수심방 : 아들은 나면 나라에 충신이요.
강태공 : 똘은 나면 열려감이요, 공줏감이요.
수심방 : 응, 똘은 나며는 열려부인, 수절부인, 감부인도 될꺼요
강태공 : 시아게 실이요.
수심방 : 응, 시아개 실이요
 (노래) 이쐴 저쐴 어- 나주영산 시양 쎌로. 시르르응. 어!
강태공 : (또 돌래떡을 한입 끊어 먹는다)
수심방 : 거, 이놈의 목시 배고픈 목시네 이.
 게고제고 들레만 먹젠헌다. 자,
 (노래)
 상성주, 중성주, 하성주 눌감상 아뢰와
 남방에 가까왔구나 경오남방드레 낭뷔레 가야 흔다.
 영등산에 덕들남 베자.
 영등산에 덕둘남 베자.
 (수심방과 강태공, 소무들 북과 징을 들고 따라 나선다)
 영등산에 덕들남 베자.
수심방 : 이 나무 저 나무 영나무 베자.
소무들 : 영등산에 덕들남 베자.
수심방 : (강태공에게) 돌도 팍팍 찍어불라.
 (뜰에 조경 된 바위에도 신칼점을 친다)
 영등산에 덕들남 베자.
 (집안에 들어와서도 구석 구석 강태공은 도끼로 찍는 시늉을 하고 수심방은 신칼점을 친다)
 영등산에 덕들남 베자.
수심방 : (제장이 있는 집안 방안으로 들어오며) 영등산에 덕들남 베자.
소무들 : (집안의 기둥 하나 하나 도끼로 찍는 시늉을 한다) 영등산에 덕들남 베자.
수심방 : 자, 상모루도 베자. 중모루도 베자.

강태공 : (도끼를 놓고 앉는다)
수심방 : 다 베서?
강태공 : 다 비었소.
친적 : (현관기둥 가리키며) 이 기둥은 안 뷉다.
강태공 : (도끼를 들고 가서 벤다)
수심방 : 새집에 막 기스를 내와불어사 인정 하영 받을 건디.
고선생 : 낭 잘 뷔네 양.
수심방 : 낭을 잘뷔나뭐나 무시거 원, 기슬 ᄒ나토 안냈잔헤게
문순실 : 젊은 아저씨.
강태공 : 젊은 오빠.

성줏대 꺾음

(성줏대를 세운다. 강태공 도끼를 들고 섰다)
수심방 : 야. 이거 엣날 옥끼 감목관 짐펙의.
강태공 : 그렇지.
수심방 : 거 혁매문서 물릴 때, 임충걸어난 거여. 이 집의 그 아덜덜이 이, 열늬설 열설이 저 고선생은.
강태공 : 그렇지.
수심방 ; 뭣꼬. 그 이상은 더 올라가지 안 헐 거주.

강태공서목시놀이

강태공 : 그 이상 올라가지 안 허켄?
수심방 : ᄀ만이 그디만 지킬 거난.
강태공 : 걸로 스톱부.
수심방 : 아니.
강태공 : 그거는 뒈고.
수심방 : 그 아덜들은 그 이상 더 큰 모자 써그네 왕.
강태공 : 글렇지.
수심방 : 벌 꺼. 생깃지둥 끄심이여.
강태공 : 그렇지.
수심방 : 이 산은 영기신령이 이서.
강태공 : 영기실령이 있주게.
수심방 : 강 산을 강 도아보라.
강태공 : 나 강 돌아보켜.
수심방 : 영기실령이 있는디.
강태공 : (강태공 요령을 가랑이에 끼우고 말처럼 들락퀸다)
수심방 : 어, 물 돌으라. 어러 어러럿
　　　　 와와와 오아 허헛 새 ᄆᆼ생이 오, 와, 와, 와, 와.
강태공 : (방안을 이리 저리 달린다. 요령을 말방울처럼 흔들면서) 다 돼서.
수심방 : 굴미굴산 노조방산 아야산을 도올란 돌아보난.
강태공 : 돌아보난, 이거 뭐 먹은 듯 만 듯,
수심방 : 심범헌 목신 아니라.
강태공 : 아따 먹엉 허컬. 제 지냈저.
수심방 : 이거 산신제 지내젠 돈내랜허민 성주푸리 홀땐 아뭇소리 안했당.
강태공 ; 돈내랜허민 귀막아불고.
수심방 : 성주푸리 다 끝나그네 ᄒᆞᆫ 몇칠 후에, 아니 삼춘 우리집인 와그네
　　　　 돈 안받으켄 허멍 더 받앙 갔젠.
강태공 : 더 받앙 갔젠.
문순실 : 삼촌 그말도 허지맙서야. 이디서만 끝나믄 뒈주마는,
　　　　 놈이집이 왕 성주푸리 행 인정 안 받앙가민, 에이 이 선생님 우린 잘 해주노랜
　　　　 해도 우리 집읜 완 인정도 안 받아랜 애돌롸. 인정은 받아사뒈여.
　　　　 애 돌롸, 애돌롸.
강태공 : 이 낭을 베여. 맞아. 맞아.
문순실 : 이제 다른 집의 강 허멍 안 허믄 이제 막 애돌루주.

고광민 : (성줏대에 인정을 건다)
문순실 : 게난 남무엔 인정 거는 거우다 야. 고선생님.
고선생 : 예게.
문순실 : 나무에 인정 거는거라, 야.
고선생 : 나가 걸어주주. (인정을 성주대 맷닢 위에 끼우며) 영 큰 낭 뷔여질 건가?
수심방 : 이거 싀소리 반에 안 뷔믄 목시가 죽어?
         (다 같이 합창한다)
         영등산에 덕든낭 뷔자.
강태공 : (강태공 도끼를 겨냥했다. 성줏대를 자른다) 에잇.
문순실 : (단번에 벤 성줏대를 보며) 야, 인정 씻그난 달르네. 목시 어깨가 으쓱해연.
강태공 : (으쓱대며) 아, 내가 벡육십년 해먹은 놈인디.
문순실 : 아따, 으씩허네.
수심방 : 낭 끈는 건 보난, 신범한 목신 신범한 목시여.
         야, 이거 가지 거시리고 이,
강태공 : 가지 거시리고.
수심방 : 눗술노코. 들으난 요새는 여저들도 깡 다 허주게. 게난 거시기 문사깡도 이리와.
문순실 : 난, 문사장 오야가다 허크라.
수심방 : 오야가다.
         (하면서 집을 짓기 시작한다)
강태공 : 수목시로.
수심방 : 수목시로. 큰 거 해보잰 허는 생인게.
강태공 : 큰거 해 먹잰.
문순실 : 오야지를 해사 먹는 것도 하주.
수심방 : 오야지 허켄허는 거 봐. 요거 지레 족은 거 둥차다고
         요놈의 새끼가.
문순실 : 겐디 국사발에 물 조끔만 줍서.
수심방 : 자, 이거 기초 놓고.
강태공 : 기초 놓고.
수심방 : 주춧돌도 잘 끌아사 돼메.
강태공 : 주춧돌 놓고.
수심방 : 이거 이제 앞으로 삼층사 놀 티. 주춧돌 호나에 서말씩 주멍 사났는디.
         요샌 세멘으로 행 담아불 때라노난.
강태공 : 이거, 고선생 또 토라졌잰. 똑바로 세와사지.

(사과를 반 자른 위에 대나무를 꽂는다)
강태공: 말비챴저.
수심방: 말비차고.
문순실: 아. 요집 짓는댄 타찌 안해여.
강태공: 아맹 봐도 똑바로 세와졌저.
  네 지방 탔저.
수심방: 자, 상간도리 놓고, 네도리 놓고.
(사과 위에 세워놓은 네 개의 기둥을 올린다)
강태공: 그렇지 상모루도 올라감져.
수심방: 상모루도 홈치 노와비여.
문순실: 아따가라 와이로들 먹은 셍이라.
강태공: 큰심방이 와이로 먹었지. 상모루는 안 올라가야는디.
수심방: 에에, 상모루 다 걸고.
문순실: 알앙들 헙서 양. 상모루 올라가는 거 보젠 해신디 미리 와이로 다 써싱게.
강태공: 게믄 철근 놓지마랑 그냥 스라브 해붑주 뭐.
수심방: 아니, 상서리 다 걸고.
강태공: 놓지마랑 그냥 스라브 해부러.
수심방: 아니 혼저 경 해여. 숨브룹게 허지 마랑.
강태공: 난 목시안티 와이로 먹었젠 허크라.
수심방: 철근 놓고, 앞으로 이층 삼칭 막 올라갈 거난. 잘 꼴고.
강태공: 응.
수심방: 색지, 청지왜 와개집을 떠꺼서 이?
강태공: 그렇지.
수심방: (댓가지를 지붕위에 가지런히 놓는다) 아따 철근도 아주.
강태공: 간격도 똑바로.
수심방: 응.
강태공: 자 됐저.
수심방: 이젠 올리고 (백지를 덮는다)
  청너을도 씌우고.
수심방: 그렇지. 늬귀에 풍경 돌고.
강태공: 늬귀에 풍경 돌았저.
수심방: 옥린 문고.
강태공: 그렇지, 그 돈을 무사 저기다 놓젠.

수심방 : 아니, 그냥 이걸로 놔게.
강태공 : ᄒ᠊ᆞᆫ번 놔난 건 안 돼.
수심방 : 에에,
강태공 : 고서방 안돼.
고씨 모 : (인정을 건다) 나도, 아들네 집짓는디, 걸어사주.
문순실 : 이제는 통과. 통과.
수심방 : (짓는 건물 아래 물그릇을 끼워 넣는다)

쇠띄움

(심방 물그릇 위에 신칼을 놓고, 신칼위에 천문을 놓는다)
수심방 : 에, 남오남방 좌우방 지남석 걸룽쉐 띄웁네다.
　　　　고선생 집이 쪼끔 요레 숙여서. 요착더레 조끔 숙여서 이.
　　　　욜로 허며는 욜로 어디레 금나크라. (물그릇을 당기고, 물그릇 안에 있는 천문을
　　　　신칼로 끄집어내어 밖으로 던져, 집터가 센지 여부를 점친다)
　　　　만대유전이나 시켜주카 홉 건 일월삼명두로 처서분간헙서.
　　　　시왕대반지로 (신칼점. 점괘가 좋자 본주에게) ᄒ᠊ᆞᆫ 턱내여.
　　　　신칼이 군문지는 것은, 터신이 세기 때문에 군문지는 거라.
　　　　이것이 헤쌱허게 벌어지면 터신이 뭐허지 못허매,
　　　　집이 저쪽으로 숙었고, 저짝이랑 신구간 안네 이
　　　　신구간 안에 메와사 뒈여.
　　　　경허민 저착으로 물줄길 잘 받으민 (신칼점) 이 ᄌ᠊ᆞ순덜 마흔ᄒ᠊ᆞ나 집짓엉 삼년 안엔
　　　　펜안헌고 마씸. 조크라.
고씨 모 : 아이고 고맙수다.
수심방 : 고선생 이, 단층 지슨거랑 무시것고 어멍도 이젠 살명 해그네
　　　　어멍도 아흔 요든ᄁ᠊ᆞ지 살명, 이디서 공양허고, 고선생도 늙어갈도록 살고 해그네
　　　　어디들 요레 아들 집도 큼지만썩 짓고. 게난 요걸랑 틀어부러. (일동 웃음)
　　　　(댓가지로 지은 집을 틀는다)
고씨 모 : 아이고 고맙수다.
수심방 : (사과에 댓가지를 꽂은 네 개의 기둥을 들고 본주를 부른다)
　　　　고선생 이리 오자.
강태공 : 고선생, 알지. 주춧돌.

수심방 : 이레 오자. 각신 뭐, 동헌대주가 받아사 뒈는 거지. 돈 안넹 와도 뒈게.
이거, 소미들이 허믄 돈받으카부댄 나가 미리 내밀엄서.
(주춧돌을 내준다)
고씨 모 : 아이고 고맙수다.
수심방 : 옛날 주춧돌 ᄒ나민 서말씩이라. 이거 ᄒ나민.
고선생 : 게민 몇 말이우꽈?
고씨 모 : ᄒ 지둥에 서말낸댄 옛날 어룬덜 굴아났주.

지부찜

수심방 : 강태공서목시-
굴미굴산 노조방산 야야산 신산곳을 도올라 곧은낭을 뷔연
정든날은 정든 시 입구상량허난 입사월돌 스무 ᄋ드렛날
근당허연 입구상량허니, 성주님전의 천도제 받아 위올리저
삼선향 삼주잔 지도투며, 천도제 받아 올려-
(악무, 향로들고 춤)
(놋그릇들고 춤을 추다 노그릇 안에 사방에 던져 뿌린다)
(바람점과 함께 산받음)
수심방 : (분부사룀) 마흔ᄒ나 서른 ᄋ둡이영, 성주낙성해연 성주님전 위앚지고
운수를 알아보난 터신도 세고, 지신도 세난, 집 짓을 때에 칠성ᄀ찌 나뎅긴 일은
어떠헌 조순이 오란 이터를 산에 집을짓뎬 해염싱고 영해연 거동을 보는 넋이난
의심받을 일은 엇고 앞으로 오년은 큰 걱정 어시크메 경알고,
고씨 모 : 아이구, 고맙수다.
수심방 : 마흔 일곱, 마흔 ᄋ둡, 마흔 아홉을 잘 넘기커라근 마흔 다섯 나는 해랑
조상덜 위로적선허영 미리 닦은 지장산샘잇물 보는 법이난, 미릿미릿 공들영
굿해여그네 천변숭험을 부릴 듯 영허난, 마흔 일곱 ᄋ둡 아홉을 넹기커들랑
이집터 이터에 만대유전 허커들랑 마흔다슷나는 해올련 삼신정월 첵명삼월 상구월
석돌을 넹기지 마랑 미리미리 공들영 놔두민, 마흔ᄒ나 나는 대에는 큰 걱정엇고 애기
들 엄헌 일은 성주에서 다 막아줄 듯 허댄 조은 점서가 내렴수다.
고씨 모 : 아이구 고맙수다. 오늘부터 ᄆ음 먹쿠다.
설른 ᄋ둡설이 멩심멩심허여근 ᄒ달에 천원씩 ᄒ들에 만원씩 이제부터라도 이
성주에 끝나건 내일부터 초복초복 조상에 성심먹어가민 안노적 밧노적 거리노적

질노적 성주에서 먹을연 입을연 나수와 준댄 해연 조은 점서가 느렴시메
　　　흔꺼번에 돈해영 났당 굿허잰마랑 천원씩 백원씩 모두왐시면 그만헌 은덕은
　　　성주에서 발라다주마 분부문안이웨다. 이-
　　　분부문안은 여쭤와 들여가며
　　　성주일월라근 넋들임 굿이웨다.

성주풀이

소무들: (노래) 넋사로다. (요령)
수심방: 일월 일월은 일월일월은 일월이여 (요령)
　　　성주일월도 일월이여
　　　성주일월도 일월이여 (요령)
　　　성주로구나 성주로다 (요령)
　　　앞 집 성주는 초가 성주 (요령)
　　　뒷 집 성주는 와가 성주 (요령)
　　　경상도라 안동땅에 이 영원이 솔씨를 받아
　　　대평 소평에다 심었더니 (요령), 이 솔이 점점 자라나
　　　수양목은 반쳐두고
　　　이 재목은 모관목 낙락장송이 뒈엿구나.
　　　강태공이서목시 대산에 간 대목내고, 소산에 간 소목내고
　　　영주산에 화목을 내여, 상간도리 늬도리, 한포 두포 내어단
　　　… (청취불능) …
　　　동방택신 성주신도 놀고 갑서.
　　　서방택신 성주신도 놀고 갑서.
　　　남방택신 성주신도 놀고 갑서.
　　　북방택신 성주신도 놀고 놀아,
　　　중앙택신 성주신이랑 놀고 놀아 (요령)
　　　오행육갑을 노아그네 서른하나 하늘이영 불휘영 놀리곡
　　　안노적은 밧노적 거리공덕 질공덕을 시겨줍서 (신칼점)
　　　성주님전 열린 축원을 올립네다.
수심방: (춤을 추라고 독촉한다) 추워 이제랑, 추워.
고선생: 나와서 춤을 춘다.

수심방 : 어야 아양은 어야 뒤야 어양어양은 상사뒤여
　　　　　아양 어허어양 어허야 에해요
　　　　　선왕에 놀자 제석에 놀자 앞마당서 놀고가자
　　　　　아양 어허어양 어허야 에해요
　　　　　성주일월에 놀고쉬자 성주일월에 놀고쉬자
　　　　　아양 어허어양 어허야 에해요
　　　　　철련성주가 놀고가면 말련성주가 놀고갑서
　　　　　아양 어허어양 어허야 에해요
　　　　　강태공이 서목시여 굴미굴산 노조방산 아야산에 올라
　　　　　아양 어허어양 어허야 에해요
　　　　　질 곧은낭을 뷔여다가 한탈에다가 대목을 내고
　　　　　아양 어허어양 어허야 에해요
　　　　　대산에 올라 대목을 내고, 영주산올라 화목을 내고
　　　　　아양 어허어양 어허야 에해요
　　　　　……
　　　　　(서우젯소리 계속이어지고, 노래의 내용은 이 집안의 조상들을 놀리는 내용이다)

손　님 : 원 지남철이 부떠분 생이우다.
고선생 : (춤을 멈추고 제상에 절을 한다)
고씨 모 : 그 소리 혼번 듣제해도 듣지 못해여.

▶ 허맹이놀림

허맹이놀림

출전 : 현용준의 《제주도무속자료사전》, 신구문화사, 1980.

가. 개요

뱀의 저주를 받아 병이 생겼을 때, 이를 고치는 치병굿으로 〈칠성새남〉 굿이 있다. 〈칠성〉으로 해서 생긴 병은 뱀을 죽였을 경우나 남이 뱀을 죽인 것을 보아 그 죄를 업어 쓴 경우이다. 이런 경우 〈칠성새남〉이란 굿을 하여 그 뱀을 살려내면, 병은 치료되는 것이다.[145] 〈허맹이놀림〉은 〈칠성새남〉에서 하는 '굿중 놀이' 이다.

〈칠성새남〉은 환자의 병은 누가 뱀을 죽여버린 것을 처음 보고 그 죄를 뒤집어 써서 걸린 것이다. 그러므로 이 병을 치료하는 것은 그 뱀을 죽인 자를 찾아 처형하여 환자가 무죄임을 밝히는 동시에 죽은 뱀을 살려 내는 것이다. 이때 뱀을 죽인 자를 찾아내어 죄를 다스리는 대목을 〈허맹이놀림〉이라 한다. 〈허맹이놀림〉은 뱀을 죽인 자를 교만한 악신 〈허맹이〉라 단정한다. 그리하여 〈허맹이〉[146]를 호출해다가 그가 뱀을 죽였다는 자백을 받는다. 그래서 허맹이를 가다귀섬으로 귀양보내고 죽은 뱀을 환생시켜내는 극적 행위를 연출한다.[147]

수심방 : 급창(及唱)! (큰 소리로 부른다)

소　무 : (문 밖에서) 예.

수심방 : 거, 문 뱃기(밖에) 나고 보라 (나가 보아라) 장안 안에 연기할량 (판치고 돌아다니는 閑良) ᄀ뜬(같은) 하늘은 보고 땅은 못보는 허맹이라 혼 놈이 있겠느냐?

소　무 : 예, 이디 있읍네다. (허맹이 인형을 들고 들어온다)

수심방 : 이이 알로(댓돌 아래로) 업질러라.

소　무 : (댓돌 밑에 엎드려 놓는다)

---

145) 玄容駿, 〈濟州島巫俗의 疾病觀〉, 《제주도》 21호, 제주도 1965, p.112.
146) 짚으로 만든 인형, 또는 나무가지에 헝겊을 씌워 만든 인형.
147) 玄容駿, 《巫俗資料事典》, p.900, "濟州島의 巫俗儀禮", 《韓國言語文學》, 韓國言語文學硏究會, 1965.p.60.

수심방 : 얼굴을 처들러 보라. 허, 이놈 얼굴을 보난(보니) 양진(얼굴은) 서뿜 쇠치(세뼘 세치)나 ᄒ고 눈숩(눈썹)은 붓으로 그린 듯ᄒ고 나. 너 이 놈, 어찌 그리 뎅기멍(다니면서) 민간에 작폐 짓을 ᄒ느냐? 너 바른 대로 말을 아니ᄒ여서는 각각(脚脚) 올올이(갈기갈기) 찢어당 불천수(燒却)시길 테니 바른 대로 말을 ᄒ라.

소 무 : 예, 아무 둘 아무 날 어느 지경에서 꿩사농 매사농 주치사농(쥐사냥) 뎅겸시난(다니고 있으니까) 매로 태살(打殺)을 시겼더니, 이주당 신벵자(身病者)가 지나감시ᄀ네(지나가고 있길래) 눈에 펜식을 시겼수다.

수심방 : 기영ᄒ니(그리하니) 이 주당 신벵자는 아무 줴(罪)도 엇은 게(없는 게) 아니냐? 모든 줴는 너 줴 아니냐?

소 무 : 예.

수심방 : 그레면 너가 이 주당 신벵자 줴적(罪責)을 문딱(모두) 받아사 홀께 아니냐?

소 무 : 예, 소원이 없읍네다.

수심방 : 수령(使令)!

소 무 : 예.

수심방 : 양 매꿘(곤장) 데령ᄒ라.

소무2인 : (양편에서 버드나무 막대기를 들고 선다)

수심방 : 허멩이가 너의 웨삼춘(外三寸)이 아니건(아니거든) 스(私) 보지 말앙(사정 보지 말아서) 단매로 메우쳐서 피 죽아(찍어)올리라.

소무2인 : (양편에서 한번씩 친다)

수심방 : 거, 웨 아이고 소리가 없느냐? 너네덜(너희들) 뒈물(賂物) 받아먹 느냐?

소무2인 : 너가 뒈물 먹었지. 너네 웨삼춘 아니냐? 잘못ᄒ당 옥산다 (감옥살이 한다).

　　　　　(2인이 서로 잘못했다고 다둔다)

수심방 : 자꾸 메우쳐라. 뭘 ᄒ느냐?

소 무 : 아이고, 아이고. (소리하며 내려친다)

　여기서 수심방은 굿을 집행하며, 신병자의 무죄를 입증하고, 칠성신을 죽인 자는 허멩이라는 악신임을 닥달하여 죄를 밝혀내는 재판관의 역을 한다. 1인 2역을 하는 것이다. 소무는 굿의 진행을 도우면서, 인형 허멩이와 사령의 역할을 하여 1인 3역을 한다. 〈허멩이〉는 하늘은 보고 땅은 못본 교만한 악신으로 화재를 주고 '칠성'을 죽게 한 죄인이다.

　〈허멩이놀림〉은 이 악신을 닥달하는 굿인데, 그 내용을 보면, 허멩이를 장안에 판치고 돌아다니는 양반 한량처럼 그리고 있다. 그러므로 〈허멩이놀림〉은 한량 허멩이의 죄를 다스리는 '굿중 놀이'로 된 〈재판놀이〉다.

허맹이 인형

나. 놀이의 구성

칠성나까방석(무명) 칠성ᄃ리(무명)를 깔고 그 위에 각종 제물과 쌀양푼을 올려놓아 칠성신상을 그 쌀에 묻어 앉힌다. 종이로 만든 신상(神像)의 입엔 쌀 일곱 알을 물려놓고 그 앞에 계란 하나를 놓는다. 제의 순서는 다음과 같다.

○ 초감제→○ 일월맞이→○ 초공본풀이→○ 초공맞이→○ 초곱매김→○ 산받음→○ 푸다시→○ 메어들어 석살림→○ 이공맞이→○ 이곱매김→○ 시왕맞이→○ 삼대김→○ 시왕질치기→○ 본향ᄃ리→○ 칠성본풀이

'매김', '대김'은 쉽게 말하면 다시는 하지 않겠다는 '다짐을 받는다'는 뜻이다. 칠성새남굿의 제차에서 보는 바와 같이, 칠성새남굿은 결국 뱀을 죽인 '허맹이'를 닥달하는 놀이굿 〈허맹이놀림〉이 주를 이룬다. 칠성새남굿은 '허맹이(인형)'라는 자를 불러들여, 초공맞이하여 초대김, 이공맞이하여 이대김, 시왕맞이를 하여 마지막 세 번째 다시는 뱀을 죽이는 짓을 하지 않겠다는 다짐을 받는 놀이굿이다.

허맹이놀림

구연 : 안사인(제주시 용담동 남무)
출전 : 현용준의 『제주도무속자료사전』, 신구문화사, 1980.

〈초감제〉에서 집안 연유 닦을 때 칠성(蛇神)에 걸려 병든 사유를 아뢰고, 〈일월맞이〉에 들어가면 조상께 칠성에 걸린 사유를 창하여 등장을 든 뒤, 〈초공본풀이〉를 창하고 나서 이어 〈초공맞이〉를 한다. 이때 '초곱매김' 또는 '초대김'을 한다.

초곱매김

수심방 : (창)초공전 앞으로 무지악마(無知惡罵)흔 허맹이혼[148]라 줴인(罪人)을 불러 나립[149]ᄒ잡네다. 급장[150]! (부른다)
소 무 : 예. (바깥에 대게하여 있다가 대답하고 나옴)
수심방 : (사설) 거, 먼 문 뱃기[151] 보라. 칭원(稱冤)ᄒ고 원통흔 백성(百姓)이 공ᄉ(公事)를 올리레 온 것 같으니 문 뱃기 보라.
소 무 : (사설) 예, 칭원ᄒ고 원통흔 백성이 소지공ᄉ(所志公事) 올리레 왔수다.
수심방 : (사설) 그래면 그 소지를 받아 올리라.
소 무 : (백지 한 장을 품에 품었다가 내놓으며) (사설)소지받아 올립네다.
수심방 : (창)칭원ᄒ고 원통흔 백성이 소지(所志) 받아다 초공전에 감(鑑)ᄒ네다. (젯상에 소지(白紙) 올림) 초공전에서 낭독ᄒ라 ᄒ는구나. (소지 내리어 받아들고) (사설) 일천장(一千張)에 베릿돌[152] 일만장의 먹을 골라.[153] 좀이 ᄀ든[154] 붓을 가져들이라.

---

148) 하늘은 보고 땅은 못본 교만한 악신(惡神)으로 화재(火災)를 주고 「칠성」을 죽이게 하는 등 악한 일을 한다고 함
149) 나립(羅立)
150) 급창(及唱)
151) 밖에
152) 벼룻돌
153) 갈아라
154) 줌(拳)이 가득한

소　무 : (산대 가져내어 천문으로 먹가는 시늉하고 북채를 가져드리며) (사설) 예, 좀이 ᄀ든 붓이우다.

수심방 : (소지를 펴들고) (사설) 허, 벡소지(白所志) 권장(勸狀)이로고나. 급장(及唱)! 웨 소지 는 벡소지권장이냐?

소　무 : (사설) 칭원(稱寃)ᄒ고 원통ᄒ 백성(百姓)이 쓰랴[155] 쓸 문장(文章)이 엇어지고,[156] 에우랴[157] 에울 성방(刑房)이 엇어지난[158] 벡소지권장(白所志勸狀)이 돼옵네다.

수심방 : (사설) 하, 그렇고나. 쓰실 문장과 에울 성방이 신의성방(神房)뱃기 엇고나.[159] 나가[160] 쓰고 에워사 홀로구나.[161] (북채를 들어 백지에 글쓰는 시늉하고 들어서 창) 헤(年)로 가릅긴 계묘년(癸卯年) 날은 오동짓돌[162] 아무날, 팔천신전(八千神前)에 등장(等狀) 듭기는 어느 고을 어느 무을 홉거든, 강남은 천ᄌ국…… 〔날과 국섬김 - 초감제 참조〕 이간주당(此家內住堂) 동안에대주(東軒大主)[163] 님이 아무돌 아무날부떠 신벵(身病)이 들어 약방 약도 허ᄉ(虛事) 뒙고 이원 이술(醫員醫術)도 허사가 뒈고 목 ᄆ르민[164] 새옴(泉) 파고 ᄀ급ᄒ민[165] 송ᄉ(訟事)나는 체격으로[166] 아는 시녀(神女) 열줍ᄉ(十占士) 촛안[167] 문복(問卜)ᄒ니 천명(天命)은 부명(非命)입고[168] 부명은 천명이 뒈여 역줴(易罪)는 득줴(得罪)가 뒈고[169] 득줴가 역줴 뒈여 원(員)님은 당상(堂上)ᄒ고[170] 도독놈은 난장(亂杖) 맞일 때[171] 가 뒈여, 시운(時運)이 부작(不足)ᄒ고 엑수(厄數)가 물연허연 놈질 지게[172] 를 지어 칠성님에 줴척(罪責)이라 ᄒ옵기 이 소지원정(所志原情) 올립네다. 신벵자(身病者)의 손으로 태살(打殺)ᄒ 줴(罪)도 아니옵고 아무 돌 아무 날 어느 질(路) 질 노상(路上)에서 무지(無知)ᄒ고 악막(惡罵)ᄒ 인간 손에 태살(打殺)뒈고 돌ᄆ두룸[173] 으로 뫗아[174] 유월(流血)이 낭자(狼藉)뒈고 산 설로[175] 죽은 설로 눈에 펜식[176] 뒈여 신벵자가 지

---

155) 쓰려고 하되의 뜻
156) 없어지고
157) 외려 하되
158) 없어지니
159) 밖에 없고나
160) 내가
161) 외어야 하겠구나
162) 11월
163) 남주인을 일컫는 말
164) 마르면
165) 갑갑하면
166) 격으로. 모양으로
167) 찾아서
168) 정명(定名)이 아직 남아 있는데 비명으로 죽게 됨의 뜻
169) 남의 죄를 얻어 쓰게 되고의 뜻
170) 대청 위에 오르고의 뜻
171) 맞을 때. 이상 때가 마지막에 다다랐음의 뜻
172) 남의 질 지게 곧 남의 죄를 얻어 씀의 뜻
173) 돌멩이

나오단 보난¹⁷⁷⁾ ᄆᆞ음이 미상(迷想)ᄒᆞ고 추물(醜物) ᄀᆞ타 지나온 게 이간주당(此家內住堂) 동안대주(東軒大主)의 득줴(得罪)가 뒈였수다. 어느 원(員)에 신원(伸寃) ᄒᆞᆯ 수 엇어져 팔천신전(八千神前)에나 신원을 ᄒᆞ저,¹⁷⁸⁾ 어젯날 초감제로 팔천신전을 신메와¹⁷⁹⁾ 천신(天神)에 등장ᄒᆞ고¹⁸⁰⁾ 초공님에 원정(原情)ᄒᆞ저 ᄒᆞ네다.

초공전에 원정니 역줴(易罪)는 득줴(得罪)가 뒈였다 네다. 그 날 무도(無道)고 악마(惡罵) 하늘은 보고 땅은 못본 허멩이라 놈의 줴척(罪責)이라 네다.

초공님전 소지공스(所志公事) 낭독ᄒᆞ니 모든 백성(百姓) 펭논(評論)ᄒᆞ라 ᄒᆞ는구나. 모든 백성 펭논ᄒᆞ니 이 주당(住堂) 신벵자(身病者)는 아무 줴(罪)도 웃덴¹⁸¹⁾ 허염구나.¹⁸²⁾ 줴목(罪目) 줴상(罪狀)진 놈은 하늘은 보고 땅은 못본 허멩이로고나. 소지원정(所志原情)은 칠성님전에 우올립네다.¹⁸³⁾

(소지를 칠성상에 올림)

수심방 : 급장(及唱)! (큰소리로 부름)

소 무 : (문 밖에서) 예.

수심방 : (사설) 거, 문 뱃기 나가 보라.¹⁸⁴⁾ 장안(長安) 안(內)에 연기할량¹⁸⁵⁾ ᄀᆞ뜬 하늘은 보고 땅은 못보는 허멩이라 ᄒᆞᆫ 놈이 있겠느냐?

소 무 : (사설) 예, 이디¹⁸⁶⁾ 있읍네다. (허수아비(허멩이)를 들어 옴)

수심방 : (사설) 이이 알(下)로¹⁸⁷⁾ 업질러라.

소 무 : (댓돌 밑에 엎드려 놓음)

수심방 : (사설) 얼굴을 쳐들러 보라. 허, 이놈 얼굴을 보난¹⁸⁸⁾ 양진¹⁸⁹⁾ 서뽐 싀치¹⁹⁰⁾나 ᄒᆞ고 눈습¹⁹¹⁾은 붓으로 그린 듯ᄒᆞ고나. 너 이 놈, 어찌 그리 뎅기멍¹⁹²⁾ 민간(民間)에 작폐(作弊)

---

174) 무수어
175) 눈정기가 흐리마리 한데. 언뜻 시야(視野)에 보이는 것이 산 것처럼
176) 언뜻 눈에 뜨임의 뜻. 변식(變識)
177) 지나오다가 보니
178) 하자고
179) 신모아
180) 일월맞이 때에 등장(等狀) 들었음을 말함
181) 없다고
182) 하고 있구나
183) 올립니다의 공대말
184) 나가 보아라
185) 판치고 돌아다니는 멋장이
186) 여기
187) 댓돌 아래로
188) 보니
189) 얼굴은
190) 세뼘 세치(三寸)

짓을 ᄒᆞ느냐? 너 바른대로 말을 아니ᄒᆞ여서는 각각193) 올올이194) 찢어당 불천수195) 시길테니 바른대로 말을 ᄒᆞ라.

소 무: (사설) 예, 아무 돌 아무 날 어느 지경(地境)에서 꿩사농196) 매사농 주치사농197) 뎅겸시난198) 매로 태살(打殺)을 시겼더니, 이 주당 신벵자(身病者)가 지나감시ᄀᆞ테199) 눈에 펜식을 시겼수다.

수심방: (사설) 기영ᄒᆞ니200) 이 주당(住堂) 신벵자(身病者)는 아뭇 줴(罪)도 엇은 게201) 아니냐? 모든 줴는 너 줴 아니냐?

소 무: 예.

수심방: (사설) 그레면 너가 이 주당(住堂) 신벵자 줴적(罪責)을 모딱202) 받아사 ᄒᆞᆯ께 아니냐?

소 무: 예, 소원이 없읍네다.

수심방: 급장(及唱)!

소 무: 예.

수심방: (사설) 매꾼203) 데령(待令)ᄒᆞ라. 보리낭 성클204) 우의205) 업질러라.

소 무: (업질러 놓음)

수심방: ᄉᆞ령(使令)!

소 무: 예.

수심방: (사설) 양 매꾼을 데령ᄒᆞ라.206)

소무 2인: (양편에서 버드나무 막대기를 들고 섬)

수심방: (사설) 허맹이가 너의 웨삼춘(外三寸)이 아니건207) ᄉᆞ(私) 보지 말앙208) 단매(單杖)로 메우쳐서 피 죽아209) 올리라.

---

191) 눈썹
192) 다니면서
193) 각각(脚脚). 사지(四肢) 모두
194) 갈기갈기
195) 불사름. 소각
196) 꿩사냥
197) 쥐사냥
198) 다니고 있으니까
199) 지나가고 있길래
200) 그리하니
201) 없는 것이
202) 모두
203) 곤장(棍杖)
204) 보리수나무 형틀
205) 위에
206) 양쪽에서 때리도록 두 사람을 곤장 쥐어 세움
207) 아니거든
208) 사정 보지 말아서

허맹이를 닥달하는 장면

소무 2인 : (양편에서 한번씩 친다)

수심방 : (사설) 거, 왜 아이고 소리가 없느냐? 너네덜210) 뇌물(賂物) 받아 먹었느냐?

소무 2인 : (사설) 너가 뇌물 먹었지. 너네 웨삼촌 아니냐? 잘못ㅎ당 옥 산다.211) (2인이 서로 잘못했다고 다툰다.)

수심방 : (사설) 자꾸 메우쳐라. 뭘 ᄒ느냐?

소 무 : 아이고, 아이고 (소리하며 내려친다)

수심방 : (사설) 멧채212) 거행(擧行) 허였느냐?

소 무 : (사설) 초채213) 이채 삼채 거행홉네다.

수심방 : (사설) 그런건, 초공전에서 초갑214) 초대김이니,215) 그놈 친촉간(親族間) 불르라. 옥(獄)지기216) 불르라. 두루막 곰217) 저구릿 곰 허리띠 다림218) 다 클르라.219) 옥지기, 너가 잘 들으라ᄒ니, ᄒ를(一日) 삼시(三時) 밥을 주뒈 밥도 꼭 너가 맛을 방220) 주곡, 이공님

---

209) 찍어
210) 너희들
211) 감옥살이한다
212) 몇 채씩. 몇 번의 곤장
213) 첫 채찍
214) 첫번째
215) 첫 다짐이니
216) 옥사장이
217) 두루마기 고름
218) 대님
219) 끌러라

이 하감(下降)홀 동안 옥(獄) 안(內)에 하옥(下獄)시기라. 옥 안에 하옥ᄒᆞ건 목에 큰칼 씹곡[221] 손에 사주[222] 발에 박쉐[223] 체운 대로 하옥ᄒᆞ라.

소 무: (버드나무로 큰칼을 만들어 허멩이에게 씌우고 허멩이를 원자리에 갖다 놓음)

수심방: (일어서서 방광침) 초공전에서 칠성님을 살령[224] 인간데레[225] 보내여줍서. (하는 내용의 창. 이어서 칠성상을 향해서) (창) 그 날 운수가 불연허연[226] 무도혼 허멩이 만나서 죽어졌으뒈, 그 날 죽어질 때 넉인덜[227] 아니 나곡 혼(魂)인덜 아니납네까. 넉혼 들입서[228] 머리가 상허였건 머리 살려 옵서. 솔(肉)이 상허였건 솔 살려 옵서. 허리가 상허였건 허리 살려 옵서. 비늘이 상허였건 비늘 살려 옵서. 청만주에미[229] 흑(黑) 만주에미 몸으로 살려 옵서. 칠성님은 죽언 가난[230] 저승 요솟번성왕(第六變成王) 독사주육(毒蛇地獄) 들었수다. 이 주당(住堂) 조손에 저인정(人情) 받으멍 초군문(初軍門)에 초대장(初大將) 감옥성방(監獄刑房) 옥성방(監獄房) 지영지방(營吏房) 감상관(監床官) 열사솟 동조판관(十五童子判官) 등장(等狀) 돌엉 지픈[231] 주육(地獄) 들었건[232] 아픈[233] 주육으로 살려 옵서. 초제 진강대왕(秦廣大王)의서 새내옵서.[234] (식구들한테 인정 받으며) 이제(二第) 초강대왕(初江大王)의서 새내옵서. 제삼 송제대왕(宋帝大王)의서 새내옵서. 제늬[235] 오간대왕(五官大王)의서 새내옵서. 제오 염나대왕(閻羅大王)의서 새내옵서. 요솟 번성대왕(第六變成大王)의서 새내옵서. 줴(罪)웃인[236] 신벵자(身病者) 오늘부떠 줴목줴상(罪目罪狀)을 풀려줍서.

산받아 분부사룀

---

220) 봐서
221) 씌우고
222) 수가(手枷)
223) 족가(足枷)
224) 살려서
225) 「인간세상으로」의 뜻으로 쓴 것
226) 나빠서의 뜻. 불운(不運)
227) 넋인들
228) 넋과 혼을 들(入)게 하십시오
229) 작은 뱀
230) 죽어서 가니
231) 깊은
232) 들었거든
233) 앝은
234) 살려내어 주십시오
235) 제4
236) 없는

푸다시

메어들어 석살림

이공맞이

〔큰굿의 이공맞이와 같은데 「신청궤」를 하고 「추물공연」을 한 후 「질치기」를 아니하고 「이곱매김」을 함. 이곱매김은 초공맞이 때의 초곱매김과 같은데, 다만 입무가 소미더러 「장안 안에 허멩이라 흔 놈이 있느냐 촛아보라」하는 사설이 「옥 안에 가둔 허멩이를 잡아들이라」로 바꾸어짐이 다름〕

시왕맞이

〔큰굿의 시왕맞이와 같은데 액막이가 끝나면 「삼대김」을 한다〕

삼대김

〔옥 안의 허멩이를 잡아들이고 메우침까지 초곱매김과 같다〕

수심방 : (사설) 멧채 거행(擧行)이냐?
소 무 : (사설) 열채[237] 거행입네다.
수심방 : (사설) 열채 거행허여시민[238] 대김 받아[239] 올리라.
소 무 : (허멩이에 붙였던 백지를 떼어 내놓음)
수심방 : (사설) 대김 받아 올려시민 옥성[240]을 올려라.
소 무 : (허멩이를 쓰러뜨려 보고 뎅강 쓰러지니) (사설) 대멩(大命)은 가고 소멩(小命)은 남은 것 ᄀ뜹

---

237) 열번째의 채찍
238) 거행했으면
239) 다짐받아
240) 미상. 곤장 맞은 죄인이 살았나 죽었나 그 정도를 알아 올리라는 뜻이라 함
241) 같읍니다

네다.241)

수심방 : (사설) 그레면 그 놈의 일가방상(一家親族) 다 불러들이라. 이 소지(所志)대로 뜰림엇다면242) 어인(御印) 마치고 타인(打印) 마쳐라. 243) 너 이 놈아 또시244) 인간에 왕 작펫(作弊)짓을 ᄒ겠느냐?

소　무 : (사설) 예, 따시는245) 인간에 들어서 작펫짓을 아니ᄒ겠읍네다.

수심방 : (사설) 본주지관(本主祭官) 신벵자(身病者)를 살리젠246)ᄒ는 신의성방(神房)이니, 너를 불천수허여247) 올리려 허여시뒈, 신의성방도 너의 덕(德)에 얻어먹고 헹색(行色)을 ᄒ기 때문에 적당ᄒ 판결(判決)을 열시왕(十王)에 받앙248) 줴(罪) 마련ᄒ 건249) 따시랑250) ᄒ다251) 열두풍문조홰(十二風雲造化)를 불러 주지 말라. 열시왕에 분부 받안 보난 너를 물도 낭(木)도 웃인252) 인무(人無)ᄒ 가다귀섬253)으로 귀양을 보내라 ᄒ니 어찌ᄒ냐?

소　무 : (사설) 예, 소원이 없읍네다.

수심방 : (사설) 그러건 마주막에 본주지관이나 모든 민간(民間)에 저 인정잔(人情盞)받앙 어서 돌아사라.

소　무 : (사설) 예, 소원이 없읍네다.

수심방 : (사설) 그러건 옥지기 불르라. 큰칼 베끼곡254) 모든 이복 입성255)이나 다 출려놓앙256) 본향연ᄃ리ᄭ장257) 옥(獄) 안에 하옥(下獄)시켜 놔두라.

소　무 : (허맹이를 들어다 원 위치에 가져다 놓음)

시왕질치기

---

242) 틀림없다면
243) 도장을 찍으라는 뜻으로 관용함
244) 또
245) 다시는
246) 살리려고
247) 불 살라서
248) 받아서
249) 마련하거든
250) 다시는
251) 아예
252) 없는
253) 미상. 지명
254) 벗기고
255) 의복
256) 차려 놓아서
257) 큰굿 때 본향당신에게 올리는 제차명. 「-ᄭ장」은 -까지

메어들어 석살림

본향ᄃ리

(큰굿의 본향ᄃ리와 같은데 신청궤하고 본주 절시킨 후 허멩이를 불러들여)

만민(萬民) 인간에 저 인정 받으라 (소미가 돌아다니며 인정 받음) 인정 다 받아시민 본주지관(本主祭官)과 화이 혼잔(和解一盞)ᄒ고 도임상(到任床) 출리라. (소미가 채롱에 각종 제물을 조금씩 차려 놓으면) 자, 이별ᄒ고 작별ᄒ자 (소미가 허멩이와 추물 채롱을 들고 인가 떨어진 곳에 갖다 버림)

칠성본풀이

수심방 : 어느 물로 가쿠가?[258] 산으로 가쿠가? 드르(野)으로 가쿠가? 신의성방(神房)광 가쿠가? 이 주당(住堂)에 점주ᄒ쿠가?[259] (칠성에게 물으며 신칼점하여 가문공ᄉ지는 곳으로 칠성신상(七星神像)을 모심. 만일 이 주당에 점주하겠다 하면) 눌굽[260]으로 좌정ᄒ쿠가? 뒤[261]로 좌정ᄒ쿠가? 고팡으로[262] 좌정ᄒ쿠가? (물으며 신칼점하여 가문공ᄉ지는 곳으로 칠성신상을 가져다 모신다)

---

258) 가겠읍니까
259) 찾이하여 좌정(坐定)하겠읍니까의 뜻. 점좌(占坐)
260) 낟가리 쌓는 자리
261) 집뒤. 후원
262) 광(庫房)으로

▶ 아기놀림

아기놀림

채록 : 2000년 2월 3일
공연장소 : 관덕정 탐라국입춘굿놀이
출연 : 이정자
채록 · 정리 : 문무병

가. 토산당신(여드렛또)놀림—방울품

　제주 읍성 안에는 '칠성로'가 산지천에서 관덕정으로 이어져 있다. 제주도의 칠성신은 외지에서 들어온 신으로 함덕에서 잠수들이 주운 무쉬설캅(鐵函)에 있었던 어머니와 일곱 딸 뱀신(蛇神)을 말한다. 이 신들은 함덕→조천→신촌→화북 베린내→ᄀ으니무를→가락쿳물→칠성로 송대정 집안의 부군 칠성으로 좌정했다가 제주목 관아의 옥할망, 관청할망, 창할망, 과원할망, 집안의 안칠성, 밧칠성으로 좌정하게 되었다(또는 안동헌(東軒). 밧동헌, 동창궤(東倉庫), 서창궤, 남창궤, 북창궤, 과원, 밧칠성) 제주도에서는 칠성을 모시는 집안에서 큰굿을 할 때는 '본향ᄃ리'에서 토산당의 당신을 놀린다. 사신 칠성을 안내하는 본도지관 본향당신은 '토산 여르렛도'이기 때문이다. 그러므로 칠성신들이 좌정한 제주목 관아의 큰굿에서는 당연히 '토산당신놀림'을 하여 사신을 놀려야 한다. 각 관청을 관장하는 수호신이 이 칠성신이기 때문이다. '토산당신놀림'은 심방이 사신 여드렛도의 '본풀이'를 창하고, 환자의 몸에 빙의한 강씨 · 오씨 · 한씨 아미라는 처녀 원령의 맺힌 한의 '방울'을 푸는 '방울품'과 아이를 나아 기르는 토산 '일뤠 할망'의 '본풀이'를 창하고 아이를 기르는 과정을 연극으로 보여주는 것이 '아기 놀림' 이다.

나. 토산당신(이렛당신)놀림—아기놀림

　〈아기놀림〉은 〈토산 일뤠할망〉의 본을 풀고, 그 일뤠할망이 낳은 일곱 아들을 놀리는 굿이다. 그러므로 〈아기놀림〉은 일뤠할망 본풀이를 해 나가다, 잃은 아기를 찾는 대목에서부터 신화의 내용을 극화한다. 그 순서는 심방이 먼저 아기를 찾아 돌아다니는 춤을 추다가 젯상 앞에 놓여 있는 아기인형을 등에 업고 업은 아기를 놀리며 짝자꿍 죄암질을 하고, 인형아기를 업은 채로 힘겹게 신 칼을 들고 방아를 찧는다. 이때는 "방아노래"를 한다. 방아를 찧은 다음, 산대를 가지고 체질하는 모습의 춤을 추고, 쾌자 앞자락으로 키질하는 시늉을 하고, 이어서 아이를 부리고 목욕을 시키는 시늉, 아기를 구덕에 놓고 흔들어 재우는 시늉을 하며, 자장가를 부르고, 또 아기의 몸에서 이를 잡아주는 시늉을 하며 祭場을 한바탕 웃기고, 밤이 되면, 발로 아기 구덕을 흔들며, 손으로는 삼실을 뽑고, 감는 시늉을 하며, 마지막에는 아기 인형을 눕힌 채롱을 들고 본주와 구경꾼에게 인정을 받고 아기 인형을 젯상에 올리면, 〈아기놀림〉은 끝난다.

[토산당본풀이]

저 토산 무을 양서본향[263]
아기무을 상무을
업개무을 하무을
어허- 내병방은 군병방
새로새금상[264] 한집님전 (요령)
어간이 뒈엿수다.

〈토산당본풀이〉

옛날이라 옛적 나주금성산(羅州錦城山)
영기(靈氣)가 조코 신령(神靈)이 조아도
훈 관장 두 관장 삼 관장이 들어도
봉고파직을 못ᄒ니,
나주 목ᄉ(牧使) 나주 판관(判官)님이 오란 살명[265]
나에게 위엄을 주어시면[266] 무사 멩(命)함[267]을 못 채우리야
타는 물에 안장(鞍裝)을 찬 왕강싱강 올라가누렌 ᄒ난[268]
물발이 둥둥 절어진다[269]. 이거 어떵훈 일로 물발이 저느냐

---

263) 남제주군 표선면 토산리의 당신을 토산 서편한집 이라 한다. 이 당은 웃당(上堂)과 알당(下堂)이 있다. 이 둘을 합쳐 양서본향(兩西本鄕)이라 한다
264) 토산 웃당의 남신(男神)
265) 와서 살며
266) 주었으면
267) 삼년 동안 명한 목사의 임기를
268) 올라가노라니
269) 말이 발을 절뚝절뚝 전다

바래연 보난270) 모인271) 안개 산 안개가 탱천(天)ᄒ고(요령)어허-
그 때엔 모인 안개 산 안개가 탱천ᄒ니
흔 눈을 거듭뗜272) 바랜보난273),
웨나무 웨지둥에 청지웨 지웨집을 지어 노코
무지럭 총각이 쉬흔 대자 왕패 머리
삼동낭 용얼래기274) 웨오 빗어275) 노다 총각276),
노다 빗어277) 웨오 총각을 허멍278)
마당의서 총각을 해여가난279),
야, 어찌 사람을 노코 구신(鬼神)이라 허겠느냐
그때엔 본색(本色)으로 굽으로 슬짝 내여놓는 걸 보난
흔 아구린 천아에280) 흔 아구린 지아에281) 뿌뜬282)
천구아구대맹이283)가 뒈여 무서웁고 서껍다284) 이거
우리 개 잘 또리는285) 청 ᄉ령(鄭司令),
불 잘 놓는 정포관(鄭砲官) 불러당286)
늬귀에287) 불 삼 박 피와288)-

(악무 요령을 들고 흔들며 춤)

불삼박 ᄒ난 이게 솟아올란 서울 종로 네커리에 떨어젼
강씨 오씨 한씨 선주 눈에 펜식ᄒ난289)

---

270) 바라다 보니
271) 짙은
272) 부릅뜨고
273) 바라보니
274) 삼동나무로 만든 얼래빗
275) 왼쪽으로 빗어
276) 오른쪽으로 한 가닥 총각 머리
277) 오른쪽으로 빗어
278) 왼쪽으로 한 가닥 총각머리를 하며
279) 한 가닥으로 빗은 총각머리를 해 가니
280) 하늘에
281) 땅에
282) 붙어
283) 큰 구렁이. 천구(天口) 아가리 대망(大蟒). 즉 아가리가 하늘에 붙은 대망(大蟒).
284) 무섭다의 조운구
285) 때리는
286) 불러다가
287) 네 귀퉁이에
288) 불 세 번 피우자
289) 발견되니

금바둑 몸이 뒈엿구나 옥바둑 몸이 뒈엿구나
벳전 올란 아래완 곱전 제주 바당 근당을 ᄒᆞ니
야하-저 열운이 수진개290) 알로 배를 부찌잰 난291)
ᄄᆞᆷ이 머리 푸두둥ᄒᆞ게 ᄂᆞ난 벌써 관심이 뒈엿구나
멩오부인신디292) 간 멩암(名銜)을 디리니293)
땅도 내땅 물도 내물 ᄌᆞ순도 내 ᄌᆞ순이난
나고가랜294) 허난 저 토산으로 돌아 아잔295)
어허-석돌 열흘 벡일을 아자도296)
어느 누게 먹으라 씨라297) 안 허난
강씨 아미 ᄄᆞᆯ에 풍운조홰298) 불러주언
포릿포릿 죽어가난 큰굿 잔치나 허영 아기씰 살리젠 허난299)
아이구 신의 성방님아 누게 울언 굿햄수가
금동쾌상(櫃箱) 문을 올려봅서300).
올련보난 강멩주(强明紬)도 동외전301) 물멩지(水明紬)도 동외전
세양베(西洋布) 세미녕302)도 동외전 돌연이 이섯더라303) 이걸 아사단304)
풀단 보난 눈에 펜식이로구나 만주애미305) ᄈᆞᄈᆞ 몰라시난306)
매치307) 신상(神像) 그려놓고
강씨 아미308) ᄆᆞᆽ져오던309) 마은 ᄋᆢ둡 상방울310)

---

290) 온평리의 포구 이름
291) 배를 대려 하니
292) 명호부인한테, 명호부인은 온평리(=열운이) 당신
293) 들이니
294) 나가라
295) 돌아 앉아서
296) 앉아도
297) 쓰라
298) 흉험과 재앙, 신이 노여워서 부리는 풍운조화
299) 살리려 하니
300) 열어보시시요
301) 옷감의 단위
302) 가는 무명
303) 있었더라
304) 가져다
305) 작은 뱀
306) 메말랐으니
307) 매치메장. 집으로 허수아비처럼 만든 시체, 여기서는 말라 죽은 만주아미(뱀)의 신상
308) 처녀
309) 맺혀오던

오씨 선주(船主) 못져오던311) 서른 ᄋᆞ덥 중방울
한씨 성방(刑房) 못쳐오던 스물 ᄋᆞ덥 하방울
이 내 간장 풀려줍서

[방울품]

방울방울 두리 모작312) 개남 모작313)
(방울 천을 들고 고풀이 하듯 풀어낸다)
풀렴수다.
강씨어미 못혀오던 마흔 ᄋᆞ덥 상방울도 풀어-
(악무, 방울천을 들고 앞으로 내흔들며 춤을 추다 고리를 풀고)
상방울도 풀렸수다
오씨선주 못혀오던 서른 ᄋᆞ덥 중방울도 풀라-
(악무, 방울천을 들고 앞으로 내흔들며 춤을 추다 고리를 풀고)
한씨성방 못혀오던 스물 ᄋᆞ덥 하방울도 풀라-
(악무, 방울천을 들고 앞으로 내흔들며 춤을 추다 고리를 풀고)
강씨아미 못혀오던 상방울도 풀었수다
스물 ᄋᆞ덥 하방울ᄭᆞ지 개남모작 두리 모작ᄭᆞ지 다풀었구나
위(位)가 돌아갑네다
제(座)가 돌아갑네다

[아기놀림]

저 손당
웃손당(上松堂里)은 금벡주314) 알손당(下松堂里)은 소천국315)
아들애기 열 ᄋᆞ덥 ᄯᆞᆯ애기 스물 ᄋᆞ덥 난
일곱찻 아덜 아이고 아이고 귀양정배 보내부난

---

310) 방울은 토산당신놀림 굿에서 여러개의 고 매듭을 만들어 놓은 방울천. 이 방울은 뱀의 형상을 뜻하면서, 환자의 몸속에 맺혀 있는 한(恨)이나 병(病)을 상징한다
311) 맺혀오던
312) 두리 매듭, 둥근 매듭
313) 얽혀진 매듭
314) 송당리의 여신
315) 송당리의 남신

아기놀림

　　요왕황제국에 들어간 말젯똘애기 호첩 삼안[316]
　　제주절도 손당드레[317] 올라사난
　　ᄀ부니ᄆ르[318]에서 어머니 눈에 ᄀ깔 들었구나
　　청푼채로 풋딱 부ᄁ난 나오란 아이구 이녁은 나산
　　자복장재 ᄄ님애기 호첩삼안 뎅기단 보난
　　큰 어멍은[319] 아이구 애기 뒤에 업언 이쁘구나
　　물은 ᄀ옷ᄀ옷[320] 먹구정ᄒ고[321]
　　도새긴 넘어가난 발자욱에 물이 골라시난[322]
　　업더젼[323] 그걸 뽈아[324] 먹는 게
　　아이구 콧터럭[325]은 코에 드난
　　제와시믄 해연 그걸 기실려부난[326] 오끗 돗ᄁ렁내[327]가 나난
　　아이구 요년 나 어신 ᄐ멍에[328] 요년 도새기 잡안 먹언

---

316) 호첩(好妾) 삼아
317) 송당리로
318) 송당리의 지명
319) 큰 각시는, 요왕황제국 ᄄ님 아기
320) 목말라 하는 모양
321) 먹고 싶고
322) 고였으니
323) 엎어져
324) 빨아
325) 콧털
326) 그슬려 버리니
327) 돼지털 그을린 냄새
328) 틈에

부정하다 돗끄렁내 남져 아이구
귀양정배 마래섬으로 보내영 그디 간
애긴 일곱 개 나고 아이고 시난
그때엔 대국에 대부인329) 어디갔수가
소국에 소부인330) 오란 이만저만 해연 귀양정배 보냈젠 허난
아이고 대국에 대부인도 못사는 거
이내 몸 살 수 있습니까. 늘라도 시름이여 촟아오랜 허난
촟이래 간 큰어멍이랑 알로
해변으로 가멍331) 개보말332)이라도 주워먹엉
속이라도 풀렁갑서333) 알로 보내여 둰에334)
애기 일곱 개 업언 오멍 볼래335)도 탕 멕이고
삼동336)도 탕 멕이고 오당 ᄒᆞ나 울민
ᄒᆞ나 안 가켄허민337) ᄒᆞ나 달래곡
아이고 오끗 해연 집인 오난
성님, 애기 맡읍서 안내난
ᄒᆞ나 두 개 세단 보난 ᄋᆞ숫개 메기338).
요년아, 눈이 어서 버렸느냐 코 어서 버렸느냐
요 못된 년아 그게 다심텍339) 아니고 씨앗텍340) 아니고 뭐냐
이년아, 너 이년 당장 강 안오민
청대섶에341) 목걸령342) 죽이리라 이년 너
촟아오랜 허난, 가단 그때엔
묵은 각단밧딜로343) 가단 보난

---

329) 큰 각시, 요왕국막내딸
330) 작은 각시, 자복장자 딸
331) 가면서
332) 고동이라도
333) 풀고 가세요
334) 두고서
335) 보리수, 산 열매
336) 산 열매
337) 안 가겠다고 하면
338) 뿐. 그만
339) 의붓어머니 짓
340) 처를 질투하는 첩의 짓
341) 푸른 댓잎에
342) 목걸어
343) 띠밭으로

아이구 애긴 털어젼³⁴⁴⁾ 하도 둥그러부난³⁴⁵⁾
몸엔 비리³⁴⁶⁾ 다 올르고, 이섯구나
그리 말고 묵은 각단 새 각단밧딜로 강
아기 촟아 둘러 업언 청노념 노래기치라-
(아기 인형을 놀리며 춤을 추다 업는다)

소　무 : 아이고, 애기도 지왕³⁴⁷⁾
　　　　옛날은 그 어딜로 낳주마는 이젠 배 채영³⁴⁸⁾ 날 때난
　　　　애기도 기왕 날 땐 이추룩³⁴⁹⁾ 또라지게³⁵⁰⁾ 나사허여³⁵¹⁾
　　　　오망지게끔³⁵²⁾ 야?
　　　　기왕 애기 날 봐엔 오망지게 나사주
　　　　어중그랑허게³⁵³⁾ 낭, 어디 가부러니³⁵⁴⁾ 아이구
　　　　(고개를 돌려 등에 업은 아기를 보며)
　　　　아이구, 어. 기여 기여, 아이구 요 년아
　　　　너 년으로 해연 나 두 번 왔쟌허냐³⁵⁵⁾ 요년아,
　　　　게심은³⁵⁶⁾ 혼번만 행 강 설러불걸
　　　　아이구 요 망홀 년 어떵 잡아사 나 모음이 푸지근헐 건고
　　　　하하하 이이구. 이거 애기 업언 집에 오난, 이제랑
　　　　애기 하도 울어부난 이거 애기 달래사 홈 직 허우다
　　　　아이구, 어 기여 기여 오마 넋들라.
　　　　가매기도³⁵⁷⁾ 왕 좃아부난³⁵⁸⁾ 눈이영³⁵⁹⁾ 다 빠져불고 넋은 안나시카³⁶⁰⁾

344) 떨어져
345) 뒹구러서
346) 피부병, 옴의 일종
347) 져서, 업어서
348) 배를 째고
349) 이렇게
350) 똘똘하게
351) 낳아야 해
352) 똑똑하게스리
353) 어중간하게
354) 가버렸나
355) 왔지 않았나
356) 그럴 바엔
357) 까마귀도
358) 쪼아버리니
359) 눈이랑
360) 안 나갔을까

아기놀림의 한 장면

이거 넋나실거라[361] 오마 넋들라 넋들라
아이고 시상 이거 애기 업어부난
아방 먹을 쑬이영 어멍 먹을 쑬이영 낮의랑[362] 닷말닷뒈(五斗五升)
밤의랑 서말 방애지랜[363], 방애 다 지였젠
순댁아 거 구덕 이래 아상오라[364] (아기구덕을 가져 온다)
아이구 아이구 이거 여름 애기 너무 업어불민 사퉁이도[365] 물렁
하간 디 몬딱 뚬데기[366]도 나고, 몬딱 물러불고[367]
겨울 애긴 너무 업어불민 발도 긋고[368] 손도 긋고 헌다
요거 부령 아이고 요거 호끔 심어도라[369] 애기 (아기를 풀다 떨어뜨린다)
아이고 아이고 (아기 인형을 집어 다시 던지며)
아이고 뇌진탕도 걸려분 거 닮다. 아이고 어떵허영 좋고 아이고 아이고
오마 넋들라 할망 조순. (아이를 어르며)
물 행[370] 요거 옛날은 물도 엇고

---

361) 넋 났을 꺼야
362) 낮에는
363) 방아 찧으래
364) 가져 와라
365) 사타구니도
366) 땀띠
367) 무르게 되고
368) 얼고,
369) 잡아 줘
370) 물로

쏠 씻어난 툿물이나 받앙 머릴 곱져보카³⁷¹⁾
패? 팬 오월이나 유월이나 나사 깻잎도 잇주.
아무 때나 꽷잎이 십네까게. 경말앙 저디강 소왕소새가 매어당 박박
곱져보카? 소왕소세 해양 그자, 경 안허건 삼소새기나 해영 그자
박박ᄒ게끔 곱정 (아기 인형 머리를 세게 감긴다.)
(아기인형의 머리를 보며) 아이구 독야개기³⁷²⁾ 대와지듯³⁷³⁾ 야개기³⁷⁴⁾
대와졈수게게³⁷⁵⁾. 아이구 기여 기여 설운애기 어마 넛들라 어마 넛들라
오줌싸켄³⁷⁶⁾. 이거 오줌이랑 멩심허영 싸라 이. 나 옷드레 싸지말앙
(오줌 뉘는 시늉) 쉬- (또 던지며) 아이구 못 된 놈의 새끼. 에 에
망할 놈의 손지 나 옷드레 다 싸불언. 이거. 이거 원 (아기를 때린다)
이거 어떵허믄 조코 이거. 애긴 버릇을 잘 고르치젠 허난
못 된 짓만 핸 이거. 훔치 안 될로고 이거. 사름은 쇠설 적에
궤기작박³⁷⁷⁾에서 될 거 안될 거 안댄 핸게³⁷⁸⁾ 이거. 훔치 안 됨직ᄒ다³⁷⁹⁾.
깅이³⁸⁰⁾ 새긴 나멍 좁찐댄 행게, 요놈의 새끼가 이거 안이 됨직 ᄒ우다.
(아이의 사타구니를 으며) 강알을³⁸¹⁾ 잘 시치지³⁸²⁾ 안 ᄒ민
크민 막 ᄀ로와 안되여³⁸³⁾. 코컬이³⁸⁴⁾ 싯어사주.
이거 모욕시기멍 가죽알라 다 벳겨버림직 허다³⁸⁵⁾. 이거.
아이고 쇠상. 어마 나애기 (아기를 강보에 잘 싼다)
ᄃ릿년³⁸⁶⁾ 애기낭 지 쇠수 못ᄒ듯³⁸⁷⁾.
엣날 ᄃ릿년은 애기낭 어중그랑ᄒ게 행 뎅겨신고라. 호쏠ᄒ민³⁸⁸⁾ ᄃ릿년

---

371) 감겨볼까
372) 닭 목아지
373) 감아지듯, 비틀어지듯
374) 목아지
375) 뒤틀려져 있잖아요.
376) 오줌 싸겠다고?
377) 고기 바가지
378) 안다더니
379) 안 될 것 같다
380) 게
381) 사타구니를
382) 씻지
383) 가려워 안 돼
384) 깨끗이
385) 벗겨버릴 것 같다.
386) 조천읍 교래리 사는 여자들
387) 세수 못하듯
388) 좀 하면, 좀 해도

두릿년 허난, 튼튼ᄒ게 쌍389). 오늘은 튼튼허게 싸불민 더움직허다390)
어떵. 어진아. 오늘은 봄날 들언. 아 코에 ᄇ름 들언.
게민 코 막아불민 죽지 안험니까게. 영허라.
이거 모욕허난391) 배고판 젓먹켄392).
이거 누구 우유펭 가정 와시믄 ᄒ나 빌립서. 우유 멕이게.
우유펭 안 아상393) 옵데가.
(애기구덕을 베고 누워 젓을 먹이는 시늉) 언치냐394)
좀도 못자고. 좋긴 좋다 이거. 기여, 기여
(다른 젓을 먹이기 위해 돌아 눕는다) 아따가라395) 주젯 따위가.
아무 착396)이라도 배가 뽕그랭이397) 먹어지믄 말주안해영. 어 기여
(이를 잡아 잇빨로 씹는다) 무신 이는. 젓 멕이멍 보난 대가리엔 몬딱
이 천지 이거, 어이 하영 먹어서. 이젠 좀 자크라398). 이거 ᄋ망지기가399)
역력ᄒ기가 이거 똑똑ᄒ기가 강림처산 저리 가라라. 이렇게 ᄋ망지댄
말이여. 누엉 자켄. (아기구덕에 눕히고)
하도 배고파 노난400) 애긴 졸바로401)
크게 나 졌수과게. 무싱 거 먹은 거 서사402) 애기도 배소곱에서403) 크주.
굶으멍404) 해 노난405) 애기 좀잘 때,
아이고 소리 해사 자켄 (자장가를 부른다)
자랑자랑 웡이자랑
어진이야 누엉 자라

---

389) 튼튼하게 싸서
390) 더울 것 같다
391) 목욕하니
392) 젖 먹겠다고
393) 가져
394) 어제
395) 어따, 어쩜
396) 쪽
397) 불룩하게
398) 잠자겠다고
399) 똑똑하기가
400) 놓으니
401) 제대로
402) 있어야
403) 배안에서
404) 굶으며
405) 해 놓으니

우리 아기 재와 도라406)
너네아기 (노래를 멈추고)
소리허지 말랜407) 시끄럽댄408), 오망지기가409). 어 기여 기여410), 오마 넋들아
(이를 잡아 준다) 아이, 아이 베록411)도 이신 셍이여412) 이거. 베록이여.
빈대여. 난 추접ᄒ연413) 느 조끗디414) 안 가켜415)
더러우난 발로라도 혼글멩
(발로 구덕을 흔들며 신칼 채를 꼬으며 삼을 삼는 시늉)
삼(麻)은 어떵 삼는 거우꽈
자랑자랑 (발로 구덕을 흔들다 구덕을 엎는다) 아이고 어떵허믄 조코
아이구 기여 기여 설운 애기. 아이고 구덕도 엇고 넋나불언.
아긴 자파리416) 세연 못 쓸로고 이거.
인칙의417) 해시믄 시장님안티 인정이러도 받을 거 아니가게.
이거 애기 던데떡이여 좀매떡이여 (신칼로 점을 치며) 저 만정 인정
많이많이 사수다. 군문질로 인정이나 하영418) 받았수가.
(관객들쪽으로 가며) 아이구, 아멩해도419) 인정 받앙420) 오랜421).
아이구, 문 선생님 이리 호끔422) 나옵서423).
아이구, 안녕하시우꽈424) 선생님. 아니 아바지.
어느 때 이 아긴 생겨난425).

406) 재워 달라
407) 말래
408) 시끄럽대
409) 똑똑하기가
410) 그래 그래
411) 벼룩
412) 있는 모양이야
413) 더러워서
414) 네 곁에
415) 안 갈 꺼야
416) 손장난
417) 좀 전에, 아까
418) 많이
419) 아무래도
420) 받아서
421) 오래
422) 좀
423) 나오세요
424) 안녕하십니까
425) 생겨놓고서

문 : 세뱃돈은 천원 짜리

소 무 : 천원 짜리 이젠 어디 가코[426] (인정을 받으러 다닌다)

어디 가코? 이디 우리 아바지들 엇수가?

(서울사람) 아이고 아바지 옵데가[427] 비행기 탕 오젠허난 얼마나 속았수가?

수표 훈장 놔붑서게[428]. 이거 사탕 사먹을 거영, 이건 볶기 사먹을 거.

고맙수다. 사진 잘 찍읍서. 인사성이 이렇게 깎듯혼댄[429] 말이여.

(인정을 다 받고 나서)

아긴 어멍 보저 어멍은 아기 보저 헌다[430].

아기랑 어멍 웃터레[431] 삼본향 한집님 전에 올려.

(악무)

위(位)가 돌아갑니다[432]

제(祭)가 돌아갑니다.[433]

---

426) 갈까
427) 오셨수
428) 놓아 버려요
429) 깎듯하단 말야
430) 아기는 어머니를 보려고 어머니는 아길 보려고 한다
431) 위로, 윗쪽으로
432) 신의 자리가 바뀝니다
433) 제의 차례가 바뀝니다